全国机械行业职业教育优质规划教材（高职高专）
经全国机械职业教育教学指导委员会审定
汽车电子技术专业项目化教学改革规划教材

新能源汽车技术

主　编　张金柱
参　编　孙远涛　范德会　董宏伟　李　鹏
主　审　韩玉敏

机 械 工 业 出 版 社

本书全面系统地论述了新能源汽车技术的定义与分类，阐述了新能源汽车的类型，发展新能源汽车的必要性和新能源汽车发展现状及趋势；重点介绍了电动汽车动力电池、电动汽车电机驱动系统、纯电动汽车、混合动力汽车、燃料电池汽车、燃气汽车、醇类燃料汽车和太阳能汽车的结构与原理，还介绍了能源汽车的使用、维修及故障诊断等。书中内容既有在新能源汽车上已经广泛应用的成熟技术，也有最新发展的一些高新技术。

本书内容丰富，实用性强，可作为高等职业教育汽车电子技术、汽车检测与维修、汽车技术服务与营销、汽车营销与维修、汽车服务与管理、新能源汽车维修技术等汽车类专业的专业课程教材，也可作为从事新能源汽车相关领域的工程技术人员的参考书。

本书配有电子课件，**凡使用本书作为教材的教师**可登录机械工业出版社教材服务网 www. cmpedu. com 下载。咨询邮箱：cmpgaozhi@ sina. com。咨询电话：010-88379375。

图书在版编目（CIP）数据

新能源汽车技术/张金柱主编. —北京：机械工业出版社，2014. 2 (2022. 5 重印)

汽车电子技术专业项目化教学改革成果教材

ISBN 978-7-111-45719-0

Ⅰ. ①新… Ⅱ. ①张… Ⅲ. ①新能源—汽车—高等职业教育—教材 Ⅳ. ①U469. 7

中国版本图书馆 CIP 数据核字（2014）第 023554 号

机械工业出版社（北京市百万庄大街 22 号 邮政编码 100037）
策划编辑：葛晓慧 责任编辑：葛晓慧 贺贵梅
版式设计：霍永明 责任校对：刘秀芝
封面设计：陈 沛 责任印制：李 昂
北京圣夫亚美印刷有限公司印刷
2022 年 5 月第 1 版第 13 次印刷
184mm×260mm · 11. 25 印张 · 273 千字
标准书号：ISBN 978-7-111-45719-0
定价：35. 00 元

电话服务
客服电话：010-88361066
010-88379833
010-68326294

网络服务
机 工 官 网：www. cmpbook. com
机 工 官 博：weibo. com/cmp1952
金 书 网：www. golden-book. com
机工教育服务网：www. cmpedu. com

前 言

能源短缺和环境污染是目前汽车工业发展中所遇到的两大挑战。随着世界汽车保有量的急剧增长，传统的内燃机汽车对人类环境带来的危害越来越严重，环境保护呼声的高涨和石油储量日益短缺的压力，迫使人们重新考虑未来汽车的动力问题。因此，要加快汽车节能减排技术进步，积极发展节能和新能源汽车，实现我国汽车产业可持续发展。在我国汽车行业“十二五”规划中，新能源汽车被列为我国汽车行业今后5年发展的重中之重，规划中提出了到2015年国内新能源汽车的年销量达到百万辆的目标。

新能源汽车，特别是电动汽车和混合动力汽车在结构、原理上与传统汽车差别很大，涉及很多电机、电池和控制器等方面的新知识、新技术。而这些方面的内容在现有的汽车类专业课程中涉及较少和较浅，不能满足对新能源汽车技术掌握的需求，因此现在越来越多的职业教育学校开设能源汽车技术课程。

本书可作为高等职业教育汽车电子技术、汽车检测与维修、汽车技术服务与营销、汽车营销与维修、汽车服务与管理、新能源汽车维修技术等汽车类专业的专业课程教材。

本书全面系统地论述了新能源汽车的基础知识，共分9章。第一章阐述了新能源汽车的类型、新能源汽车发展现状及趋势；第二章介绍了电动汽车动力电池；第三章介绍了电动汽车电机驱动系统；第四章～第九章分别介绍了纯电动汽车、混合动力汽车、燃料电池汽车、燃气汽车、醇类燃料汽车、太阳能汽车的结构、原理及维修。

本书力求做到文字准确、简练、流畅、符合规范要求，插图正确，文图配合恰当，内容阐述循序渐进，富有启发性，并便于自学。

本书由黑龙江工程学院张金柱教授主编，由韩玉敏教授主审。第一章和第二章由黑龙江工程学院孙远涛实验师编写，第三章由哈尔滨技师学院李鹏副教授编写，第四章由东北农业大学成栋学院董宏伟讲师编写，第五～七章由张金柱教授编写，第八章和第九章由黑龙江工程学院范德会副教授编写。

在本书编写过程中，编者查阅了大量的书籍和文献资料，引用了其中的一些技术资料和图表，在此谨向相关书籍和文献资料的作者表示衷心的感谢。

由于本书所涉及的技术内容较新，范围较广，且作者水平有限，因此书中难免有不妥之处，恳请读者不吝指正。

编　者

目 录

第一章 绪 论

随着世界能源危机和环保问题的日益突出，汽车工业面临着严峻的挑战。一方面，石油资源短缺，汽车是油耗大户，而且目前内燃机的热效率较低，燃料燃烧产生的热能只有35% ~40%用于实际汽车行驶，节节攀升的汽车保有量加剧了这一矛盾；另一方面，汽车的大量使用加剧了环境污染，城市大气中 CO 的 82%、NO_x 的 48%、HC 的 58%和微粒的 8%来自汽车尾气。此外，汽车排放的大量 CO_2 加剧了温室效应，汽车噪声是环境噪声污染的主要污染源之一。我国作为石油进口国和第二大石油消费国，污染严重，世行认定的 20 个污染最严重的城市有 16 个在我国。国内汽车产品水平与国外差距很大，平均油耗高出10% ~30%，排放为国外的 15 ~20 倍，汽车工业面临的压力更大。20 世纪末以来世界各国和各大汽车公司以及国内各大科研机构和高等院校纷纷致力于开发清洁、节能汽车，新能源汽车获得了长足的发展。

第一节 新能源汽车概述

一、新能源汽车的定义

2007 年 11 月 1 日，国家发展和改革委员会制定的《新能源汽车生产准入管理规则》（下称《规则》）正式施行。《规则》明确给出了新能源汽车的定义及分类，根据《规则》，新能源汽车是指采用非常规的车用燃料作为动力来源（或使用常规的车用燃料、采用新型车载动力装置），综合车辆动力控制和驱动方面的先进技术形成的技术原理先进并具有新技术、新结构的汽车。

二、新能源汽车的分类

新能源汽车根据所用燃料的不同，可以分为以下几大类。

1. 电动汽车

电动汽车大致分为纯电动汽车、燃料电池电动汽车和混合动力电动汽车。电动汽车的一个共同特点是汽车完全或部分由电力通过电动机驱动，能够实现低排放和零排放。纯电动汽车是最早出现的电动汽车。使用铅酸电池的电动汽车整车动力性、续驶里程与传统内燃机汽车有较大的差距，而使用高性能镍氢电池或者锂电池会使成本大大增加，而且纯电动汽车都需有一定的充电时间及相应的充电设备，使用场合受到了限制。燃料电池具有近65%的能量利用率，能够实现零排放、低噪声，国外最新开发的高性能燃料电池已经能够实现几乎与传统内燃机汽车相当的动力性能，发展前景很好，但成本却是其产业化的瓶颈。在加拿大进行的示范试验表明，使用燃料电池的公共汽车制造成本为120万加元，而使用柴油机的公共汽车仅为27.5万加元。混合动力汽车融合了传统内燃机汽车和纯电动汽车的优点，同时克服了两者的缺点，近年来获得了飞速发展，并已经实现了产业化和商业化。PRIUS和INSIGHT两款混合动力汽车的成功向人们展现了混合动力技术的魅力和巨大的市场潜力。

2. 燃气汽车

燃气汽车主要包括天然气汽车和液化石油气汽车。天然气汽车又被称为“蓝色动力”汽车，主要以压缩天然气（CNG）、液化天然气（LNG）、吸附天然气（ANG）为燃料，常见的是压缩天然气汽车（CNGV）。液化石油气汽车（LPGV）以液化石油气（LPG）为燃料。CNG和LPG是理想的点燃式发动机燃料，燃气成分单一、纯度高，与空气混合均匀，燃烧完全，CO和微粒的排放量较低，燃烧温度低，因而NO_x排放较少，稀燃特性优越，低温起动及低温运转性能好。其缺点是储运性能比液体燃料差、发动机的容积效率较低、着火延迟期较长。这两类汽车多采用双燃料系统，即一个汽油或柴油燃料系统和一个CNG或LPG系统，汽车可由其中任意一个系统驱动，并能容易地由一个系统过渡到另一个系统。康明斯与美国能源部正合作开发名为“先进往复式发动机系统”的新一代天然气发动机。根据开发目标，该发动机的热效率达50%，NO_x排放量低于0.1g/km，维护费用低于0.01美元/kW·h，在满足这些目标的同时，发动机具有较高的可靠性。

3. 醇类汽车

醇类汽车是以甲醇、乙醇等醇类物质为燃料的汽车，使用比较广泛的燃料是乙醇，因为乙醇来源广泛，制取技术成熟。最新的一种利用纤维素原料生产乙醇的技术，其可利用的原料几乎包括了所有的农林废弃物、城市生活有机垃圾和工业有机废弃物。目前醇类汽车多使用乙醇与汽油或柴油以任意比例掺和的灵活燃料驱动，既不需要改造发动机，又起到良好的节能、降污效果，但这种掺和燃料要获得与汽油或柴油相当的功率，必须加大燃油喷射量，当掺醇率大于15%~20%时，应改变发动机的压缩比和点火提前角。乙醇燃料的理论空燃比低，对发动机进气系统的要求不高，自燃性能差，辛烷值高，有较高的抗爆性，挥发性好，混合气分布均匀，热效率较高，汽车尾气污染可减少30%以上。

4. 氢燃料汽车

氢是清洁燃料，采用氢气作为汽车燃料，只需将常规火花塞点火式发动机略加改动，其燃烧效率比汽油高，混合气可以较大程度地变稀，所需点火能量小，有利于节约燃料。氢气也可以加入到其他燃料（如CNG）中，用于提高效率和减少NO_2的排放。氢的质量能量密度是各种燃料中最高的一种，但体积能量密度最低，其最大的使用障碍是储存和安全问题。宝马汽车公司一直致力于氢发动机的研制，开发了多款氢发动机汽车，其装有V12氢发动机的7系列轿车是世界上首批量产的氢发动机，该发动机可使用氢气和汽油两种燃料。

5. 生物柴油汽车

生物柴油是一种以植物油作为原料的燃料，将来可作为柴油的替代品大量用于货车和轮船。生物柴油中不含硫，因此不会对环境造成酸雨威胁。为生产生物柴油，需要对植物油进行酯化加工，使之变成甲基酯化合物，燃烧起来更干净，发动机内残留物也较少。

除了上述类型新能源汽车外，新能源汽车还包括太阳能汽车、气动汽车和二甲醚汽车等。

第二节 新能源汽车的发展

历史上，汽车能源动力系统变革一直处于技术革命和经济转型的核心位置。19 世纪，煤和蒸汽机火车引发了欧洲的工业革命，开创了人类的工业经济和工业文明；20 世纪，石油和内燃机汽车促成了美国的经济腾飞，把人类带入了基于石油的经济体系与物质繁荣时代，也带来了能源环境的巨大挑战。进入 21 世纪，以替代燃料和混合动力为代表的各种新型汽车能源动力技术迅猛发展，相互竞争，引发了一场新的技术变革，预示着人类将要进入后石油时代过渡期和能源动力技术创新突破的机遇期。

一、国外新能源汽车的发展现状

日本最新发布新能源汽车发动机的核心方向是蓄电池、氢燃料电池和清洁柴油三方面；美国则倾向于在电动汽车方面的研究。无论是氢动力还是电动，世界各大汽车企业在研究各种新能源的核心技术方面都已经取得了一些进展，而且对于新能源汽车的研究仍然在持续不断地进行。

日本汽车公司在积极开展和推进各种新能源汽车研究和市场化工作，其混合动力汽车处于世界领先地位。目前日本的弱混合动力汽车可以节能 38%，而且为了适应未来新能源汽车的发展，日本已经开始进行道路、周边设施的改造，包括居民住宅设施。日产汽车在电池方面也已取得实质性的成果。丰田汽车公司作为新能源车型的积极倡导者，早在 1993 年就开始在公司内部商讨发展混合动力技术，一年后制定项目计划，1995 年开始研发，1997 年推出第一代混合动力汽车，2005 年第二代车型上市。目前丰田汽车公司将混合动力的许多技术都申请了专利技术，是这一领域内名副其实的领军者。

美国通用汽车公司全面开展氢燃料电池、混合动力、生物燃料、柴油机、天然气等新型汽车的研发。在 2008 年通用汽车公司百年庆典上，通用汽车公司推出了雪佛兰 Volt 量产车型，这是一款有电池动力，同时有后备汽油发动机及动力系统的“全级复合动力车型”。福特汽车公司全面开展混合动力、充电式混合动力、清洁柴油、氢气内燃机和燃料电池汽车的开发。

欧洲汽车公司选择性地开展新能源汽车研究，主攻柴油机、生物燃料、氢燃料市场化工作。在德国，根据大众集团已经规划好的新能源战略，在短期内，解决能源节能环保的基本供给方式，是进一步优化汽油机、普及推广采用先进的清洁柴油技术；从中期规划来讲，大众汽车公司正在做电动汽车、混合动力汽车或其他一些替代能源，包括生物燃料等。在中国，大众汽车公司计划投产至少 4 款绿色环保车型。北京奥运期间，大众汽车公司生产了 5 款共计 30 辆新环保车型，作为奥运会“绿色车队”使用。目前德国已有了依靠风能发电并制造出氢能的技术，这种完全绿色的制造氢气的方法对于宝马汽车一直致力于的氢动力汽车具有很大的积极作用。宝马汽车公司从 1978 年便开始氢动力的研究工作，是目前在这领域内做得最成熟的厂家。其中最引人注目的是它推出的 7 系氢动力版轿车，其尾气排放是完全无污染的。但就现在的技术而言，氢燃料无法普及，只能寻找其他更简单有效并且可行性强的办法。目前，宝马汽车公司正在研究几种不同类型的替代燃料，电动汽车和生物燃料这两个新的研究方向在这方面具有很大的市场潜力。

在积极研发新能源汽车的同时，各国政府还提供了大量的优惠政策。在美国，对混合动力汽车给予的优惠最高可达 3 400 美元，对天然气等代用燃料汽车的成本增加部分给予 50% ~80% 的财政补贴；日本对电动、天然气等清洁能源汽车给予 50% 减税，并给予与同级别传统汽车差价 1/2 的优惠补贴，另外天然气等燃料供给设备的装备费用可享受部分补贴；法国给予每一辆电动汽车 15 000 法郎的补贴，其中 10 000 法郎给汽车制造厂，5 000 法郎给购买电动汽车的私人或公司企业；在英国，如果驾驶混合动力车进入伦敦市区，将免收 5 英镑进入市区的费用。

二、我国新能源汽车的发展现状

据《中国新能源汽车发展战略研究》报告预测，我国机动车拥有量将从 2005 年末的 4 000万辆增长到 2020 年的 1.4 亿辆，2030 年为 2 亿辆左右。机动车燃油消耗量占石油总消耗量的比例将从 2000 年的 33% 左右上升到 2020 年的 57%。我国石油储藏量仅占世界储存总量的 2.4%，从 1993 年起成为石油纯进口国，2000 年石油总需求的 33% 依赖进口。因此，我国从能源、经济和社会的安全考虑，已着手进行汽车能源替代品的研发。

1. 燃气汽车

燃气汽车的燃料包括 CNG、LPG 和氢气。目前世界上在用的这两种车辆超过了 500 万辆，约占世界汽车总保有量的 0.7%，占新能源燃料汽车保有量的 80%。CNG 汽车和 LPG 汽车也是我国清洁汽车行动计划的主角，2008 年在 21 个城市和地区推广，保有量超过 24.3 万辆，其中 CNG 汽车占 52%。中国现有车用燃气加注站约为 710 座以上，其中 CNG 加注站约为 400 座。在以川渝地区为代表的天然气资源丰富的地区，加注站分布密度上升很快，已经初步形成了加注网络。不过，同全国 82 000 座传统加油站相比，CNG 和 LPG 加注站的不足仍然制约着传统车用燃气作为大规模替代燃料的发展前景。目前主要的 CNG 汽车保有者仍然是营运类的公交车和出租车。

从汽车结构来分，使用燃气的汽车分为两类：燃气与传统汽、柴油并用的双燃料汽车和单一燃料的燃气汽车。中国目前在用的 CNG 和 LPG 汽车多数为双燃料汽车。这些双燃料汽车当中，有些是改装的燃油汽车，但大部分属于专门生产的双燃料汽车。

氢气作为车用的替代能源被政府和工业界广泛重视，发动机上改用氢燃料时，原则上不需要发动机作较大的改动就可以极大拓宽稀燃范围，提高汽车的燃料经济性，降低 NO_x 和 HC 的排放，不过氢气燃烧后会产生大量水蒸气，气缸材料、润滑系统和点火系统都需要使用新设计或者新材料。氢能源的来源及加氢网络将长期制约氢燃料汽车的推广，现在主要通过制造氢燃料电池来解决氢能源应用危机。

2. 醇类燃料汽车

醇类燃料汽车的燃料主要有乙醇和甲醇。借助现代发酵技术和现代化工分离技术，能将农作物的秸秆、玉米、甘蔗、棉籽、林灌木、树枝等农林产品以及畜牧业的废弃物等转化为优质的电、油和气。其中，利用生物制取的燃料乙醇是一种更清洁的能源，添加到车用燃料中的比例可达到 10%、20%、50%、85%，甚至汽车可完全使用燃料乙醇。

2002年3月，国家八部委联合颁布了车用乙醇汽油使用试点方案和实施细则，组织实施了车用乙醇汽油的使用试点工作。2003年6月，车用乙醇汽油的使用试点工作在河南、黑龙江两省五市圆满结束，在车用乙醇汽油使用试点期间，有20余万辆汽车和5万余辆摩托车使用了近20万t车用乙醇汽油。2004年，国家在乙醇汽油的使用上进行了试点推广工作。2004年2月24日，国家发展和改革委员会（简称“国家发改委”）等国家8个部委联合下发了《关于印发〈车用乙醇汽油扩大试点方案〉和〈车用乙醇汽油扩大试点工作实施细则〉的通知》，扩大车用乙醇汽油在全国范围内的试点。根据《通知》要求，到2005年年底，黑龙江、吉林、辽宁、河南、安徽5省及湖北、山东、河北和江苏省的部分地区已基本实现了用车用乙醇汽油替代其他汽油。

当前，我国生物燃料乙醇产业按照“定点生产、定向流通、封闭运行”的原则布点发展，乙醇汽油的消费量已占全国汽油消费量的20%左右，成为世界上继巴西、美国之后第三大生物燃料乙醇生产国和消费国。

随着近几年粮食转化渠道的日益多元化以及粮食价格的上涨，粮食不能作为今后发展燃料乙醇的原料供应主体，发展非粮原料的替代已经成为政府和企业的共识。根据国家发改委发布的《可再生能源发展“十一五”规划》，在“十一五”期间，在东北、山东等劣质土地资源丰富的地区，集中种植甜高粱，发展以甜高粱茎秆为主要原料的燃料乙醇；在广西、重庆、四川等地重点种植薯类作物，发展以薯类作物为原料的燃料乙醇；同时开展以农作物秸秆等木质纤维素为原料的生物燃料乙醇生产试验。

我国对甲醇燃料的研究起步于20世纪70年代初期，“六五”期间，国家科学技术委员会（简称“国家科委”）就组织交通部负责将M15甲醇汽油研究列入国家重点攻关项目，并在山西省组织实施，在山西省进行了M15～M25甲醇燃料的研究实验。“七五”期间，由国家科委组织，中国科学院牵头并由大专院校、汽车、环境等6部门组成攻关组，重点对492发动机的转矩、热效率和尾气排放等技术进行了较为系统的研究，并且有3辆车参与了路试，各项试验指标均取得了较满意的效果。“八五”期间，由国家科委组织有关大专院校、石油、化工等8个单位，与德国大众汽车公司合作，进行中德M100甲醇燃料科技合作项目，进行了高比例甲醇发动机和汽车的试验研究，先后共有14辆桑塔纳轿车参与了路试，车辆性能良好；同期，国家把低比例M3、M15甲醇汽油应用列入攻关计划，在江苏、山西、河南、重庆有数百辆汽车投入运营试验。近几年，我国甲醇汽油研究更是突飞猛进，不但有关技术难题得以突破，其实际应用更是迅猛发展。2009年11月1日，我国首个《车用燃料甲醇》国家标准颁布实施；2009年12月1日起，《车用甲醇汽油（M85）》标准正式实施。在技术上，目前大比例甲醇燃烧技术攻克了甲醇热值低导致动力不足、冷起动难、热气阻、遇水分层、稳定性差、腐蚀溶胀、高温润滑七大难题，车用甲醇燃料发展到第三代催化燃烧甲醇燃料，达到世界先进水平。

3. 生物柴油汽车

目前我国生物柴油汽车的研究刚刚起步，与西方发达国家相比差距很大，未能形成生物柴油的产业化。2001—2004年，我国海南正和生物能源有限公司建成年产1万t生物柴油的试验厂，四川古杉油脂化学公司成功开发出生物柴油，福建省龙岩市也建成2万t生物柴油装置，北京市科委可持续发展科技促进中心与石油大学合作年生产5万t生物柴油，2008年北京把生物柴油作为北京绿色奥运最理想的燃料之一。

4. 燃料电池汽车

燃料电池汽车由氢燃料罐和电池组成新型驱动装置，替代传统的发动机。它改变了汽车对石油的依赖，水是唯一的排放物。燃料电池有多种类型，用于汽车的主要是质子交换膜燃料电池。

我国电动汽车的研究始于20世纪80年代。1998年4月，国家电动汽车试验示范区在广东汕头南澳正式建成。2002年8月，我国第一家电动汽车产业化基地在武汉兴建。2003年3月，中国燃料电池客车商业化示范项目在北京和上海启动。目前，研发企业已逾百家。

由清华大学牵头研发的燃料电池公交车最高车速为86km/h，在40km/h等速运行条件下百公里氢燃料消耗3.3kg，约合12.4L汽油，而同类柴油车的油耗则为20L。同济大学牵头研发的燃料电池小客车尽管比先进国家起步晚了10年，但目前已与先进国家达到同一水平，在性能方面甚至开始超越它们。我国燃料电池发动机研发进步显著，已成为世界上少数几个掌握车用百千瓦级燃料电池发动机制造及测试技术的国家之一。自主品牌的燃料电池在额定功率下发动机的氢燃料效率不小于50%，质量比功率不小于16W/kg。2006年年底诞生的第四代“超越”燃料电池小轿车集成了200余项自主知识产权，仅动力平台就有65项专利。与第三代燃料电池汽车相比，总功率从80kW增加到100kW，最高车速由120km/h升至150km/h，一次性充氢续驶里程由230km增至300km。由10辆“超越三号”燃料电池轿车经10万km行驶后测算，百公里耗氢仅1kg，能源费用约35元，而同类普通汽车耗油费用约55元。

5. 混合动力汽车

混合动力汽车有两个动力源：发动机和电动机。起动和中速以下行驶时，因发动机效率低，仅由电动机驱动车辆；常规行驶时，发动机作为主动力源；加速时，电池组为电动机供电，增强输出功率；减速或制动时，车轮惯性驱动电动机，将电动机变为发电机，为电池组充电。

目前，国内主要汽车企业均已进入混合动力领域。东风电动车辆股份有限公司自主研发的20辆混合动力公交车在武汉已运行了50万km，载客100多万人次，并已通过验收；一汽红旗HQ3已下线，具备了小批量生产能力，获得了国家汽车产品公告；一汽丰田公司生产的普锐斯轿车已上市；长安、奇瑞、东风等混合动力轿车开始陆续投放市场。

6. 纯电动汽车

纯电动汽车是我国第一批取得产品准入公告的电动汽车，目前已批量生产和应用。北京理工大学等“产学研”研发的4种车型40辆公交车已投入北京121路公交线和密云区进行载客示范运行，其等速百公里耗电仅70kW·h。天津清源电动车辆股份有限公司与天津汽车集团等单位联合研制的纯电动轿车最高车速超过了120km/h，一次充电续驶里程达252km。该公司已有112辆纯电动轿车出口美国。“十五”期间，我国完成了三项纯电动汽车整车标准和两项电机标准的制定，纯电动汽车技术标准已基本齐全。以混合动力和多种燃料为主体的新能源汽车将出现产业化高潮。纯电动汽车将在特定区域、特定路线以及特种车辆市场方面得到发展；燃料电池汽车开始进入成熟期和商业化运营阶段；电动汽车保有量占汽车总保有量的5%～10%，年产销电动汽车达到150万辆以上。到2030年，电动汽车保有量占汽车总保有量的50%以上，年产销电动汽车达1 000万～1 950万辆。

第二章

电动汽车动力电池

电动汽车用动力电池主要有蓄电池、燃料电池、超级电容、飞轮电池等。蓄电池也称为二次电池，是可以通过充电反复使用的化学电池。本章主要介绍蓄电池，并对超级电容和飞轮电池作简单介绍。燃料电池的有关内容将在第六章进行介绍。

第一节　蓄电池概述

一、蓄电池的分类

蓄电池是一种化学电池，其基本组成是正极板、负极板和电解质。应用于电动汽车的蓄电池有很多，在此，通过不同的分类方法来概括不同类型的蓄电池。

1. 按蓄电池电解质分类

按蓄电池电解质的不同，可将蓄电池分为酸性蓄电池、碱性蓄电池、中性蓄电池和有机电解液蓄电池四类。

（1）酸性蓄电池　酸性蓄电池主要以硫酸水溶液作为电解质。电动汽车用蓄电池中属于酸性蓄电池的主要是铅酸蓄电池。

（2）碱性蓄电池　碱性蓄电池主要以氢氧化钾水溶液作为电解质。电动汽车用蓄电池中的锌锰蓄电池、镍镉蓄电池、镍氢蓄电池等均属于此类蓄电池。

（3）中性蓄电池　中性蓄电池以盐溶液作为电解质。这种蓄电池由于稳定性较差，目前在电动汽车上还很少使用。

（4）有机电解液蓄电池　有机电解液蓄电池主要以有机溶液作为电解质。这种蓄电池有锂电池、锂离子电池等。

2. 按蓄电池所用正、负极材料分类

按蓄电池正、负极材料的不同，可将蓄电池分为锌系蓄电池、镍系蓄电池、铅系蓄电池、锂系蓄电池及金属空气（氧气）系列蓄电池等。

（1）锌系蓄电池　锌系蓄电池有锌锰蓄电池、锌银蓄电池等。

（2）镍系蓄电池　镍系蓄电池有镍镉蓄电池、镍锌蓄电池、镍氢蓄电池等。

（3）铅系蓄电池　比如铅酸蓄电池，即属于铅系蓄电池。

（4）锂系蓄电池　锂系蓄电池有锂离子电池、锂聚合物电池、磷酸铁锂电池等。

（5）金属空气蓄电池　金属空气蓄电池有锌空气蓄电池、铝空气蓄电池等。

二、蓄电池的性能参数与常用术语

1. 蓄电池的性能参数

（1）电压　蓄电池的电压（端电压）是指其正极与负极之间的电位差，单位为 V，是表示蓄电池性能与状态的重要参数之一。

1）开路电压。开路电压是指蓄电池未向外电路输出电流时的端电压。蓄电池在充足电状态下的开路电压最高，随着蓄电池放电程度的增加，蓄电池的开路电压会相应降低。

2）放电电压。放电电压是指蓄电池向外输出电流时的端电压。放电电压也称为工作电压，蓄电池在放电时的放电电流越大，放电电压就越低；在同样的放电电流下，随着蓄电池放电程度的增加，其放电电压也会相应降低。

3）充电电压。充电电压是指在充电电源对蓄电池进行充电时，蓄电池的端电压。充电电流大，蓄电池内的极化（欧姆极化、浓差极化、电化学极化）就越大，充电电压也就越高；在同样的充电电流下，蓄电池充电初期的充电电压较低，当蓄电池充足电时其充电电压达到最高。

（2）内阻　蓄电池的内阻主要与极板的材质、结构及装配工艺有关。不同的电解质呈现的电阻也不同。因此，不同类型的蓄电池，其内阻是不同的。对某种类型的蓄电池来说，随着放电程度的增加，其内阻会相应增大。蓄电池内阻的单位为 Ω。

（3）容量　蓄电池的容量是指在允许放电范围内所能输出的电量，单位为 A · h。容量用来表示蓄电池的放电能力。在不同条件下，蓄电池所能输出的电量（容量）是不同的。

1）理论容量。理论容量是指假设蓄电池极板上的活性物质全部参加电化学反应而输出电流时，根据法拉第定律计算出的电量。理论容量通常用质量容量（A · h/kg）或体积容量（A · h/L）表示。

2）实际容量。实际容量是指充足电的蓄电池在一定条件下所能输出的电量。其值是在允许放电范围内，放电电流与放电时间的乘积。蓄电池的实际容量小于理论容量，当放电电流和温度不同时，其实际容量也会有所不同。

3）i 小时放电率容量。充足电的蓄电池以某一恒定电流放电，放电 i 小时后将蓄电池放电至终止电压，此时蓄电池所能输出的电量称为 i 小时放电率容量，通常用 C_i 表示。

4）额定容量。额定容量是指充足电的蓄电池在规定的条件下所能输出的电量。额定容量是制造厂标明的蓄电池容量，作为蓄电池性能的重要技术指标。在我国的国家标准中，用 3h 放电率容量（C_3）来定义电动汽车用蓄电池的额定容量，用 20h 放电率容量（C_{20}）来定义汽车用起动型蓄电池的额定容量。

（4）能量　蓄电池的能量是指在一定的放电条件下，蓄电池所输出的电能，单位为 W · h或 kW · h。蓄电池的能量表示其供电能力，是反映蓄电池综合性能的重要参数。

1）标称能量。标称能量是指在规定的放电条件下蓄电池所能输出的电能。蓄电池的标称能量是其额定容量与额定电压的乘积。

2）实际能量。实际能量是指在实际的放电条件下蓄电池所能输出的电能。蓄电池的实际能量是其实际容量与放电过程的平均电压的乘积。

3）比能量。比能量是指蓄电池单位质量所能输出的电能，单位为 W·h/kg 或 kW·h/kg。蓄电池的比能量越高，汽车充足电后的行驶里程就越长。

4）能量密度。能量密度即体积比能量，是指蓄电池单位体积所能输出的电能，单位为 W·h/L 或 kW·h/L。蓄电池的能量密度越高，电动汽车的载重量和车内的空间就越大。各种电池的工作电压、比能量和能量密度比较见表 2-1。

表 2-1　各种电池的工作电压、比能量和能量密度比较

电池种类	工作电压/V	比能量/(W·h/kg)	能量密度/(W·h/L)
铅酸蓄电池	2.0	30～45	60～90
镍镉蓄电池	1.2	46～60	80～110
镍氢蓄电池	1.2	60～70	130～170

(5) 功率　蓄电池的功率是指在规定的放电条件下，蓄电池单位时间所能输出的电能，单位为 W 或 kW。蓄电池的功率大小会影响电动汽车的加速度和最高车速。

1）比功率。比功率即质量比功率，是指蓄电池单位质量所能输出的功率，单位为 W/kg 或 kW/kg。蓄电池的比功率越大，汽车的加速性能和爬坡性能就越好，最高车速也越高。

2）功率密度。功率密度即体积比功率，是指蓄电池单位体积所能输出的功率，单位为 W/L 或 kW/L。蓄电池的功率密度越高，电动汽车的载重量和车内的空间就越大。

(6) 使用寿命　蓄电池的使用寿命通常用使用时间或循环寿命来表示。蓄电池经历一次充电和放电过程称为一个循环或一个周期。在一定的放电条件下，当蓄电池的容量下降到某规定的限值时，蓄电池所能承受的充、放电循环次数称为蓄电池的循环寿命。

不同类型的蓄电池，其循环寿命有所不同。对于某种类型的蓄电池，其循环寿命与充电和放电电流的大小、蓄电池的温度、放电的深度等均有关系。

2. 蓄电池常用术语

(1) 终止电压　终止电压是指充电或放电结束时的电压，分为充电终止电压和放电终止电压。

1）充电终止电压。蓄电池在充电结束（充足电）时，其充电电压已上升至极限，继续充电就将使蓄电池过充电，这个高限电压就称为充电终止电压。当蓄电池的充电电流较大时，在蓄电池充电过程中就有可能达到充电终止电压，且充电电流越大，达到充电终止电压的时间就越短。

2）放电终止电压。蓄电池在放完电时，其放电电压已下降至极限，继续放电将导致蓄电池过放电，这个低限电压就称为放电终止电压。放电电流越大，放电终止电压就越低。

(2) i 小时放电率　i 小时放电率是指蓄电池以恒定的电流放电，以该恒定电流放电 i 小时，正好使蓄电池放电至终止电压（放完电）。因此，i 小时放电率的放电电流 I_i 为

$$I_i = \frac{C_i}{i} \tag{2-1}$$

式中，C_i 为 i 小时放电率容量（C）；i 为放电时间（h）；I_i 为 i 小时放电率的放电电流（A）。

(3) i 小时充电率　i 小时充电率是指蓄电池以恒定的电流，充电 i 小时，正好使蓄电池充电至终止电压（充完电）。i 小时充电率的恒流值与 i 小时放电率的恒流值相等。

(4) 过充电与过放电　蓄电池的过充电与过放电是指充电过度或放电过度。

1）过充电。蓄电池已充足电后的充电即为过充电。此外，充电电流大于蓄电池充电可接受电流时，继续以该电流充电也属于过充电。

2）过放电。蓄电池已放电至终止电压（已放完电）后，继续放电即为过放电。

（5）荷电状态　蓄电池的荷电状态（State of Charge，SOC）在数值上等于蓄电池剩余的容量与蓄电池额定容量的比值，用于描述蓄电池在充、放电过程中的存电状态。

（6）放电深度　蓄电池的放电深度（Depth of Discharge，DOD）在数值上等于蓄电池已放出的电量与蓄电池额定容量的比值，用于描述蓄电池在放电过程中所达到的放电深度。

（7）不一致性与均衡充电

1）不一致性。不一致性是指蓄电池组中各个蓄电池的电压、容量、内阻等存在差异。如果蓄电池组有不一致性存在，则在使用过程中会使其不一致性扩大，并导致性能较差的蓄电池迅速损坏，最终导致整个蓄电池组报废。

2）均衡充电。均衡充电是针对有不一致性的蓄电池组所进行的特殊充电方法，旨在减小或消除蓄电池组的不一致性。

三、电动汽车对蓄电池的性能要求

不同类型的电动汽车对蓄电池的性能要求也有所不同。

1. 纯电动汽车对蓄电池的要求

纯电动汽车电能的唯一来源就是其蓄电池。为增加纯电动汽车的续驶里程，蓄电池的容量要足够大。但是，增大蓄电池的容量，蓄电池组的体积增大，质量也会增加，会影响车辆的动力性和整车布局。因此，纯电动汽车需要根据电动汽车的设计目标和道路行驶工况的不同来选配蓄电池。具体的要求归纳如下：

1）蓄电池的容量要足够大，以满足电动汽车续驶里程的设计目标。此外，蓄电池的容量与能量应能确保汽车在特定工况下的供电能力。例如，能保证典型连续放电电流不超过1C，典型的峰值放电电流不超过3C。

2）蓄电池可实现深度放电（例如，DOD达80%），且不会影响其使用寿命。要求蓄电池在必要时能在满负荷状态下工作和实现全放电。

3）蓄电池的比能量和能量密度要尽可能大，以减小蓄电池组的结构尺寸，减轻蓄电池组的重量，方便车辆的整体结构设计，确保电动汽车的动力性和乘用空间。

4）蓄电池的可接受充电电流要大。对于有制动能量回馈系统的电动汽车，还要求蓄电池的可接受充电电流要大，短时间内可接受高达5C的脉冲电流充电，这有助于提高汽车制动能量回收的效率。

2. 混合动力电动汽车对蓄电池的要求

混合动力电动汽车对蓄电池容量的要求相对较低，但要求蓄电池在需要时能提供更大的瞬时功率，即短时间内能输出大电流的能力要强。具体的要求归纳如下：

1）蓄电池的峰值功率要大，可实现短时间的大功率充放电。

2）循环寿命要长，能达到1 000次以上（深度放电）和40万次以上（浅度放电）。

3）蓄电池在工作时，其SOC应尽可能保持在50%～85%的范围之内。

3. 插电式混合动力电动汽车对蓄电池的要求

插电式混合动力电动汽车在城市街道上以纯电动方式行驶，在高速公路上长途行驶时采用混合动力方式，因而对其蓄电池的要求需要兼顾纯电动和混合动力两种模式。具体的要求归纳如下：

1）在深度放电的情况下，仍然有较长的循环寿命。

2）在低 SOC 状态下，能实现大功率电能输出，以使电动汽车在蓄电池深度放电时仍能保持其良好的加速性能。

3）在高 SOC 状态下，能接受大电流充电，以确保其制动能量回馈的效率不受 SOC 状态的影响。

4）在保持高 SOC 状态的情况下，可延长其使用寿命。

5）比能量及能量密度高，以减小蓄电池组的质量和体积。

6）安全性好。

第二节 蓄电池的结构与原理

一、铅酸蓄电池

1. 铅酸蓄电池的种类

以酸性水溶液作为电解质的蓄电池称为酸蓄电池。由于酸蓄电池电极是以铅及其氧化物作为材料，故又称为铅酸蓄电池。铅酸蓄电池于 1859 年由法国科学家普兰特（G. Plante）发明。1881 年法国人发明的电动汽车就是以铅酸蓄电池作为动力的，铅酸蓄电池广泛用于燃油（气）汽车的起动。铅酸蓄电池按其工作环境的不同可分为移动式和固定式两大类。固定型铅酸蓄电池按电池槽结构的不同可分为半密封式和密封式，半密封式又分为防酸式和消氢式。根据排气方式的不同，密封式铅酸蓄电池可分为排气式和非排气式两种。

铅酸蓄电池的特点是开路电压高，放电电压平稳，充电效率高，能够在常温下正常工作，生产技术成熟，价格便宜，规格齐全。因此，近十年来，国内外开发的称之为第一代的电动汽车也广泛使用了铅酸蓄电池。在电动汽车上使用的铅酸蓄电池的类型及其主要特点见表 2-2。

表 2-2 在电动汽车上使用的铅酸蓄电池的类型及其主要特点

铅酸蓄电池的类型	主 要 特 点
开口管式铅酸蓄电池	有较高的比能量，良好的循环寿命，自动加水，少维护
阀控胶质管式铅酸蓄电池	有较高的比能量和质量比功率，良好的循环寿命，免维护
平板阀控铅酸蓄电池	有较高的比功率，免维护
薄平板阀控铅酸蓄电池	有较高的峰值功率，浅循环放电，免维护

电动汽车牵引用动力铅酸蓄电池（简称动力铅酸蓄电池）的性能与起动用铅酸蓄电池的要求是不同的。动力铅酸蓄电池要求有高的比能量和比功率，高的循环次数和使用寿命，快速充电性能等。目前，已经有很多专业公司研制和开发了多种新型铅酸蓄电池，使得铅酸蓄电池的性能有了较大的提高。

2. 铅酸蓄电池的工作原理

铅酸蓄电池放电和充电的反应过程是铅酸蓄电池活性物质进行的可逆化学变化过程，可以用下列化学反应方程式表示：

$$P_bO_2 + 2H_2SO_4 + P_b \underset{充电}{\overset{放电}{\rightleftharpoons}} P_bSO_4 + 2H_2O + P_bSO_4$$

正极　　　　负极　　　正极　　　　负极

铅酸蓄电池放电过程中，化学反应由左向右进行，其相反的过程为充电过程的化学反应。由于放电过程中，铅酸蓄电池中 H_2SO_4 的浓度会逐渐减小，因此，可以用比重计来测定 H_2SO_4 的密度，再由铅酸蓄电池电解液的密度确定铅酸蓄电池电解液的放电程度。单体铅酸蓄电池的电压为2V，在使用或存放一段时间后，电池的电压可能降低到1.8V以下，或 H_2SO_4 溶液的密度下降到 $1.2g/cm^3$ 时，铅酸蓄电池就必须充电；如果电压继续下降，则铅酸蓄电池将损坏。

3. 铅酸蓄电池的构造

图2-1所示为普通铅酸蓄电池的结构。铅酸蓄电池的基本单元是单体电池（Battery cell），每个单体电池都是由正极板、负极板和装在正极板和负极板之间的隔板组成。每个单体电池的基本电压为2V，然后将不同容量的单体电池按使用要求进行组合，装置在不同的塑料外壳中，来获得不同电压和不同容量的铅酸蓄电池。铅酸蓄电池总成经过灌装电解液和充电后，就可以从铅酸蓄电池的接线柱上引出电流。阀控铅酸蓄电池通常采用密封、无锑网隔板等技术措施；并在普通铅酸蓄电池的电解液中加入硅酸胶（Na_2SiO_3）等凝聚剂，使电解质成为胶状物，形成一种“胶体”电解质，采用“胶体”电解质的铅酸蓄电池使用起来更加方便。硅酸胶（Na_2SiO_3）与硫酸的反应如下：

$$H_2SO_4 + Na_2SiO_3 = H_2SiO_3 + Na_2SO_4$$

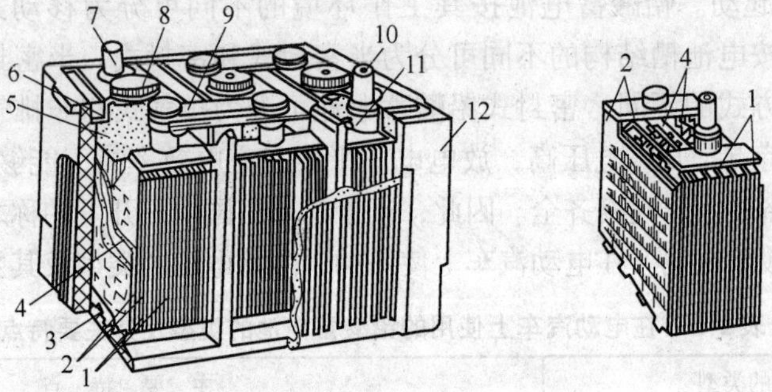

图2-1　普通铅酸蓄电池的结构

1—正极板　2—负极板　3—肋条　4—隔板　5—护板　6—封料　7—负极柱
8—加液口盖　9—电极连接条　10—正极柱　11—极柱衬套　12—蓄电池容器

图2-2所示为排气阀式铅酸蓄电池的结构。该种蓄电池的特点是带有催化剂，可以使充电时产生的氢气和氧气反应生成水流回蓄电池，因而可以防止充电时产生的氢气和氧气逸散，控制水的消耗。

二、镍镉（Ni-Cd）蓄电池

镍镉蓄电池是一种碱性蓄电池，是电动汽车首选电池之一。镍镉蓄电池的比能量可达到55W·h/kg，比功率可超过225W/kg，极板强度高，工作电压平稳，能够带电充电，并可以快速充电。镍镉蓄电池过充电和过放电性能好，有高倍率的放电特性，瞬时脉冲放电率很大，深度放电性能也好。镍镉蓄电池循环使用寿命长，可达到2 000次或7年以上，是铅酸蓄电池的2倍。镍镉蓄电池采用全封闭外壳，可以在真空环境中正常工作，低温性能较好，能够长时间存放。

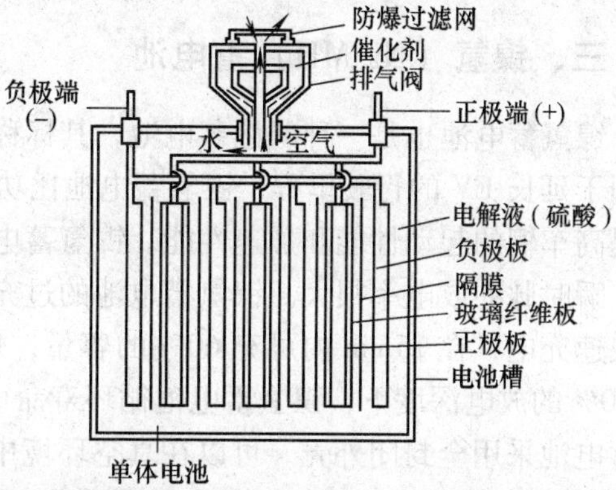

图2-2 排气阀式铅酸蓄电池的结构

1. 镍镉蓄电池的工作原理

镍镉蓄电池以羟基氢氧化镍为正极，金属钢为负极，水溶性氧化钾溶液为电解质。在镍镉蓄电池充电和放电的化学反应过程中，电解液基本上不会被消耗。为了延长使用寿命和改善高温性能，通常在电解液中加入氧化锂。

镍镉蓄电池的化学反应方程式如下：

$$\underset{\text{正极}}{2Ni(OH)_3} + 2KOH + \underset{\text{负极}}{Cd} \underset{\text{充电}}{\overset{\text{放电}}{\rightleftharpoons}} \underset{\text{正极}}{2Ni(OH)_2} + 2KOH + \underset{\text{负极}}{Cd(OH)_2}$$

2. 镍镉蓄电池的结构

图2-3所示为镍镉蓄电池的结构。镍镉蓄电池的每个单体电池都是由正极板、负极板和装在正极板和负极板之间的隔板组成。将单体电池按不同的组合装置在不同塑料外壳中，可得到所需要的不同电压和不同容量的镍镉蓄电池总成。在市场上有多种不同型号规格的镍镉蓄电池总成可供选择。在灌装电解液并经过充电后，就可以从电池的接线柱上引出电流。

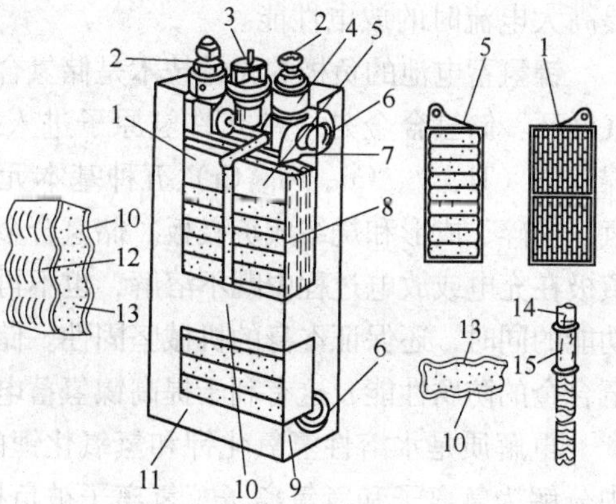

图2-3 镍镉蓄电池的结构

1—正极板 2—接线柱 3—加液口盖 4—绝缘导管 5—负极板 6—吊架 7—单格电池连接条 8—极板骨架 9—绝缘层 10—镀镍薄钢板 11—外壳 12—通孔 13—活性物质 14—正极板导管 15—氢氧化镍

3. 镍镉蓄电池的特点

镍镉蓄电池的工作电压较低，单体电池的标称电压为1.2V，比能量为55W·h/kg，比功率可以超过225W/kg，循环使用寿命在2 000次以上；可以进行快速充电，充电15min可恢复50%的容量，充电1h可恢复100%的容量，但一般情况下完全充电需要6h；深度放电达100%，自放电率低于0.5%/天；可以在−40～80℃的环境温度条件下正常工作；快速充电能力强，充电18min即可从40%达到80%容量。

镍镉蓄电池有记忆效应，镍镉蓄电池中采用的镉（Cd）是一种有害的重金属，在电池报废后必须进行有效的回收，这点在国外已能实现。镍镉蓄电池的成本约为铅酸蓄电池的4～5倍，初始购置费用较高，但镍镉蓄电池的比能量和循环使用寿命都大大地高于铅酸蓄电池，因此，在电动汽车实际使用时，总的费用不会超过铅酸蓄电池的费用。由于镍镉蓄电池使用性能比铅酸蓄电池好，在电动汽车上得到广泛的采用。克莱斯勒公司的TE小型汽车、标致106型EV、雪铁龙AX-EV以及日本本田汽车公司、日产汽车公司等生产的EV上都采用了镍镉蓄电池。

三、镍氢（Ni-MH）蓄电池

镍氢蓄电池也是一种碱性蓄电池，其标称电压为1.2V，比能量可达到70～80W·h/kg，有利于延长EV的行驶里程，镍氢蓄电池比功率可达到200W/kg，是铅酸蓄电池的2倍，能够提高车辆的起动性能和加速性能。镍氢蓄电池有高倍率的放电特性，短时间可以以3C放电，瞬时脉冲放电率很大。镍氢蓄电池的过充电性能和过放电性能好，能够带电充电，并可以快速充电，在15min内可充60%的容量，1h内可以完全充满，应急补充充电的时间短。在80%的放电深度下，镍氢蓄电池循环寿命可达到1 000次以上，是铅酸蓄电池的3倍。镍氢蓄电池采用全封闭外壳，可以在真空环境中正常工作，低温性能较好，能够长时间存放。镍氢蓄电池中没有Pb和Cd等重金属元素，不会对环境造成污染，镍氢蓄电池可以随充随放，不会出现镍镉蓄电池在没有放完电后即充电而产生的“记忆效应”。

1. 镍氢（Ni-MH）蓄电池的工作原理

镍氢蓄电池的正极是球状氢氧化镍粉末与添加剂钴等金属、塑料和粘合剂等制成的涂膏，用自动涂膏机涂在正极板上，然后经过干燥处理成发泡的氢氧化镍正极板。在正极材料$Ni(OH)_2$中添加Ca、Co、Zn或稀土元素，对稳定电极的性能有明显的改进。采用高分子材料作为粘合剂或用挤压和轧制成的泡沫镍电极，并采用镍粉、石墨等作为导电剂时，可以提高大电流时的放电性能。

镍氢蓄电池的负极的关键技术是储氢合金，要求储氢合金能够稳定地经受反复的储气和放气循环。储氢合金是一种允许氢原子进入或分离的多金属合金的晶格基块，用钛、钒、锆、镍、铬（Ti、V、Co、Ni、Cr）五种基本元素，并与钴、锰等金属元素烧结的合金，经过加氢、粉碎、成形和烧结成负极板。储氢合金的种类和性能对镍氢蓄电池的性能有直接的影响。负极在充电或放电过程中既不溶解，也不再结晶，电极不会有结构性的变化，在保持自身化学功能的同时，还保证本身的机械坚固性。储氢合金一般需要进行热处理和表面处理，以增加储氢合金的防腐性能，这有利于提高镍氢蓄电池的比能量、比功率和延长其使用寿命。

电解质是水溶性氢氧化钾和氢氧化锂的混合物。在蓄电池充电过程中，水在电解质溶液中分解为氢离子和氢氧离子，氢离子被负极吸收，负极从金属转化为金属氢化物。在放电过程中，氢离子离开了负极，氢氧离子离开了正极，氢离子和氢氧离子在电解质氢氧化钾中结合成水并释放电能。

$$\underset{\text{正极}}{2NiOOH} + KOH + \underset{\text{负极}}{H_2} \underset{\text{充电}}{\overset{\text{放电}}{\rightleftharpoons}} \underset{\text{正极}}{Ni(OH)_2} + KOH + \underset{\text{负极}}{Ni(OH)_2}$$

图2-4所示为镍氢蓄电池在碱性电解液中进行反应的模型。

2. 镍氢蓄电池的结构

镍氢蓄电池正极是活性物质氢氧化镍$Ni(OH)_2$，负极是储氢合金，用氢氧化钾作为电解质，在正、负极之间有隔膜，共同组成镍氢单格电池。在金属铂的催化作用下，完成充电和放电的可逆反应。镍氢蓄电池的特性与镍镉蓄电池基本相同，但氢气是没有毒性的物质，无污染，安全可靠。镍氢蓄电池使用寿命长，而且不需要补充水分。

镍氢蓄电池的极板有发泡体和烧结体两种，发泡体极板的镍氢蓄电池在出厂前必须进行预充电，且放电电压不能低于0.9V，工作电压也不太稳定，特别是在存放一段时间后，会有近20%的电荷流失，老化现象比较严重。为避免镍氢蓄电池老化所造成的内阻增高，镍氢蓄电池在出厂前必须进行预充电。经过改进的镍氢蓄电池的烧结体极板本身就是活性物质，不需要进行活性处理，也不需要进行预充电，电压平衡、稳定，具有低温放电性能好、不易老化和使用寿命长的优点。

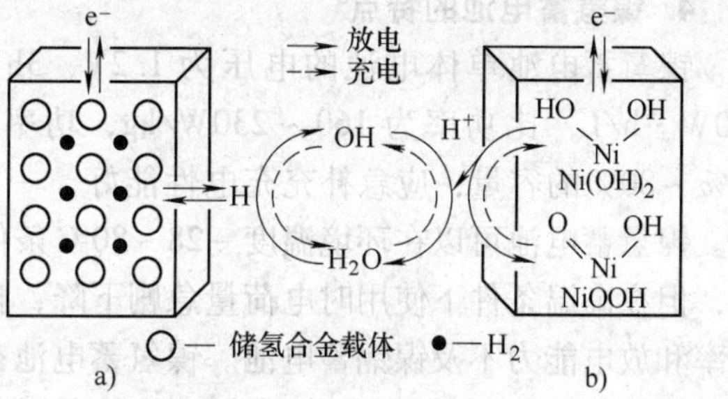

图2-4　镍氢蓄电池在碱性电解液中进行反应的模型

a）储氢合金载体负极　b）镍正电极

图2-5所示为美国通用奥旺尼克（GM-Ovonic）公司镍氢蓄电池的结构。镍氢蓄电池的基本单元是单体电池，每个单体电池都由正极板、负极板和装在正极板和负极板之间的隔板组成。每节电池的额定电压为13.2V（充电时最大电压为16.0V），然后将电池按使用要求组合成不同电压和不同容量的镍氢蓄电池总成。该种镍氢蓄电池比能量达到70W·h/kg，能量密度达到165W·h/L，比功率在50%的放电深度下为220W/kg，在80%的放电深度下为200W/kg。可以更大地提高电动汽车的动力性能。通常镍氢蓄电池的外形有方形和圆形两种。

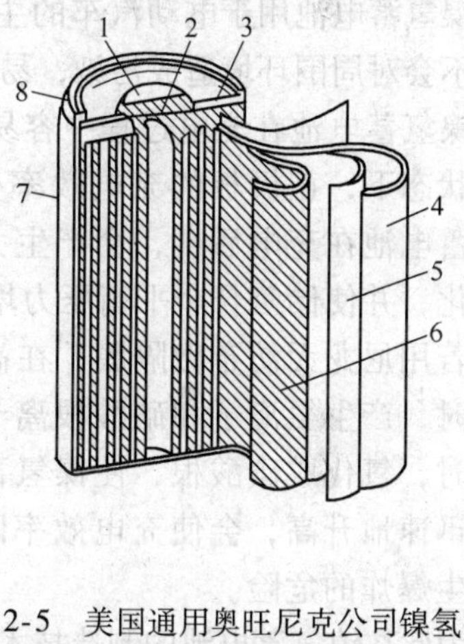

图2-5　美国通用奥旺尼克公司镍氢蓄电池的结构

1—帽盖（+）　2—正极　3—密封板
4—负极片　5—隔离膜　6—正极片
7—外壳（-）　8—绝缘环

3. 镍氢蓄电池的充、放电特性

以松下电池工业公司生产的电动汽车用镍氢蓄电池为例：

（1）放电特性　D型镍氢蓄电池（由6个单电池组件）放电时，2C（C为按额定电流放电时的实际放电容量）的功率输出时的质量比功率可达到600W/kg以上，3 C的功率输出时的质量比功率可达到500W/kg以上，深度范围内质量比功率的变化比较平稳，对电动汽车动力性能的控制十分有利。

（2）充电特性　D型镍氢蓄电池的充电接收性很好，充电效率几乎达到100%，能够有效地接收电动汽车在制动时反馈的电能。另外，由于能量损耗较小，镍氢蓄电池的发热量被抑制在最小的极限范围内，可以有效地控制荷电状态，并用电流来显示电池的荷电状态。

（3）使用寿命　电动汽车动力电池组经常处于充、放电状态，而且充、放电是不规则进行的，这给电池的使用寿命带来严重的影响。松下电气公司用模拟电动汽车行驶工况对镍氢蓄电池进行仿真试验，证实镍氢蓄电池的特性几乎不发生变化，镍氢蓄电池用于电动汽车是比较合适的。

4. 镍氢蓄电池的特点

镍氢蓄电池单体电池的电压为1.2V，3h比能量为75～80W·h/kg，能量密度达到200W·h/L，比功率为160～230W/kg，功率密度为400～600W/kg；充电18min可恢复40%～80%的容量，应急补充充电性能好，一次充电后续驶里程长，而且起动加速性能较好。镍氢蓄电池可以在环境温度－28～80℃条件下正常工作，循环寿命可达到6 000次或7年，但在高温条件下使用时电荷量急剧下降，自放电损耗较大，价格较贵。镍氢蓄电池的比功率和放电能力不及镍镉蓄电池。镍氢蓄电池在使用时还应充分注意各个单体电池之间的一致性（均匀性），特别是在高速率、深度放电情况下，各个单体电池之间的容量和电压差较明显。

镍氢蓄电池的成本很高，约600～800美元/kW·h。不同的储氢合金具有不同的储存氢的能力，价格也不相同。我国自行研制了稀土系的储氢合金，已达到世界水平，为我国生产镍氢蓄电池的推广提供了有利条件。

镍氢蓄电池用于电动汽车的主要优点是：起动加速性能好，一次充电后的续驶里程较长，不会对周围环境造成污染，易维护，快速补充充电时间短。

镍氢蓄电池在充电过程中容易发热，发热产生的高温会对镍氢蓄电池产生负面影响。高温状态下，正极板的充电效率变差，并加速正极板的氧化，使电池的使用寿命缩短。镍氢蓄电池在充电后期，会产生大量的氧气，在高温的环境条件下，将加速负极储氢合金氧化，并使储氢合金平衡压力增加，使储氢合金的储氢量减少而降低镍氢蓄电池的性能。若用尼龙无纺布做隔膜，在高温的作用下会发生降解和氧化。尼龙无纺布隔膜发生降解时，产生氨离子和硝酸根离子，加速了镍氢蓄电池的自放电。尼龙无纺布隔膜发生氧化时，氧化成碳酸根，使镍氢蓄电池的内阻增加。在镍氢蓄电池充电的过程中，电池温度迅速地升高，会使充电效率降低，并产生大量氧气，如果安全阀不能及时开启，则会产生爆炸的危险。

为此在镍氢蓄电池的制造技术上做一些改进，例如：正极板采用多极板技术，负极板采用端面焊接技术，在电解液中适当加入LiOH和NaOH，采用抗氧化能力强的聚丙烯毡做隔膜等，可以有效地提高镍氢蓄电池耐高温能力。在镍氢蓄电池动力电池组的单体镍氢蓄电池之间，加大散热间隙，采取有效的散热措施和建立自动热管理系统，以保证镍氢蓄电池正常工作和延长使用寿命。

四、锂离子电池

锂离子电池是1990年由日本索尼公司首先推向市场的新型高能蓄电池，是目前世界最新一代的充电电池。与其他蓄电池相比，锂离子电池具有电压高、比能量高、充/放电寿命长、无记忆效应、无污染、充电快速、自放电率低、工作温度范围宽和安全可靠等优点，它已成为未来电动汽车较为理想的动力电源。相比于镍氢蓄电池，混合动力汽车采用锂离子电池可使电池组的质量下降40%～50%，体积减小20%～30%，能源效率也有一定程度的提高。

1. 锂离子电池的分类

按外形的不同，锂离子电池可分为方形锂离子电池和圆柱形锂离子电池。

按正极材料的不同，锂离子电池主要分为锰酸锂离子电池、磷酸铁锂离子电池、镍钴锂离子电池或镍钴锰锂离子电池。

第一代车用锂离子电池是锰酸锂离子电池，成本低，安全性较好，但循环寿命欠佳，在高温环境下循环寿命更短，高温时会出现锰离子溶出的现象。第二代锂离子电池是具有美国专利的磷酸铁锂离子电池，是锂离子电池的发展方向，由于原材料价格低且磷、铁、锂的资源丰富，工作电压适中，充、放电特性好，放电功率高，可快速充电且循环寿命长，高温、高热稳定性好，储能特性强，完全无毒。

为了避开磷酸铁锂离子电池的专利纠纷，一些国家开发了镍钴锂离子电池或镍钴锰锂离子电池。由于钴的价格昂贵，所以这些替代锂离子电池成本较高，安全性比磷酸铁锂离子电池稍差，循环寿命优于锰酸锂离子电池。

2. 锂离子电池的结构

锂离子电池由正极、负极、隔板、电解液和安全阀等组成。圆柱形锂离子电池的结构如图 2-6 所示。

(1) 正极　在锰酸锂离子电池中正极物质以锰酸锂作为主要原料，在磷酸铁锂离子电池中正极物质以磷酸铁锂作为主要原料，在镍钴锂离子电池中正极物质以镍钴锂作为主要材料，在镍钴锰锂离子电池中正极物质以镍钴锰锂作为主要材料。在正极活性物质中加入导电剂、树脂粘合剂，并涂覆在铝基体上，呈细薄层状分布。

(2) 负极　负极活性物质是由碳材料与粘合剂的混合物加上有机溶剂调和制成糊状，并涂覆在铜基体上，呈薄层状分布。

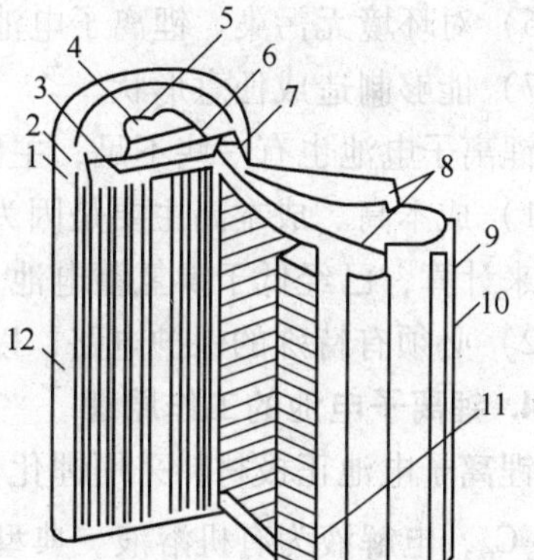

图 2-6　圆柱形锂离子电池的结构

1—绝缘体　2—垫圈　3—PTC 元件
4—正极端子　5—排气孔　6—防爆阀
7—正极引线　8—隔板　9—负极
10—负极引线　11—正极　12—外壳

(3) 隔板　隔板的功能是关闭或阻断通道，一般使用聚乙烯或聚丙烯材料的微多孔膜。所谓关闭或阻断功能，是指电池出现异常温度上升时，阻塞或阻断作为离子通道的细孔，使蓄电池停止充、放电反应。隔板可以有效防止因外部短路等引起的过大电流而使电池产生异常发热的现象。这种现象即使产生一次，电池就不能正常使用。

(4) 电解液　电解液是指以混合溶剂作为主体的有机电解液。为了使主要电解质成分的锂盐溶解，必须具有高电容率，并且具有与锂离子相容性好的溶剂，即不阻碍离子移动的低粘度的有机溶液为宜，而且在锂离子电池的工作温度范围内，必须呈液体状态，凝固点低，沸点高。电解液对于活性物质具有化学稳定性，必须良好地适应充、放电反应过程中发生的剧烈的氧化还原反应。由于使用单一溶剂很难满足上述严酷条件，因此电解液一般混合不同性质的几种溶剂使用。

(5) 安全阀　为了保证锂离子电池的使用安全性，一般对外部电路进行控制或者在蓄电池内部设有异常电流切断的安全装置。即使这样，在使用过程中也有可能因其他原因引起蓄电池内压异常上升，这样，安全阀释放气体，以防止蓄电池破裂。安全阀实际上是一次性非修复式的破裂膜，一旦进入工作状态即可保护蓄电池使其停止工作，因此，安全阀是蓄电池的最后保护手段。

3. 锂离子电池的特点

锂离子电池有许多显著特点，它的优点主要表现为：

1）工作电压高。锂离子电池的工作电压为3.6V，是镍氢蓄电池和镍镉蓄电池工作电压的3倍。

2）比能量高。锂离子电池比能量已达到150W·h/kg，是镍镉蓄电池的3倍、镍氢蓄电池的1.5倍。

3）循环寿命长。目前锂离子电池循环寿命已达到1 000次以上，在低放电深度下可达几万次，超过了其他几种电池。

4）自放电率低。锂离子电池的自放电率仅为6%~8%，远低于镍镉蓄电池（25%~30%）和镍氢蓄电池（15%~20%）。

5）无记忆性。锂离子电池可以根据要求随时充电，而不会降低电池性能。

6）对环境无污染。锂离子电池中不存在有害物质，是名副其实的“绿色电池”。

7）能够制造成任意形状。

锂离子电池也有一些不足，主要表现在以下几个方面：

1）成本高。成本高主要是因为正极材料 $LiCoO_2$ 的价格高，但按单位能量（W·h）的价格来计算，已经低于镍氢蓄电池，与镍镉蓄电池持平，但高于铅酸蓄电池。

2）必须有特殊的保护电路，以防止过充电。

4. 锂离子电池的工作原理

锂离子电池正极材料采用锂化合物 $LiCoO_2$、$LiNiO_2$ 或 $LiMn_2O_4$，负极采用锂碳层间化合物 Li_xC_6，电解液为有机溶液。典型的电池体系为

$$(-)\ C \mid LiPF_6 —— EC + DEC \mid LiCoO_2\ (+)$$

式中，（-）C 表示石墨为负极材料；$LiCoO_2$（+）表示 $LiCoO_2$（钴酸锂）为正极材料；$LiPF_6$（六氟磷酸锂）为电解质；EC（碳酸乙烯酯）+DEC（碳酸二乙酯）为混合电解液。

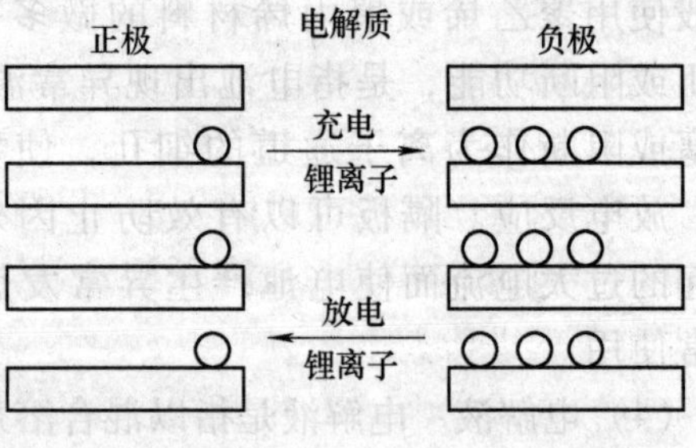

图2-7 锂离子电池的工作原理

图2-7所示为锂离子电池的工作原理。电池充电时，锂离子从正极材料的晶格中脱出，通过电解质溶液和隔膜嵌入到负极中；放电时，锂离子从负极脱出，通过电解质溶液和隔膜嵌入到正极材料晶格中。在整个充、放电过程中，锂离子往返于正、负极之间。

以 $LiCoO_2$ 为正极材料、石墨为负极材料的锂离子电池的正、负极电化学反应应为

$$LiCoO_2 \rightarrow Li_{1-x}CoO_2 + xLi^+ + xe^-$$

$$6C + xLi^+ + xe^- \rightarrow Li_xC_6$$

总反应为

$$LiCoO_2 + 6C \rightarrow Li_{1-x}CoO_2 + Li_xC_6$$

由于锂离子电池只涉及锂离子而不涉及金属锂的充、放电过程，从根本上解决了由于锂枝晶的产生而带来的电池循环性和安全性的问题。

5. 锂离子电池的充放电特性

1）电压方面。锂离子电池对充电终止电压的精度要求很高，一般误差不能超过额定值的1%。如果终止电压过高，则会影响锂离子电池的使用寿命，甚至造成过充电现象，对蓄电池造成永久性的损坏；如果终止电压过低，则会使充电不完全，蓄电池的使用寿命变短。

2）充电电流方面。锂电池的充电率（充电电流）应根据电池生产厂的建议选用。虽然某些电池充电率可达2C，但常用的充电率为0.5～1C。在采用大电流对锂离子电池充电时，因充电过程中蓄电池内部的电化学反应会产生热，因此有一定的能量损失，同时必须检测蓄电池的温度以防过热损坏蓄电池或产生爆炸。此外对锂电池充电时，若全部用恒定电流充电，虽然可以在一定程度上缩短充电时间，但很难保证蓄电池充满，如果对充电结束控制不当还会造成过充电现象。

3）放电方面。锂离子电池的最大放电电流一般被限制在2～3C左右。更大的放电电流会使蓄电池发热严重，对蓄电池的组成物质造成损坏，影响蓄电池的使用寿命。同时，由于大电流放电时，蓄电池的部分能量转换成热能，因此蓄电池的放电容量将会降低。在造成过放电（低于3.0V）时，还会造成蓄电池的失效。对于过放电的锂离子电池，在充电前需要进行预处理，即使用小电流充电，使蓄电池内部被过放电的单元激活。在蓄电池电压被充电到3.0V后再按正常方式充电，通常将这一阶段的充电称为预充电。

锂电池的充电温度一般应该被限制在0～60℃的范围内。如果电池温度过高，则会损坏电池并可能引起爆炸；如果温度过低，则虽然不会造成安全方面的问题，但也很难将蓄电池充满。由于充电过程中蓄电池内部将有一部分热能产生，因此在大电流充电时，需要对蓄电池进行温度检测，并且在超过设定充电温度时停止充电以保证安全。

6. 锂离子电池的充电方法

锂离子电池可以采用不同的充电方法，其中最简单的充电方法是恒压充电。采用恒压充电时，蓄电池电压保持不变，而充电电流将逐渐降低。当充电电流降到低于0.1C时，就认为蓄电池被充分充电了。为了防止有缺陷的蓄电池无休止地进行充电，采用一个备用定时器来终止充电周期。恒压充电是一个相对节省成本的方法，但是这种方法却需要很长的蓄电池充电时间。由于在蓄电池充电期间充电电压保持一定，充电电流降低得很快，因而充电速率也降低得很快。这样，蓄电池就只是在比其能够接受的低得多的电流强度下进行充电。

为了兼顾充电过程的安全性、快速性和蓄电池使用的高效性，锂离子电池通常都采用恒流恒压充电方法，其充电过程可分为预充电、恒流充电和恒压充电三个阶段，如图2-8所示。

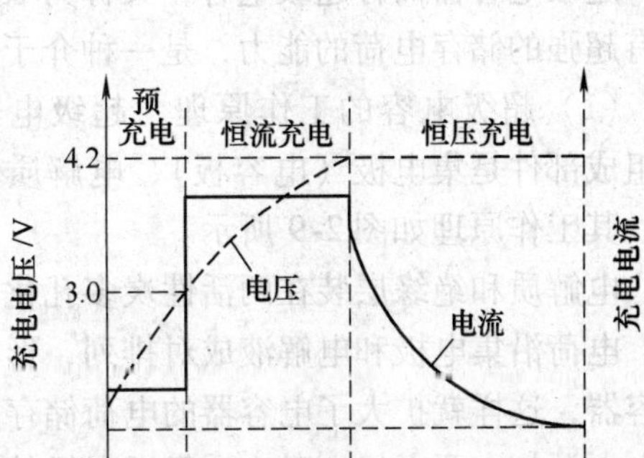

图2-8　锂离子电池充电特性曲线

（1）预充电阶段　在该状态下，首先检测单节锂离子电池电压是否较低（小于3.0V），如果是，则采用涓流充电，即一个比较小的恒定电流对蓄电池进行充电，直至蓄电池电压上升到一个安全值；否则，可省略该阶段，这也是最普遍的情况。因为预充电主要是对过放电的锂电池进行修复。

（2）恒流充电阶段　涓流充电后，充电器转入恒流充电状态。该状态下，充电电流保持不变的较大的值，蓄电池的最大充电电流决定于蓄电池的容量。

在恒流充电和预充电状态下，通过连续监控蓄电池的电压和温度，可以采用以下两种恒流充电终止法，终止恒流充电：

1）电池最高电压终止法。当单节锂电池电压达到4.2V时，恒流充电状态应立即终止。

2）电池最高温度终止法。在恒流充电过程中，当蓄电池的温度达到60℃时，恒流充电状态应立即终止。

（3）恒压充电阶段　恒流充电结束后，则转入恒压充电状态。在该状态下，充电电压保持恒定。因为锂离子电池对充电电压精度的要求比较高，单节蓄电池恒压充电电压应在规定值的±1%之间变化，因此要严格控制锂离子电池的充电电压。在恒压充电过程中，充电器连续监控蓄电池的电压、温度、充电电流和充电时间。

常用的恒压充电终止方法有以下四种方法：

1）电池最高电压。当单节锂离子电池的电压达到4.25V时，恒压充电状态自动终止。

2）电池最高温度。当锂离子电池的最高温度达到60℃时，恒压充电状态自动终止。

3）最长充电时间。为了确保锂离子电池安全充电，除了设定最高电压和最高温度外，还应设置最长恒压充电时间，在温度和电压检测失败的情况下，可以保证锂电池安全充电。

4）最小充电电流。在恒压充电过程中，锂离子电池的充电电流逐渐减小，当充电电流下降到一定数值（通常为恒流充电电流的1/10）时，恒压充电状态自动终止。

此外，蓄电池充足电后，若蓄电池仍插在充电器上，则蓄电池会由于自放电而损失电量。充电器应以非常小的电流对蓄电池充电或是监测蓄电池电位以备对蓄电池再充电，这种状态称为维护充电状态。

五、其他类型的蓄能装置

在电动汽车上用到的蓄能装置除蓄电池外，还有超级电容和飞轮电池。这两种蓄能装置的蓄能方式、充放电原理与前面所述的蓄电池均不相同。

1. 超级电容

超级电容器简称超级电容，又称为双电层电容器（Electrical Double Layer Capacitor）。它具有超强的储存电荷的能力，是一种介于蓄电池和普通电容器之间的新型蓄能装置。

（1）超级电容的工作原理　超级电容的主要组成部件是集电极（电容板）、电解质和绝缘层，其工作原理如图2-9所示。

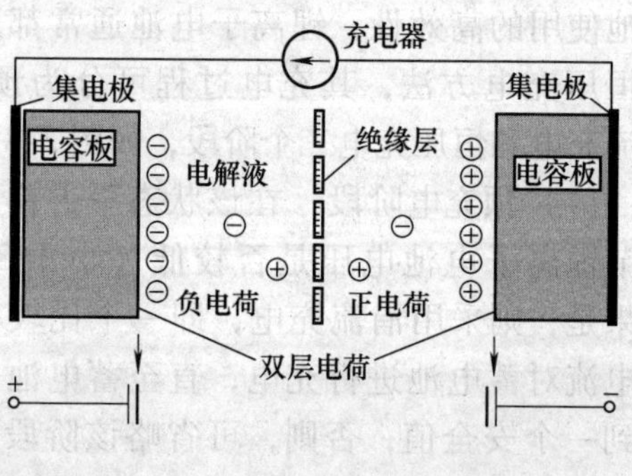

图2-9　超级电容的工作原理

电解质和绝缘层装在两活性炭多孔化电极之间，电荷沿集电极和电解液成对排列，形成双层电容器，这样就扩大了电容器的电荷储存量。当充电电源加在两电极上时，在靠近电极的电介质界面上产生与电极所携带的电荷极性相反的电荷并被束缚在电介质界面上，形成事实上的电容器的两个电极。两个电极的距离非常小，只有几纳米，而活性炭多孔化电极可以获得极大的电极表面积，可以达到200m^2/g。因此，超级电容具有极大的电容量，可以储存很大的静电能量。目前单体超级电容的最大电容量可达5 000F。

当两电极板间的电动势低于电解液的氧化还原电极电势时，电解液界面上的电荷不会脱离电解液，超级电容处于正常工作状态（通常在3V以下）。如果电容器两端电压超过电解液的氧化还原电极电位，则电解液将发生分解，处于非正常工作状态。随着超级电容的放电，正、负极板上的电荷被外电路释放，电解液界面上的电荷相应地减少。由此可以看出，超级电容的充、放电过程始终是物理过程，没有化学反应，因而性能较化学蓄电池稳定得多。

（2）超级电容的特点　与蓄电池相比，超级电容具有以下几点优势：

1）充、放电循环寿命很长。超级电容的充、放电循环寿命可达500 000次，或使用时间可达90 000h，而蓄电池的循环寿命很难超过1 000次。

2）可以提供很大的放电电流。例如，2 700F的超级电容额定放电电流不低于950A，放电峰值电流可达1 680A，而蓄电池通常不可能有如此高的放电电流。一些高放电电流的蓄电池，在如此高的放电电流下，其使用寿命也会明显缩短。

3）可以实现快速充电。超级电容可以在数十秒到数分钟内快速充电，而蓄电池的可接受充电电流是有限的，因此不可能在如此短的时间内充足电。

4）工作温度范围很宽。超级电容可以在很宽的温度范围内正常工作（-40～70℃），而蓄电池在高温或在低温环境下不能正常工作。

5）安全无毒。超级电容的材料是安全和无毒的，而铅酸蓄电池、镍镉蓄电池均具有毒性。

虽然超级电容的能量密度不能与蓄电池相比，但是其大电流充放电的特点使超级电容特别适合用作电动汽车的辅助电源。在车辆起步、加速、爬坡等行驶工况时，由超级电容提供大电流，在确保电动汽车动力性的同时，可有效地保护蓄电池，延长蓄电池的使用寿命。在车辆制动时，超级电容可接受大电流充电，能很好地回收制动能量。超级电容不仅可以用作电动汽车的辅助蓄能装置，而且可以用作电动汽车主要的或唯一的蓄能装置。

2. 飞轮电池

飞轮电池是20世纪90年代才提出的新概念电池。它突破了化学电池的局限，用物理方法实现蓄能。

（1）飞轮电池的工作原理　飞轮电池主要由飞轮、轴、轴承、电机、真空容器和电力电子转换器等组成，如图2-10所示。当飞轮以一定的角速度旋转时，就具有了一定的动能。飞轮是整个蓄能装置的核心部件，它直接决定了整个装置的蓄能量。对飞轮电池充电时，通过电力电子转换器从外部输入电能而使电机旋转，电机（此时作为电动机）驱动飞轮加速旋转，飞轮储存的动能（机械能）就增大。飞轮电池向外放电时，由高速旋转的飞轮带动电机（此时作为发电机）旋转，将动能转化为电能，再通过电力电子转换器将电能转换为负载所需的频率和电压。

飞轮工作时的转速很高（可达40 000～50 000r/min），用一般金属制成的飞轮无法承受这样高的转速，因而飞轮一般都采用碳纤维制成，使之在满足强度要求的同时，可减小飞轮电池的质量。

电机用于电能与机械能的相互转换，实现充电（储存机械能）和放电（释放机械能）过程。飞轮电池通常采用永磁式电机，在充电时用作电动机，在外电源的驱动下，带动飞轮高速旋转，将电能转换为机械能进行储存；在放电时用作发电机，在飞轮的带动下发电而向外输出电能。

飞轮电池通常使用非接触式的磁悬浮轴承，以减小飞轮运转时的摩擦损耗，提高飞轮电池的能量储存效率。

飞轮在高速旋转时，周围的空气会形成强烈的涡流，造成巨大的空气阻力。因此，飞轮电池通常将电机和飞轮都密封在一个真空容器内，以减少风阻。

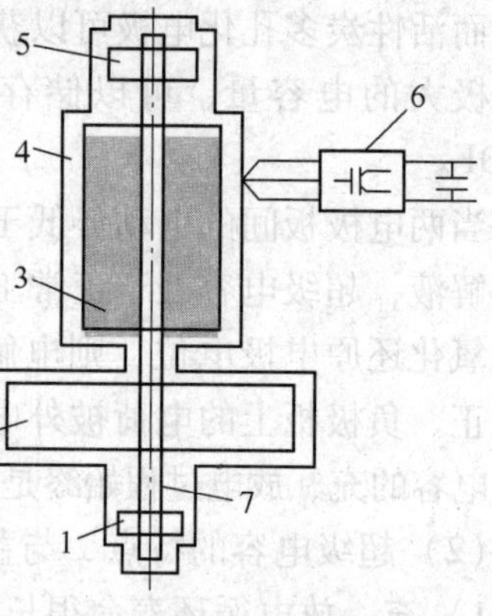

图 2-10　飞轮电池的工作原理

1、5—轴承　2—飞轮　3—电机

4—真空容器　6—电力电子转换器　7—轴

（2）飞轮电池的特点　飞轮电池具有以下优点：

1）能量密度高。飞轮电池的能量密度可达100～200W·h/kg，功率密度可达 5 000～10 000W/kg。

2）能量转换效率高、充电快。飞轮电池工作时的能量损失很小，其能量转换效率高达90%以上。由于飞轮电池无最大充电电流的限制，其充电速度取决于飞轮的角加速度，因而充电很快。

3）体积小、重量轻。飞轮采用了碳纤维材料，直径一般也不大。因此，与化学电池和燃料电池相比，飞轮电池的体积小、重量轻。

4）工作温度范围宽。飞轮电池对环境温度没有严格限制。

5）使用寿命长。飞轮电池无重复深度放电的影响，其循环充放电次数可达数百万次，预期寿命可达 20 年以上。

6）维护周期长。飞轮电池的轴承采用磁悬浮形式，飞轮在真空环境下运转，其机械损耗微乎其微，因而其维护周期长。

与超级电容一样，飞轮电池特别适合用作电动汽车的辅助蓄能装置，在车辆起步、加速、爬坡等行驶工况时，协助蓄电池供电，可提高电动汽车的动力性，并能延长蓄电池的使用寿命。在车辆制动时，飞轮电池可很好地回收制动能量。用飞轮电池作为蓄能装置的电动汽车也早被世界各国所关注。美国飞轮系统公司用其最新研制的飞轮电池将一辆克莱斯勒 LHS 轿车改成电动轿车，一次充电可行驶 600km，速度从 0 加速到 96km/h 的时间仅为6.5s。

第三节　蓄电池的管理系统

1. 电动汽车的电池组管理系统

电动汽车除动力电池组提供主要电源外，还有一个发动机-发电机组向动力电池组通过转换器不断地补充电能。

根据电动车辆所采用电池的类型和动力电池组的组合方法，电池组管理系统主要包括热（温度）管理系统、电池组管理系统和电线线路管理系统，如图 2-11 所示。

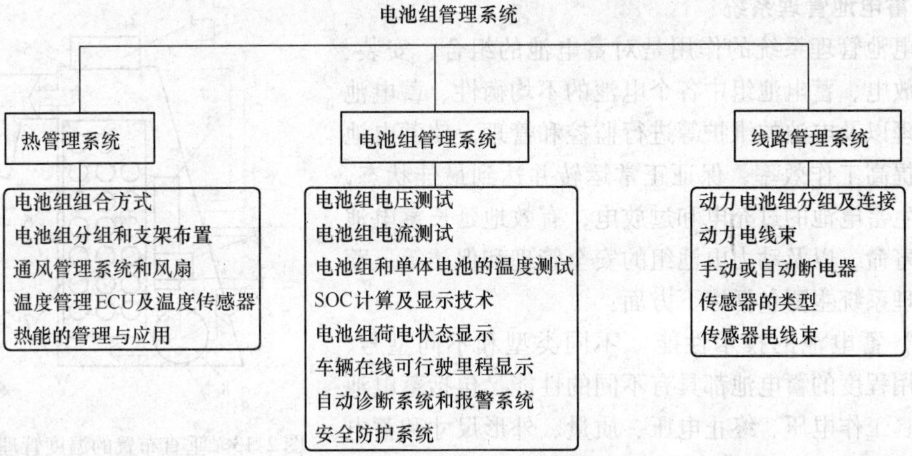

图 2-11 电动汽车电池组管理系统

2. 热管理系统

电动汽车上使用的动力电池组在工作时都会有发热现象，不同蓄电池的发热程度各不相同，有的蓄电池可以采用自然通风即可满足电池组的散热要求，有的蓄电池则必须采取强制通风来进行冷却才能保证电池组正常地工作和延长蓄电池的寿命。另外，在电动汽车上由于动力电池组的各个蓄电池或各个分电池组布置在车架的不同位置上，各处的散热条件和周围环境都不同，这些差别也会对蓄电池充、放电性能和蓄电池的使用寿命造成影响。为了保证每个蓄电池都能有良好的散热条件和环境，将电动汽车的动力电池组装在一个强制冷却系统中，使各个蓄电池的温度保持一致或相接近，以及各个蓄电池的周边环境条件相似。

根据动力电池组在电动车辆上的布置，动力电池组的温度管理系统中，首先应合理安排动力电池组的支架，要求便于动力电池组或其分组能够便于安装，能够实现机械化装卸，便于各种电线束的连接。在动力电池组支架的位置和形状确定后，设计通风管道、风扇，动力电池组 ECU 和温度传感器等，电动汽车上水平布置的温度管理系统如图 2-12 所示，垂直布置的温度管理系统如图 2-13 所示。

在某些蓄电池工作时，会产生较高的温度，可以充分利用其产生的热量用于取暖和风窗玻璃除霜等，使热量得到管理与应用。

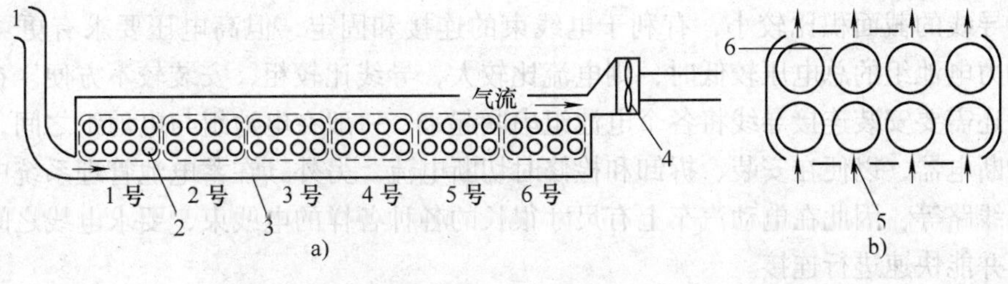

图 2-12 电动汽车上水平布置的温度管理系统

a）温度管理系统及动力电池组分组布置 b）分组电池组的局部通风情况

1—空气吸入管道 2—分电池组 3—动力电池组密封支架 4—冷却风扇

5—分电池组冷却气流 6—温度传感器

3. 蓄电池管理系统

蓄电池管理系统的作用是对蓄电池的组合、安装、充电、放电、蓄电池组中各个电池的不均衡性、蓄电池的热管理以及电池的维护等进行监控和管理。使蓄电池组能够提高工作效率，保证正常运转并达到最佳状态，避免发生蓄电池的过充电和过放电，有效地延长蓄电池的使用寿命，以及动力电池组的安全管理和保洁等。蓄电池管理系统主要包括以下方面：

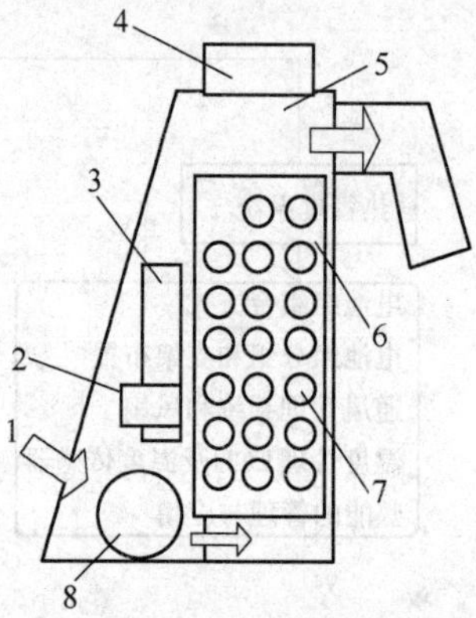

图 2-13 垂直布置的温度管理系统
1—冷却空气吸入管道 2—温度传感器 3—电池组管理 ECU 4—充电器 5—电池组通风箱 6—单元电池 7—分电池组 8—风扇

(1) 蓄电池的技术性能 不同类型和不同型号、不同使用程度的蓄电池都具有不同的性能，包括蓄电池的容量、工作电压、终止电压、质量、外形尺寸和蓄电池特性（包括记忆特性）等，因此，要对动力电池组建立技术档案。实际上即使是同一型号、同一批量的蓄电池，彼此之间由于制造原因、电解质的浓度差异和使用情况的不同，都会对整个动力电池组的性能带来影响，因此，在安装蓄电池组之前，应对各个蓄电池进行认真的检测后，将性能差异不大的蓄电池组成动力电池组。

(2) 蓄电池状态的管理 电动汽车的动力电池组由多个单节蓄电池组成，其基本状态包括在充电和放电时双向作业时的电压、电流、温度、SOC 的比例等。在正常情况下动力电池组的电压、电流、温度、SOC 的比例等应能够进行双向计量和显示。

由于多种原因在动力电池组中个别蓄电池会出现性能的改变，使得动力电池组在充电时动力电池组不能充足，而在放电时很快地将电能放尽。这就要求蓄电池管理系统能够及时地自动检测各个单节蓄电池的状态，当检测出某节蓄电池出现损坏状态时，及时进行报警，以便将“坏”蓄电池剔出、更换。

(3) 动力电池组的组合 动力电池组需要 8～32 节 12V 的单节蓄电池串联起来（指铅酸电池）或更多节单节（指其他蓄电池）串联而成，为了能够分别安装在电动汽车的不同位置处，通常动力电池组上分为多个小的蓄电池组分散地进行布置，这样有利于蓄电池组的机械化安装、拆卸和检修。

在蓄电池与蓄电池、蓄电池组与蓄电池组之间需要用导线连接。当动力电池组的总电压较高时，导线的截面积比较小，有利于电线束的连接和固定，但高电压要求有更可靠的防护。当动力电池组的总电压较低时，则电流比较大，导线比较粗，安装较不方便。在各个电池组之间还需要安装连接导线将各个电池组串联起来。一般在电池组与电池组之间，装有手动或自动断电器，以便在安装、拆卸和检修时切断电流。另外，在蓄电池管理系统中还有各种传感器线路等，因此在电动汽车上有尺寸很长的各种各样的电线束，要求电线之间有可靠的绝缘，并能快速进行连接。

(4) 动力电池组的安全管理 动力电池组的总电压可以达到 90～400V，高电压对人体会造成危险，应采取有效的隔离措施，一般是将动力电池组与车辆的乘坐区分离，将动力电池组布置在地板下面或车架的两侧；在正常的情况下，车辆停止使用时，通常会自动切断电源，只有在电动汽车起动时才接通电源。当电动汽车发生碰撞或倾覆时，电池管理系统应能立即切断电源，防止高压电引起的人身事故和火灾，并防止电解液造成的伤害，以保证人身安全。

4. 动力电池组管理系统

动力电池组管理系统要承担动力电池组的全面管理，一方面保证动力电池组的正常运作，显示动力电池组的动态响应并及时报警，使驾驶人随时都能掌握动力电池组的情况；另一方面要对人身和车辆进行安全保护，避免因电池引起的各种事故。

（1）动力电池组管理系统的基本功能　动力电池组管理系统一般采用先进的微处理器进行控制，通过标准通信接口和控制模块对动力电池组进行管理，一般有以下几方面：

1）动力电池组管理。监视动力电池组的双向总电压和电流、动力电池组的温升，并通过液晶显示或其他显示装置动态显示总电压、电流、温升的变化，避免动力电池组过充电或过放电，使动力电池组不会受到人为的损坏。

2）单节电池管理。对动力电池组中的单节电池的管理，可以及时发现单节电池的电状态，对单节电池动态电压和温度的变化进行实时测量，以便及时发现单节电池存在的问题，并采取有效的预防措施。

3）荷电状态的估计和故障诊断。动力电池组管理系统应具有对荷电状态（SOC）的估计和故障诊断的功能，能够有效地反应和显示荷电状态（SOC）。目前对荷电状态（SOC）的估计误差一般在10%左右。配备故障诊断专家系统可以早期预报动力电池组的故障和隐患。

（2）动力电池组管理系统的组成

动力电池组管理系统的基本组成如图2-14所示。

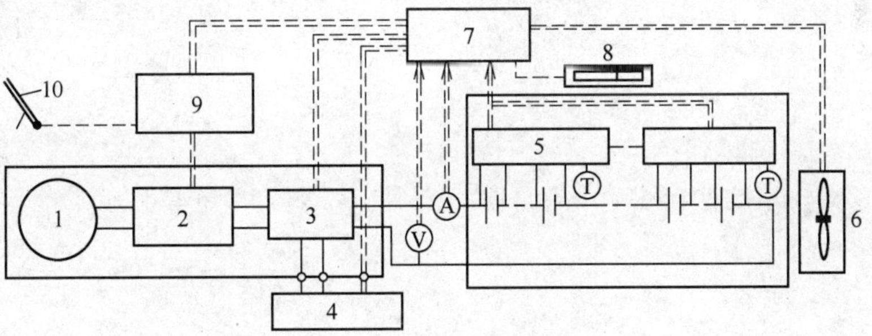

图2-14　动力电池组管理系统的基本组成

1—电动机　2—逆变器　3—继电器箱　4—充电器　5—动力电池组（由多个分电池组组成）
6—冷却风扇　7—动力电池组管理系统　8—荷电状态（里程）显示器
9—车辆中央控制器　10—驾驶人控制信号输入
V—电压伏特计　A—电流安培计　T—温度测量计　= = = 动力线路　- - - - - 信号线路

带有温度测量装置的动力电池组管理系统的基本组成如图2-15所示。

带有温度测量装置的动力电池组管理系统利用充电过程中损坏的电池的温度高于正常电池温度的原理，用温度传感器来测定和监控每一个电池在充电过程中的温度是否在允许的正常范围内。如果温度测量装置发现某个电池的温度处于不正常状态，充电状态（SOC）显示也不正常，即刻向动力电池组管理系统反馈某个电池在线的响应信息，并由故障诊断系统预报动力电池组的故障。

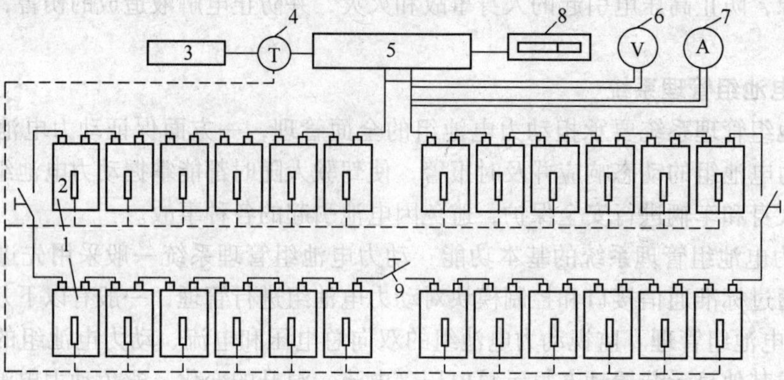

图 2-15　带有温度测量装置的动力电池组管理系统的基本组成

1—电池组　2—温度传感器　3—故障诊断器　4—温度表　5—动力电池组管理系统

6—电压表　7—电流表　8—充电状态（里程）显示器　9—断路线

——动力线路　- - - - -信号线路

第三章

电动汽车电机驱动系统

第一节　概　　述

电动汽车的电机驱动系统把电能转换为机械能，并通过传动装置（或直接）将能量传递到车轮，进而驱动车辆按照驾驶人意志行驶，是电动汽车的关键系统之一。它在电动汽车上的具体任务是：在驾驶人操纵控制下，将内燃机-发电机系统、动力电池组的电能转换为车轮的动能驱动车辆，并在车辆制动时把车辆的动能再生为电能反馈到动力电池中以实现车辆的再生制动。

1. 电动汽车的电机驱动系统特点

电动汽车利用电动机驱动作为辅助动力，来降低燃料的消耗和实现“低污染”，或在纯电动驱动模式时实现“零污染”。电动汽车上电机系统的工作条件以及其工作模式与传统电机相比有着很大的区别，这些区别使得工业电机不适合在汽车上使用。相对于传统工业电机而言，电动汽车上所使用的电机系统一般有以下特点：

1）电动汽车上所使用的电机往往要求频繁的起停，频繁的加、减速以及工作模式的频繁切换（作为电动机使用驱动汽车以及作为发电机使用实现能量回收及发电的功能），这对电机的响应性能提出了更高的要求。

2）由于汽车内部空间紧张，往往要求电机系统具有体积小、重量轻以及具有较高的功率密度和工作效率等性能要求。

3）相对于传统电机而言，电动汽车上所使用的电机系统的工作环境更为恶劣、干扰更大，从而要求它具有更高的可靠性、抗振性和抗干扰性。

4）传统电机一般工作在额定工作点附近，而电动汽车电机的工作范围相对较宽。由于电动汽车电机工作模式的特殊性（电机的工况经常处于动态变化中），额定功率这个参数对电动汽车所使用的电机没有特别大的意义，所以对其额定功率的要求并不严格。而在高效工作区间，这个参数则更为实际和重要。

5）在供电方式上，传统电机由常规标准电源供电，而电动汽车电机所使用的电能来源于蓄电池，且由功率转换器直接供给。另外，电机的使用电压及形式并不确定，从减少功率损耗及降级电机逆变器成本的角度考虑，一般倾向于使用较高的电压。

由此可知，电动汽车对其使用的电机系统有着下面的特殊要求：频繁切换性能好、比功率大、体积较小、抗振性和抗干扰性好、高效工作范围宽、容错能力强、噪声小、对电压波动的适应能力强和可以接受的成本等。

2. 电动汽车驱动电动机种类

电动机的种类很多，用途广泛，功率的覆盖面非常大。而电动汽车所采用的电动机种类较少，功率覆盖面也较窄，只采用了一些符合电动汽车要求的电动机来作为驱动电动机。电动汽车在不同的历史时期采用了不同的电动机，最早是采用了控制性能好和成本较低的直流电动机。随着电子技术、机械制造技术和自动控制技术的发展，交流电动机、永磁电动机和开关磁组电动机显示出比直流电动机有更加优越的性能，这些电动机正在逐步取代直流电动机。图3-1所示为现代电动汽车所采用的各种电动机。各种电动机的基本性能比较见表3-1。

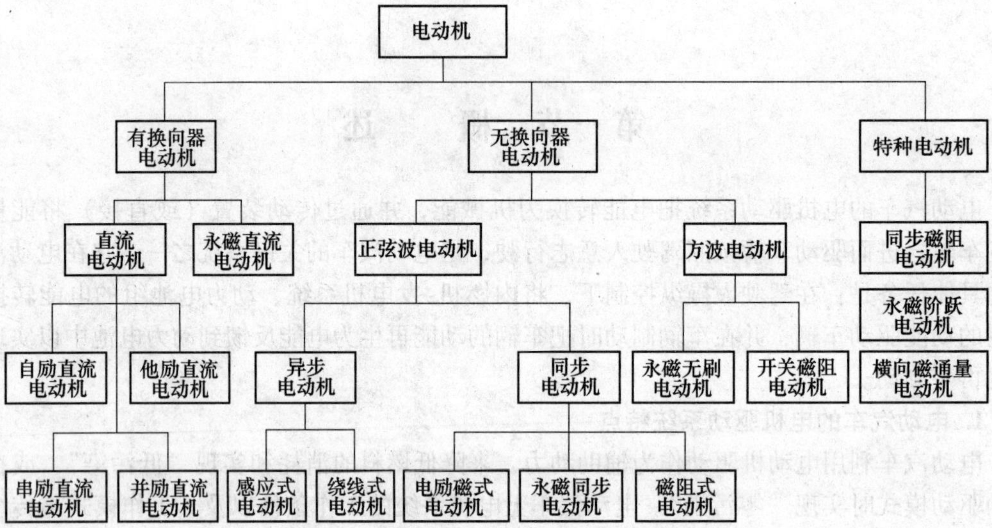

图3-1 现代电动汽车所采用的各种电动机

表3-1 各种电动机的基本性能比较

项 目	直流电动机	感应式电动机	永磁式电动机	开关磁阻式电动机
功率密度	低	中	高	较高
过载能力（%）	200	300～500	300	300～500
峰值效率（%）	85～89	94～95	95～97	90
负荷效率（%）	80～87	90～92	97～85	78～86
功率因数（%）	—	82～85	90～93	60～65
恒功率区	—	1:5	1:2.25	1:3
转速范围/(r/min)	4 000～6 000	12 000～20 000	4 000～100 000	可以>15 000
可靠性	一般	好	优良	好
结构的坚固性	差	好	一般	优良
电动机外形尺寸	大	中	小	小
电动机质量	重	中	轻	轻
控制操作性能	最好	好	好	好
控制器成本	低	高	高	一般

3. 电动汽车对电动机性能的基本要求

电动汽车驱动电动机的主要参数为：电动机类型、额定电压、机械特性、效率、尺寸参数、质量参数、可靠性和成本等。另外，为电动机配置的电子控制系统和驱动系统也会影响驱动电动机的性能。

1）高电压。在允许的范围内，尽可能采用高电压可以减小电动机的尺寸和导线等装备的尺寸，特别是可以降低逆变器的成本。

2）高转速。电动汽车采用的感应电动机的转速可以达到 8 000 ~ 12 000r/min，高转速电动机的体积较小、重量较轻，有利于降低电动汽车的整车整备质量。

3）重量轻。电动机采用铝合金外壳，以减轻电动机的重量，各种控制装置的重量和冷却系统的重量等也要求尽可能轻。

4）电动机应具有较大的起动转矩和较大范围的调速性能，使电动汽车有良好的起动性能和加速性能，以获得所需要的起动、加速、行驶、减速、制动等所需的功率和转矩。电动机具有自动调速功能，因此，可以减轻驾驶人的操纵强度，提高驾驶的舒适性，并且能够达到与内燃机汽车加速踏板同样的控制响应。

5）电动汽车应有最优化的能量利用，电动机应具有高效率、低损耗，并在车辆减速时，实现再生制动将制动能量回收，再生制动回收的能量一般可达到总能量的 10% ~ 15%，这在内燃机汽车上是不能实现的。

6）各种动力电池组和电动机的工作电压可以达到 300V 以上。对于电气系统控制系统的安全性，都必须符合国家（或国际）有关车辆电气控制的安全性能的标准和规定，装备有高压保护设备。

另外，电动机还要求可靠性好、耐温和耐潮性能强、运行时噪声低、能够在较恶劣的环境下长时期工作、结构简单、适合大批量生产、使用维修方便、价格便宜等。

第二节 直流电动机

直流电动机是将直流电能转换成机械能的电动机，是电动机的主要类型之一，具有结构简单、技术成熟。控制容易等特点，在早期的电动汽车中得到了广泛应用，特别是在场地用电动车和专用电动车上应用更为普遍。

一、直流电动机的分类

直流电动机分为绕组励磁式直流电动机和永磁式直流电动机。在电动汽车所采用的直流电动机中，小功率电动机采用的是永磁式直流电动机，大功率电动机则采用绕组励磁式直流电动机。

根据励磁方式的不同，绕组励磁式直流电动机可分为他励式、并励式、串励式和复励式四种类型。

1. 他励式直流电动机

他励式直流电动机的励磁绕组与电枢绕组无连接关系，而由其他直流电源给励磁绕组供电，因此励磁电流不受电枢端电压或电枢电流的影响。

他励式直流电动机在运行过程中励磁磁场稳定且容易控制，易实现电动汽车的再生制动要求。当采用永磁激励时，虽然电动机效率高、重量轻和体积小，但由于励磁磁场固定，电动机的机械特性不理想，难以满足电动汽车起动和加速时的大转矩要求。

2. 并励式直流电动机

并励式直流电动机的励磁绕组与电枢绕组并联，共用同一个电源，性能与他励式直流电动机基本相同。并励绕组两端电压就是电枢两端电压，但是励磁绕组用细导线绕成，其匝数很多，因此具有较大的电阻，使得通过它的励磁电流较小。

3. 串励式直流电动机

串励式直流电动机的励磁绕组与电枢绕组串联后再接于直流电源，这种直流电动机的励磁电流就是电枢电流。电动机内磁场随着电枢电流的改变有显著的变化。为了使励磁绕组中不引起大的损耗和电压降，励磁绕组的电阻越小越好，所以串励式直流电动机通常用较粗的导线绕成，匝数较少。

串励式直流电动机在低速运行时，能给电动汽车提供足够大的转矩。在高速运行时，电动机电枢中的反电动势增大，与电枢串联的励磁绕组中的励磁电流减小，电动机高速时的弱磁调速功能易于实现，因此串励式直流电动机驱动系统能较好地符合电动汽车的特性要求。但串励式直流电动机由低速到高速运行时弱磁调速特性不理想，随着电动汽车行驶速度的提高，驱动电动机输出转矩迅速减小，不能满足电动汽车高速行驶时风阻大而需要较大输出转矩的要求。

串励式直流电动机运行效率低。在实现电动汽车的再生制动时，由于没有稳定的励磁磁场，再生制动的稳定性差。另外，由于再生制动需要加接触器切换，使得驱动电动机控制系统的故障率较高，可靠性较差，并且此类电动机的体积和质量也较大。

4. 复励式直流电动机

复励式直流电动机有并励和串励两个励磁绕组，电动机的磁通由两个绕组内的励磁电流产生。若串励绕组产生的磁通量与并励绕组产生的磁通量方向相同，称为积复励；若两个磁通量方向相反，则称为差复励。

复励式直流电动机的永磁励磁部分采用高磁性钕铁硼材料，运行效率高。由于电动机永磁励磁部分有稳定的磁场，因此用该类电动机构成驱动系统时易实现再生制动功能。同时，由于电动机增加了励磁绕组，通过控制励磁绕组的励磁电流或励磁磁场的大小，能克服永磁他励式直流电动机不能产生足够的输出转矩的缺点，以满足电动汽车低速或爬坡时的大转矩要求，而电动机的质量和体积比串励式直流电动机小。

二、直流电动机的工作原理

图 3-2 所示为直流电动机的工作原理。定子有一对 N、S 极，电枢绕组的末端分别接到两个换向片上，正、负电刷 A 和 B 分别与两个换向片接触。

如果给两个电刷加上直流电源，如图 3-2a 所示，则有直流电流从电刷 A 流入，经过线圈 *abcd* 从电刷 B 流出。根据电磁力定律，载流导体 *ab* 和 *cd* 受到电磁力的作用，其方向可用左手定则判定，两段导体受到的力形成了一个转矩，使转子逆时针转动。如果转子转到图 3-2b 所示的位置，电刷 A 和换向片 2 接触、电刷 B 和换向片 1 接触，直流电流从电刷 A 流入，在线圈中的流动方向是 *dcba*，从电刷 B 流出。此时载流导体 *ab* 和 *cd* 受到电磁力的作用，方向同样可用左手定则判定，它们产生的转矩仍然使转子逆时针转动。

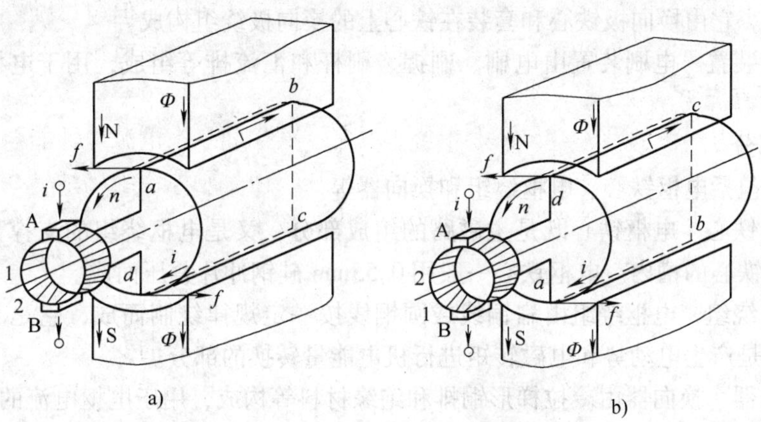

图 3-2 直流电动机的工作原理

a）导体 *ab* 处于 N 极下 b）导体 *ab* 处于 S 极下

以上就是直流电动机的工作原理。外加的电源是直流的，但由于电刷和换向片的作用，在线圈中流过的电流是交流的，其产生的转矩的方向却是不变的。

三、直流电动机的结构

直流电动机由定子与转子两大部分构成，定子和转子之间的间隙称为气隙，如图 3-3 所示。

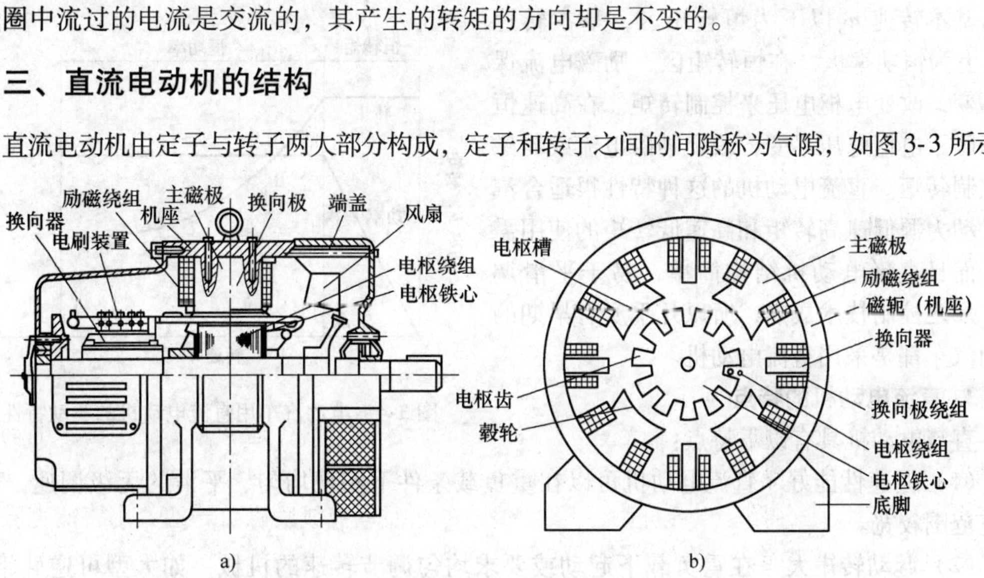

图 3-3 直流电动机的结构

a）纵向剖面结构图 b）横剖面结构图

1. 定子部分

直流电动机定子主要由主磁极、机座、换向极和电刷装置等组成。

（1）主磁极 主磁极的作用是建立主磁场，它由主极铁心和套装在铁心上的励磁绕组构成。主极铁心一般由 1～1.5mm 的低碳钢板冲压为一定形状叠装固定而成，是主磁路的一部分。励磁绕组用扁铜线或圆铜线绕制而成，产生励磁电动势。

（2）机座 机座用铸钢或厚钢板焊接而成，它既是主磁路的一部分，又是电动机的结构框架。

（3）换向极 换向极的作用是改善直流电动机的换向性能，使直流电动机运行时不产生有害的火花。它由换向极铁心和套装在铁心上的换向极绕组构成。

（4）电刷装置　电刷装置由电刷、刷握、刷杆和汇流排等组成，用于电枢电路的引入或引出。

2. 转子部分

转子部分包括电枢铁心、电枢绕组和换向器等。

（1）电枢铁心　电枢铁心既是主磁路的组成部分，又是电枢绕组的支撑部分。电枢绕组嵌放在电枢铁心的槽内。电枢铁心一般用0.55mm硅钢冲片叠压而成。

（2）电枢绕组　电枢绕组由扁铜线或圆铜线按一定规律绕制而成，它是直流电动机的电路部分，也是产生电动势和电磁转矩进行机电能量转换的部分。

（3）换向器　换向器由冷拉梯形铜排和绝缘材料等构成，用于电枢电流的换向。

四、电动汽车用直流电动机

1. 直流电动机的驱动特性

电动汽车用直流电动机的驱动特性如图3-4所示。

基本转速 n_b 以下为恒转矩区，基本转速 n_b 以上为恒功率区。在恒转矩区，励磁电流保持不变，改变电枢电压来控制转矩。在高速恒功率区，电枢电压不变，改变励磁电流或弱磁来控制转矩。直流电动机的这种特性很适合汽车对动力源低速高转矩和高速低转矩的使用需求，而且直流电动机结构简单，易于平滑调速，加之控制技术成熟，所以几乎所有早期的电动汽车都是采用直流电动机。

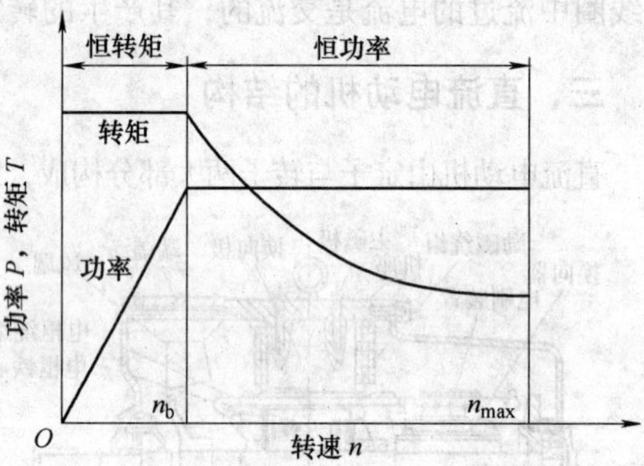

图3-4　电动汽车用直流电动机的驱动特性

2. 直流电动机的特点

直流电动机具有以下特点：

（1）调速性能好　直流电动机可以在重负载条件下实现均匀、平滑的无级调速，而且调速范围较宽。

（2）起动转矩大　在重负载下起动或要求均匀调节转速的机械，如大型可逆轧钢机、卷扬机等，都可用直流电动机拖动。

（3）控制简单　直流电动机一般用斩波器控制，它具有高效率、控制灵活、重量轻、体积小、响应快等优点。

（4）有易损件　由于存在电刷、换向器等易损零件，所以直流电动机必须进行定期维护或更换。

3. 电动汽车用直流电动机的要求

电动汽车用直流电动机和其他通用的电动机相比，有以下几个方面的技术要求：

（1）抗振动性　由于直流电动机具有较重的电枢，所以在路况凹凸不平时的车辆振动会影响到轴承所承受的机械应力，对这个应力进行监控和采取相应的对策是很有必要的。同时，由于振动很容易影响到换向器和电刷的滑动接触，因此必须采取提高电刷弹簧的预紧力等措施。

(2) 对环境的适应性　直流电动机在电动汽车上使用时与在室外使用时的环境大体相同，所以要求在设计中充分考虑密封问题，防止灰尘和水汽侵入电动机，另外要充分考虑电动机的散热。

(3) 低损耗性　为了延长一次充电续驶里程以及抑制电动机温度的上升，尽量保持低损耗和高效率成为直流电动机的重要特性。近几年，由于稀土系列（钴、钕、硼等）永久磁体的研究开发，直流电动机中的高效率化已有显著的发展。

(4) 抗负荷波动性　在不同道路上行驶时，电动机的负荷会有较大的变动，因此有必要对额定条件的设定加以重点考虑。在市区行驶时，由于交通信号以及其他状况等的影响，起动、加速工况较多，不可避免地要经常在最大功率情况下工作。此时，电刷的电火花和磨损非常剧烈，因此必须注意换向极和补偿线圈的设计。在郊外行驶时，电动机的输出转矩比较低，在高速旋转大输出功率的情况下，一般要以较高效率的额定条件运行。而直流电动机在高速的情况下，对其换向器部分的机械应力和换向条件的要求会变得很严格。为此，在大型电动汽车电机驱动系统中，大多设置变速器以达到提高起动转矩的目的。

(5) 小型、轻量化　由于要释放受限的车载空间以及减轻车身总重量，因而小型和轻量化成为了设计中的重要问题。直流电动机旋转部分中含有较大比例的金属铜，如电枢绕组和铜制的换向器片，所以与其他类型的电动机相比，直流电动机的小型轻量化设计更难实现。目前可以通过采用高磁导率、低损耗的电磁钢板减少磁性负荷，虽然增加了成本，但可以实现轻量化。

(6) 免维护性　根据负荷情况和运动速度等使用条件的不同，电刷的更换时间和维修作业的次数是变化的。解决办法是，采用不损伤换向器片材质的电刷，以及将检查端口制造得较大，以便维修、更换等。

4. 直流电动机的应用

电动汽车用直流电动机主要是他励式直流电动机（包括永磁直流电动机）、串励式直流电动机、复励式直流电动机三种类型。小功率（小于10kW）的电动机多采用小型高效的永磁式直流电动机，一般应用在小型、低速的专用车辆上，如电动自行车、高尔夫球车、电动叉车、警用巡逻车等。中等功率（10～100kW）的电动机采用他励、串励或复励式直流电动机，可以用在结构简单、转矩较大的电动货车上。大功率（大于100kW）的电动机采用串励式直流电动机，可用在要求低速、高转矩的大型专用电动汽车上，如电动矿石搬运车、电动玻璃搬运车等。

直流电动机的效率和转速相对较低，运行时需要电刷和机械换向装置，机械换向结构容易产生电火花，不宜在多尘、潮湿、易燃、易爆环境中使用。其换向器维护困难，很难向大容量、高速度发展。此外，电火花产生的电磁干扰对高度电子化的电动汽车来说也是致命的。由于机械磨损，换向器和电刷需要定期更换，加之直流电动机价格高、质量和体积较大，这些缺点降低了直流电动机的可靠性和适用范围，一定程度上也限制了其在现代电动汽车领域的应用。随着控制理论和电力电子技术的发展，直流驱动系统和其他驱动系统相比已大大处于劣势。

五、直流电动机的调速方法

图3-5所示为直流电动机的物理模型。

直流电动机运行过程符合以下公式：

$$T_e = K_m \Phi I_a \tag{3-1}$$

式中，T_e为电动机的电磁转矩（N·m）；K_m为由电动机结构参数决定的转矩常数；Φ 为励磁磁通（Wb）；I_a为电枢电流（A）。

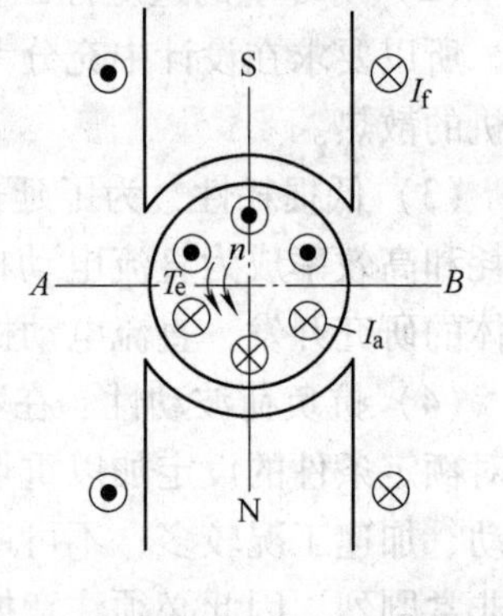

图 3-5 直流电动机的物理模型

由直流电动机的转速特性可知，直流电动机的转速和其他参量的关系为

$$n = \frac{U - I_a R}{K_e \Phi} \tag{3-2}$$

式中，n 为电动机的转速（r/min）；U 为电枢供电电压（V）；R 为电枢回路总电阻（Ω）；K_e为由电动机结构参数决定的转矩常数。

改变电枢电压调速是直流调速系统采用的主要方法，调节电枢供电电压或者改变励磁磁通，都需要有专门的可控直流电源。常用的可控直流电源有以下三种：

（1）旋转变流机组　用直流电动机和直流发电机组成机组以获得可调的直流电压。由交流电动机（原动机）拖动直流发电机 G 来实现变流，由直流发电机 G 给需要调速的直流电动机 M 供电，调节发电机的励磁电流主 i_f的大小，就能够方便地改变其输出电压 U，从而调节电动机的转速，如图 3-6 所示。

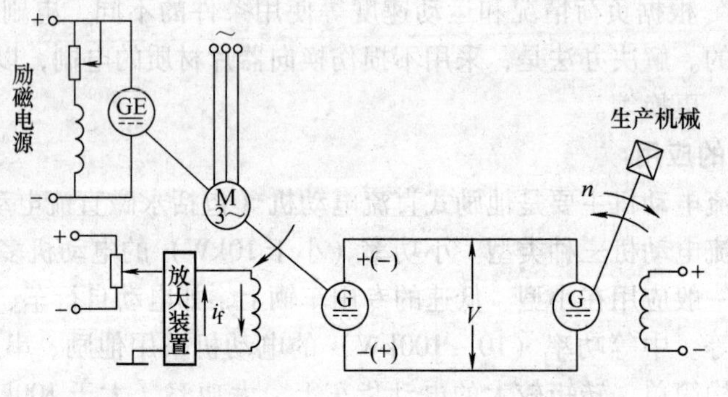

图 3-6 旋转变流机组供电的直流调速系统

（2）静止可控整流器　用静止的可控整流器（如晶闸管整流装置）产生可调的直流电压。与旋转变流机组装置相比，晶闸管整流装置不仅在经济性和可靠性上有很大的提高，而且在技术性能上也显示出很大的优越性。晶闸管-电动机调速系统原理框图如图 3-7 所示。

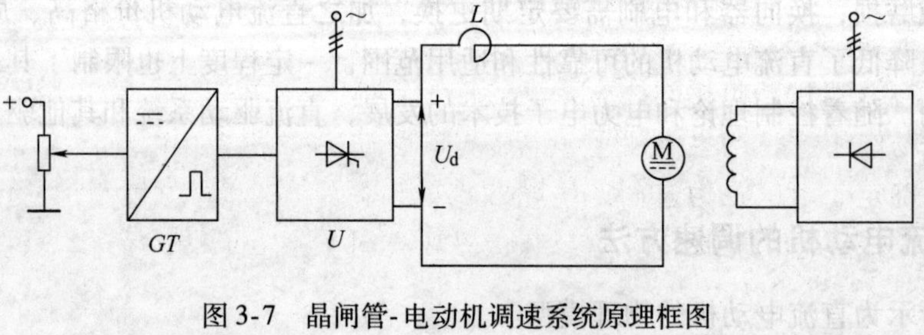

图 3-7 晶闸管-电动机调速系统原理框图

(3) 直流斩波器或脉宽调制转换器 用恒定直流电源或可控硅整流电源供电，利用直流斩波器或脉宽调制的方法产生可调的直流平均电压。直流斩波器又称直流调压器，它利用开关器件来实现通断控制，将直流电源电压断续地加到负荷上，通过通断时间的变化来改变负荷上的直流电压平均值，将固定电压的直流电源变成平均值可调的直流电源，也称直-直转换器，如图 3-8 所示。

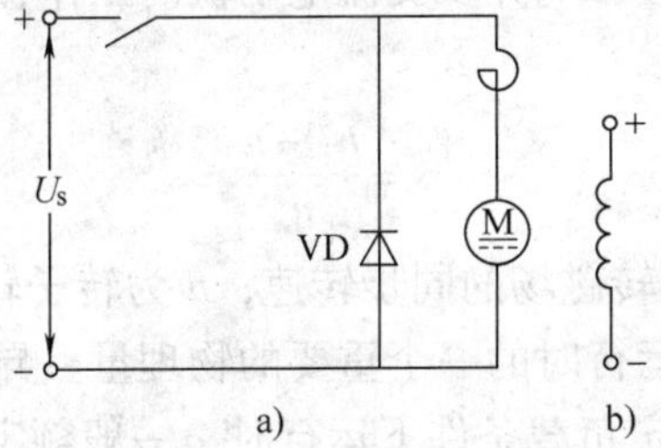

图 3-8 直流斩波器原理电路及输出电压波形

a）原理图 b）电压波形

第三节 异步交流电动机

交流电动机可分为同步电动机和异步电动机两大类。异步交流电动机又称感应电动机，是由气隙旋转磁场与转子绕组感应电流相互作用产生电子转矩，从而实现电能转换为机械能的一种交流电动机。异步交流电动机是各类电动机中应用最广、需求量最大的一种。

异步交流电动机的种类很多，常按转子结构和定子绕组相数进行分类。按转了结构的不同来分，异步交流电动机可分为笼型异步交流电动机和绕线型异步交流电动机；按定子绕组相数的不同来分，异步交流电动机分为单相异步交流电动机、两相异步交流电动机和三相异步交流电动机。

在新能源汽车中笼型异步交流电动机应用较为广泛，其结构简单、制造成本低、结构坚固，而且维修方便。

一、异步交流电动机的工作原理

图 3-9 所示为异步交流电动机的工作原理。异步交流电动机的三相定子绕组通入三相交流电后将产生一个旋转磁场，该旋转磁场切割转子绕组从而在转子绕组中产生感应电动势，电动势的方向由右手定则来确定。由于转子绕组是闭合通路，转子中便有电流产生，电流方向与电动势方向相同，而载流的转子导体在定子旋转磁场作用下将产生电磁力，电磁力的方向可用左手定则确定。由电磁力进而产生电磁转矩，驱动电动机旋转，并且电动机旋转方向与旋转磁场方向相同。

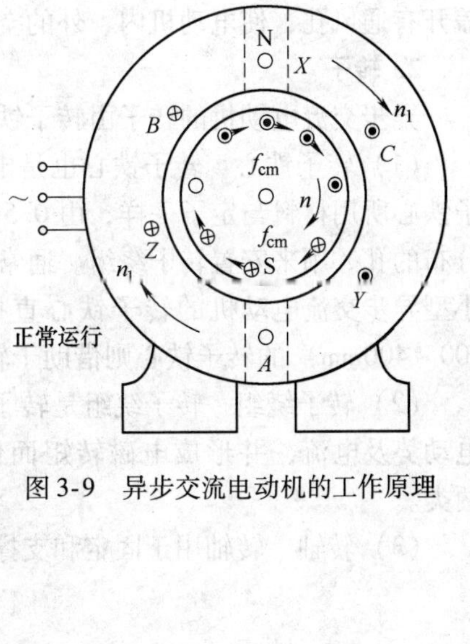

图 3-9 异步交流电动机的工作原理

异步交流电动机的转子转速不等于定子旋转磁场的同步转速，这是异步交流电动机的主要特点。如果电动机转子轴上带有机械负载，则负载被电磁转矩拖动而旋转。当负载发生变化时，转子转速也随之发生变化，使转子导体中的电动势、电流和电磁转矩发生相应变化，以适应负载需要。因此，异步交流电动机的转速是随负载变化而变化的。

异步交流电动机的转子转速与定子磁场的同步转速之间存在转速差，它的大小决定着转子电动势及其频率的大小，直接影响异步交流电动机的工作状态。通常将转速差与同步转速的比值用转差率表示，即

$$s=\frac{n_1-n}{n} \tag{3-3}$$

式中，s 为转差率；n_1为定子旋转磁场的同步转速；n 为转子转速。

转差率是异步交流电动机运行时的一个重要的物理量。异步交流电动机运行时，转差率 s 的取值范围为 $0<s<1$。在额定负载条件下运行时，一般额定转差率 s 为 0.01～0.06。

二、异步交流电动机的结构

异步交流电动机主要由定子和转子两大部分组成，定子和转子之间存在气隙，此外，还有端盖、轴承、机座和风扇等部件。

1. 定子

异步交流电动机的定子由定子铁心、定子绕组和机座构成。

(1) 定子铁心　定子铁心是电动机磁路的一部分，并在其上放置定子绕组。定子铁心一般由 0.35～0.5mm 厚的表面具有绝缘层的硅钢片冲制、叠压而成，在铁心的内圆冲有均匀分布的槽，用以嵌放定子绕组。定子铁心槽有半闭口型槽、半开口型槽和开口型槽三种。

(2) 定子绕组　定子绕组是电动机的电路部分，通入三相交流电，产生旋转磁场。定子绕组由 3 个在空间互隔 120°、对称排列的结构完全相同的绕组连接而成，这些绕组的各个线圈按一定规律分别嵌放在定子各槽内。

(3) 机座　机座主要用于固定定子铁心与前、后端盖，用以支撑转子并起防护、散热等作用。机座常为铸铁件，大型异步交流电动机则用钢板焊接而成，微型异步交流电动机多采用铸铝件。封闭式电动机的机座外面有散热筋以增加散热面积，防护式电动机的机座两端盖开有通风孔，使电动机内、外的空气可直接对流，以利于散热。

2. 转子

异步交流电动机的转子由转子铁心、转子绕组和转轴组成。

(1) 转子铁心　转子铁心也是电动机磁路的一部分，并在铁心槽内放置转子绕组。转子铁心所用材料与定子一样，由 0.5mm 厚的硅钢片冲制、叠压而成，硅钢片外圆冲有均匀分布的孔，用来安置转子绕组。通常用定子铁心冲落后的硅钢片内圆来冲制转子铁心。一般小型异步交流电动机的转子铁心直接压装在转轴上，大、中型异步电动机（转子直径在 300～400mm）的转子铁心则借助于转子支架压在转轴上。

(2) 转子绕组　转子绕组是转子的电路部分，它的作用是切割定子旋转磁场产生感应电动势及电流，并形成电磁转矩而使电动机旋转。转子绕组分为笼式转子和绕线式转子两类。

(3) 转轴　转轴用于固定和支撑转子铁心，并输出机械功率，一般使用中碳钢制成。

(4) 气隙　异步交流电动机定子与转子之间有一个小间隙，称为电动机气隙。气隙的大小对异步交流电动机的运行性能有很大的影响。中、小型异步交流电动机的气隙一般为 0.2 ~ 2mm；功率越大、转速越高，则气隙的尺寸越大。

三、异步交流电动机的性能特点

电动汽车用异步交流电动机具有以下特点：

1）小型轻量化。

2）易实现转速超过 10 000r/min 的高速旋转。

3）高速低转矩时运转效率高。

4）低速时有高转矩，以及有宽泛的速度控制范围。

5）可靠性高（坚固）。

6）制造成本低。

7）控制装置的简单化。

异步交流电动机成本低且可靠性高，即使逆变器损坏而产生短路时也不会产生反向电动势，所以没有出现急制动的可能性。因此，异步交流电动机广泛应用于大型高速的电动汽车中。三相笼型异步交流电动机的功率容量覆盖面很广，从零点几瓦到几千瓦。它可以采用空气冷却或液体冷却方式，冷却自由度高，对环境的适应性好，并且能够实现再生制动。与同样功率的直流电动机相比，异步交流电动机效率较高，且重量约减轻一半。

一般情况下，作为电动汽车专用的电动机，由于安装条件受限，而且要求小型轻量化，因而电动机在 10 000r/min 以上的高速运转时，大多采用一级齿轮减速器实现减速。此外，由于振动等恶劣工作环境，低速状态下需要高转矩，并且要求在较宽的速度范围内具有恒输出功率特性，所以电动汽车用异步交流电动机与一般工业用的电动机不同，因此在设计上采用了各种新方法。

出于对工作环境的考虑，电动机大多采用全封闭式结构，为了框架、托座等结构轻量化，采用压铸铝的方式制造，也有采用将定子铁心裸露在外表面的无框架的结构。为了实现小型轻量化，大多电动汽车采用了水冷却定子框架的水冷式电动机。高速运转时由于频率升高会引起铁损的增大，因此希望减少电动机的极数，一般采用 2 极或 4 极，但是 2 极时线圈端部的长度变长，所以采用 4 极的场合较多。此外，为了减少铁损，普遍采用了有良好磁性的电磁钢板。

四、异步交流电动机的控制方法

异步交流电动机是一个多变量（多输入、多输出）系统，其中变量电压（电流）、频率、磁通、转速之间又相互影响，所以它又是强耦合的多变量系统。如何对这样一个非线性、多变量、强耦合的复杂系统进行有效控制，成为异步交流电动机的研究重点。

目前对异步交流电动机的调速控制主要有矢量控制、直接转矩控制、转速控制、变频恒压控制、自适应控制、效率优化控制等。本节详细介绍处于主流地位的前两种控制方式。

1. 矢量控制

矢量控制也称为磁场定向控制，该控制方式实现了交流电动机磁通和转矩的解耦控制，使交流传动系统的动态特性有了显著的改善，在提高电动汽车驱动器的动态性能方面，相对于变频调速控制，磁场定向控制得到了较多关注。因系统具有非线性、多变量、强耦合的变参数特性，所以很难直接通过外加信号准确控制电磁转矩。矢量控制的基本原理是通过测量和控制异步交流电动机定子电流矢量，根据磁场定向原理分别对异步交流电动机的励磁电流和转矩电流进行控制，从而达到控制异步交流电动机转矩的目的。

矢量控制的具体原理是将异步交流电动机的定子电流矢量分解为产生磁场的电流分量（励磁电流）和产生转矩的电流分量（转矩电流）分别加以控制，并同时控制两分量间的幅值和相位，即控制定子的电流矢量，所以这种控制方式称为矢量控制方式。矢量控制分为基于转差率控制的矢量控制方式、无速度传感器矢量控制方式和有速度传感器的矢量控制方式等。它是一种控制异步交流电动机的有效方法，与直流电动机类似，也可得到高速转矩响应。

随着矢量控制技术的发展，出现了许多矢量控制方法，这些方法基本上可分为两类，即直接磁场定向控制和间接磁场定向控制。直接磁场定向控制需要直接测量转子磁场，增加了执行的复杂性和低速时测量的不可靠性。因此，直接磁场定向控制很少用于电动汽车的驱动。与直接磁场定向控制不同，间接磁场定向控制通过计算确定转子磁场，而不是直接测量，这种方法相对于直接磁场定向控制更易于实现。因此，间接磁场定向控制在高性能的电动汽车电机驱动系统中具有很好的应用前景。

2. 直接转矩控制

直接转矩控制以转矩为中心来进行磁链、转矩的综合控制。与矢量控制不同，直接转矩控制不采用解耦的方式，从而在算法上不存在旋转坐标变换，简单地通过检测电动机定子电压和电流，借助瞬时空间矢量理论计算电动机的磁链和转矩，并根据与给定值比较所得的差值来实现磁链和转矩的直接控制。图 3-10 所示为直接转矩控制异步交流电动机系统框图。

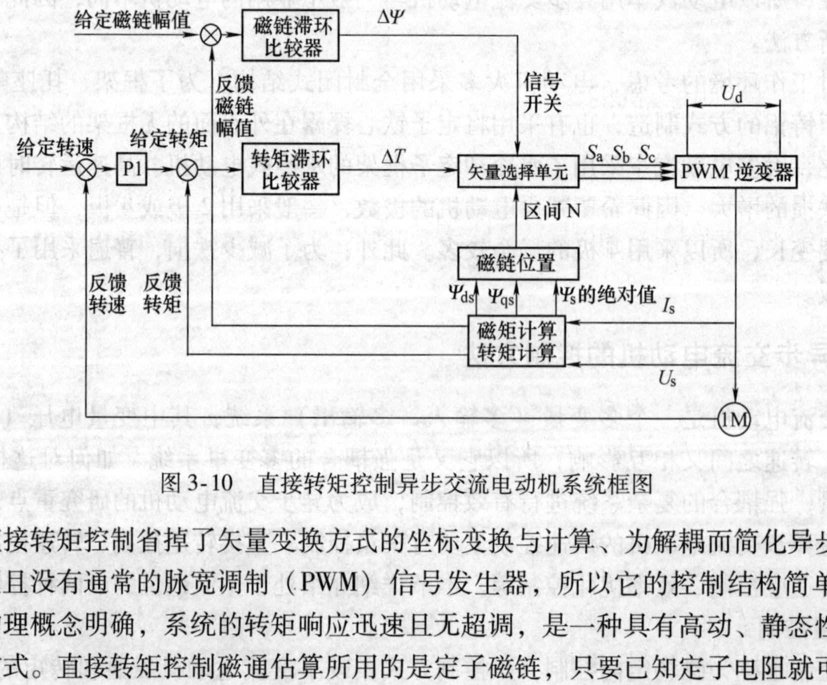

图 3-10 直接转矩控制异步交流电动机系统框图

由于直接转矩控制省掉了矢量变换方式的坐标变换与计算、为解耦而简化异步交流电动机数学模型且没有通常的脉宽调制（PWM）信号发生器，所以它的控制结构简单，控制信号处理的物理概念明确，系统的转矩响应迅速且无超调，是一种具有高动、静态性能的交流调速控制方式。直接转矩控制磁通估算所用的是定子磁链，只要已知定子电阻就可以把它观测出来，因此直接转矩控制大大解决了矢量控制技术中控制性能易受参数变化影响的问题。

直接转矩控制方法对逆变器开关频率提高的限制较大，定子电阻对电动机低速性能也有较大影响，如在低速区定子电阻的变化引起的定子电流和磁链的畸变以及转矩脉动、死区效应和开关频率等问题。

从理论上看，直接转矩控制有矢量控制所不及的转子参数鲁棒性和结构上的简单性。然而在技术实现上，直接转矩控制往往很难体现出优越性，调速范围不及矢量控制宽，其根源主要在于其低速转矩特性差、稳态转矩脉动的存在及带负载能力的下降，这些问题制约了直接转矩控制进入实用化的进程。

第四节 开关磁阻电动机

开关磁阻电动机驱动系统是高性能机电一体化系统，主要由开关磁阻电动机、功率转换器、传感器和控制器四部分组成，如图3-11所示。其中，开关磁阻电动机为系统主要组成部分，用以实现电能向机械能的转换。功率转换器是连接电源和电动机的开关器件，用以提供开关磁阻电动机所需的电能，功率转换器的结构形式一般与供电电压、电动机相数以及主开关器件种类有关。传感器主要用来反馈位置及电流信号，并传送给控制器。控制器是系统的中枢，起决策和指挥作用，主要针对传感器提供的转子位置、速度和电流反馈信息以及外部输入的指令，实时加以分析和处理，进而采取相应的控制决策，控制功率转换器中主开关器件的工作状态，实现对开关磁阻电动机运行状态的控制。

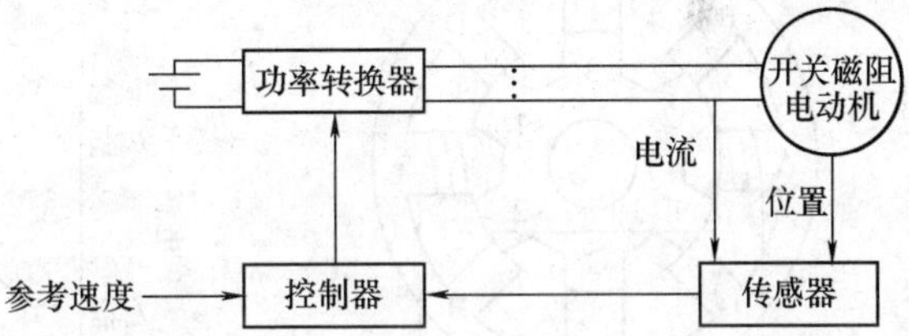

图 3-11 开关磁阻电动机驱动系统的基本构成

一、开关磁阻电动机的工作原理

开关磁阻电动机一般为凸极铁心结构，其定子和转子均由普通硅钢片叠压而成。转子上既无绕组也无永磁体，一般装有位置检测器；定子上绕有集中绕组，径向相对的两个绕组串联构成一相绕组。根据相数和定子、转子极数的配比，开关磁阻电动机可以设计成不同的结构，如图 3-12 所示。

图 3-13 所示为四相 8/6 极开关磁阻电动机，图中仅画出其中一相绕组（A 相）的连接情况。由于定子、转子均为凸极结构，故每相绕组的电感 L 随转子的位置改变而改变，如图 3-14 所示。当定子、转子极正对时，电感达到最大值；当定子、转子极完全错开时，电感达到最小值。开关磁阻电动机的运行遵循磁阻最小原理，如图 3-13 所示，当 B 相绕组施加电流时，由于磁通总是选择磁阻最小的路径闭合，为减少磁路的磁阻，转子将顺时针旋转，直到转子极 2 与定子极 B 的轴线重合，此时磁阻最小（电感最大）；当切断绕组 B 的电流，给绕组 A 施加电流时，磁阻转矩使得转子极 1 与定子极 A 相对。由于转矩方向一般指向最近的一对定子、转子极相对的位置，根据转子位置传感器反馈的位置信号，电枢绕组按 B—A—D—C 的顺序导通，转子便会沿顺时针方向连续旋转。

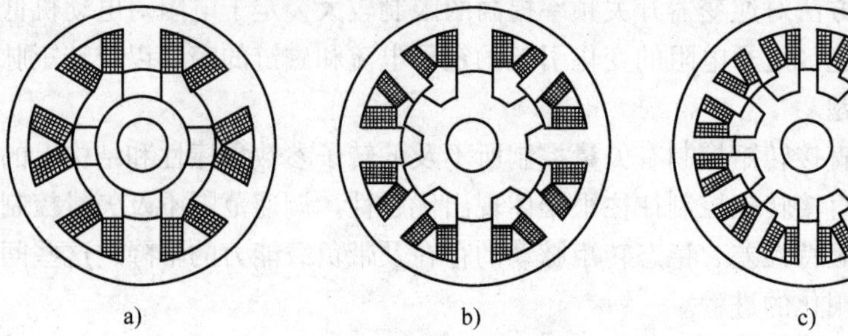

图 3-12 开关磁阻电动机的基本结构

a) 6/4 极 b) 8/6 极 c) 12/8 极

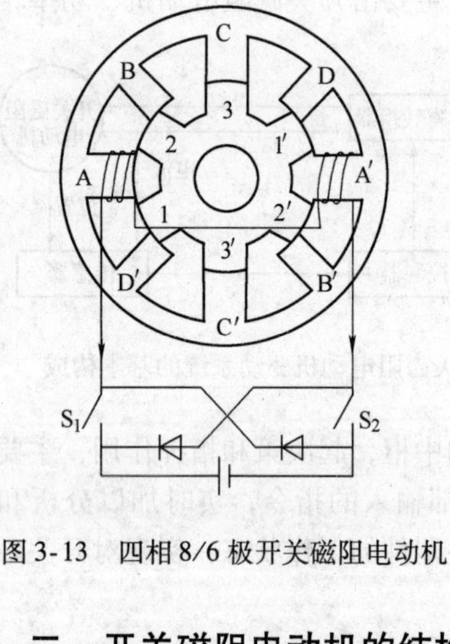

图 3-13 四相 8/6 极开关磁阻电动机

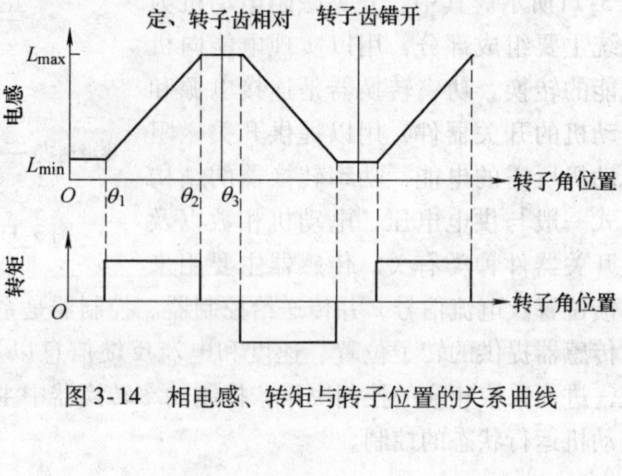

图 3-14 相电感、转矩与转子位置的关系曲线

二、开关磁阻电动机的结构

开关磁阻电动机由双凸极的定子和转子组成，其定子和转子的凸极均由普通的硅钢片叠压而成。定子极上绕有集中绕组，把沿径向相对的两个绕组串联成一个两级磁极，称为“一相”；转子既无绕组又无永磁体，仅由硅钢片叠成。

开关磁阻电动机有多种不同的相数结构，如单相、二相、四相及多相等，且定子和转子的极数有多种不同的搭配。其定子和转子的极数组合见表 3-2。

表 3-2 开关磁阻电动机定子和转子的极数组合

相数	3	4	5	6	7	8	9
定子极数	6	8	10	12	14	16	18
转子极数	4	6	8	10	12	14	16
步进角（°）	30	15	9	9	4.25	3.21	2.5

低于三相的开关磁阻电动机一般没有自起动能力。相数多有利于减小转矩脉动，但会导致结构复杂，主开关器件多，成本高。目前应用较多的是四相 8/6 极结构和三相 6/4 极结构。

三、开关磁阻电动机的性能特点

开关磁阻电动机作为一种新型调速电动机，有如下优点：

1）调速范围宽、控制灵活，易于实现各种特殊要求的转矩-速度特性。开关磁阻电动机起动转矩大、低速性能好，无异步交流电动机在起动时所出现的冲击电流现象。在恒转矩区，由于电动机转速较低，电动机反电动势小，因此需采用对电流进行斩波限幅——电流斩波控制方式，也可采用调节相绕组外加电压有效值的电压 PWM 控制方式。在恒功率区，通过调节主开关的开通角和关断角获得恒功率特性，即角度位置控制方式。

2）制造和维护方便。

3）运转效率高。由于开关磁阻电动机控制灵活，易在很宽的转速范围内实现高效节能控制。

4）可四象限运行，具有较强的再生制动能力。

5）结构简单、成本低、制造工艺简单。其转子无绕组，可工作于极高速工况；定子为集中绕组、嵌放容易、端部短而牢固、工作可靠，适用于各种恶劣、高温甚至强振动环境。

6）转矩方向与电流方向无关，从而减少功率转换器的开关器件数，降低了成本。同时，即使功率转换器元件减少，也不会出现直通故障，且可靠性高。控制方便，可四象限运行，容易实现正、反转和起动、制动等特定的调节控制。

7）损耗小。损耗主要产生在定子，电动机易于冷却。电动机转子不存在励磁及转差损耗，由于功率转换器件少，相应的损耗也小。

8）可控参数多、调速性能好。可控参数有主开关开通角、主开关关断角、相电流幅值和直流电源电压。

9）适于频繁起动、停止以及正、反转运行。开关磁阻电动机的不足主要有：虽然结构简单，但其设计和控制较复杂；由于开关磁阻电动机磁极端部的严重磁饱和以及磁与沟槽的边缘效应，使得开关磁阻电动机设计和控制要求非常精细；噪声较大。

四、开关磁阻电动机的控制方法

开关磁阻电动机的运行不是单纯的发电或者电动的过程，而是将两者有机结合在一起的控制过程，即它同时包含了能量回馈的过程。这一控制系统的主要特点是：不同能量流动过程分时控制，采用相同的硬件设备实现，将发电和电动过程整合到一起，实现了能量的回馈。

开关磁阻电动机控制系统的可控参数主要有开通角、关断角、相电流幅值以及相绕组的端电压，对这些参数进行单独或组合控制就会产生不同的控制方法。常用的控制方法有角度控制（APC）、电流斩波控制（CCC）和电压控制（VC）三种。

1. 角度控制法（APC）

APC 是电压保持不变而对开通角和关断角进行控制，通过对它们的控制来改变电流波形以及电流波形与绕组电感波形的相对位置。在 APC 控制中，如果改变开通角，而它通常处于低电感区，则可以改变电流的波形宽度、改变电流波形的峰值和有效值大小以及改变电流波形与电感波形的相对位置，这样就会对输出转矩产生很大的影响。改变关断角一般不影响电流峰值，但可以影响电流波形宽度以及与电感曲线的相对位置，电流有效值也随之变化，因此关断角同样对电动机的转矩产生影响，只是其影响程度没有开通角那么大。在具体实现过程中，一般情况下采用固定关断角、改变开通角的控制模式。与此同时，固定关断角的选取也很重要，需要保证绕组电感开始下降时相绕组电流尽快衰减到零。对应于每个由转速与转矩确定的运行点，开通角与关断角会有多种组合，因此选择的过程中要考虑电磁功率、效率、转矩脉动及电流有效值等运行指标，来确定相应的最优控制的角度。在系统的控制中，要遵循一个原则，即在电动机制动运行时，应使电流波形位于电感波形的下降段；而在电动机电动运行时，应使电流波形的主要部分位于电感波形的上升段。

角度控制的优点是转矩调节范围大；可允许多相同时通电，以增加电动机输出转矩，且转矩脉动小；可实现效率最优控制或转矩最优控制。但角度控制法不适应于低速工况，一般在高速运行时应用。

2. 电流斩波控制法（CCC）

在电流斩波控制方式中，一般使电动机的开通角和关断角保持不变，而主要靠控制斩波电流限的大小来调节电流的峰值，从而起到调节电动机转矩和转速的目的。实现方式有以下两种：

（1）限制电流上、下幅值的控制　即在一个控制周期内，给定电流最大值和最小值，使相电流与设定的上、下限值进行比较，当大于设定最大值时则控制该相功率开关器件关断，而当相电流降低到设定最小值时，功率开关重新开通，如此反复，其斩波的波形如图3-15所示。这种方式在一个周期内电感变化率不同，因此斩波频率疏密不均，在电感变化率大的区间，电流上升快，斩波频率一般很高，开关损耗大，优点是转矩脉动小。

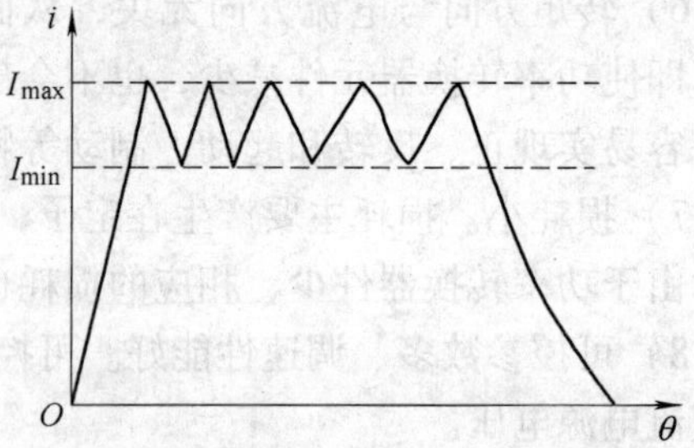

图3-15　设定电流上、下限幅值的电流斩波的波形

（2）电流上限和关断时间恒定　与上一种方法的区别是，当相电流大于电流斩波上限值时，就将功率开关器件关断一段固定的时间再开通。而重新导通的触发条件不是电流的下限而是定时，在每一个控制周期内，关断时间恒定，但电流下降多少取决于绕组电感量、电感变化率和转速等因素，因此电流下限并不一致。关断时间过长，相电流脉动大，易发生“过斩”；关断时间过短，斩波频率又会较高，功率开关器件开关损耗增大。应该根据电动机运行的不同状况来选择关断时间。

电流斩波控制适用于低速和制动运行工况，可限制电流峰值的增长，并起到良好、有效的调节作用，而且转矩也比较平稳，电动机转矩脉动一般比采用其他控制方式时要明显减小。

3. 电压控制法（VC）

电压控制法与前两种控制方式不同，它不是实时地调整开通角和关断角，而是某相绕组导通阶段，在主开关的控制信号中加入PWM信号，通过调节占空比来调节绕组端电压的大小，从而改变相电流值。具体方法是在固定开通角和关断角的情况下，用PWM信号来调制主开关器件相控信号，通过调节此PWM信号的占空比调节加在主开关上驱动信号波形的占空比，从而改变相绕组上的平均电压，进而改变输出转矩。电压斩波控制是通过PWM的方式调节相绕组的平均电压值，间接调节和限制过大的绕组电流，适合于转速调节系统，抗负荷扰动的动态响应快。这种控制容易实现，且成本较低；缺点是导通角度始终固定，功率元件开关频率高、开关损耗大，不能精确控制相电流。

实际上在开关磁阻电动机双向控制系统中，采用的是后两种控制方法。发电/电动状态控制策略框图如图 3-16 所示。

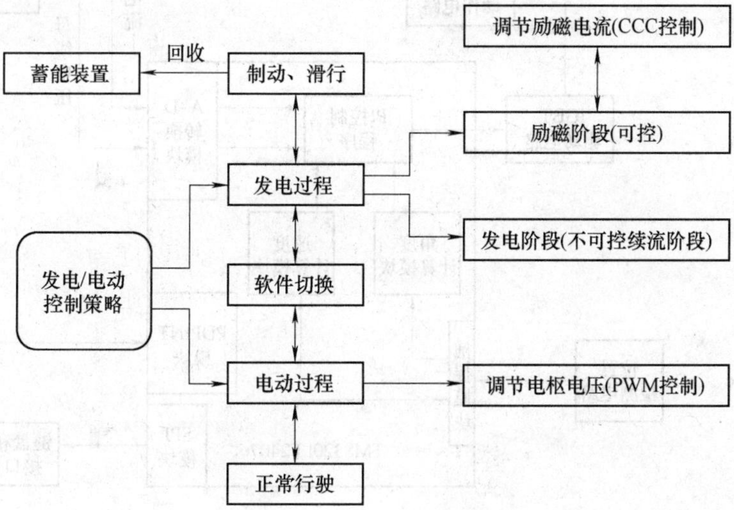

图 3-16 发电/电动状态控制策略框图

开关磁阻电动机的动作过程可分为发电过程和电动过程，分别对应于电动汽车的制动、滑行以及正常行驶过程，而将电动汽车制动、滑行时的能量回收到蓄能装置中即为能量的再生回馈；发电状态和电动状态是通过软件来实现切换的。在整个发电回馈过程中，由于开关磁阻电动机本体结构特殊，其定子绕组既是励磁绕组又是电枢绕组，故其励磁与续流（发电）过程必须采用周期性分时控制。开关磁阻电动机的励磁过程是可控的，但续流（发电）过程不可控，因而采用电流斩波控制来调节励磁阶段励磁电流的大小，从而实现对发电过程的控制。而电动过程采用电压斩波控制，以调节电枢平均电压从而实现对转矩和转速的调节。

开关磁阻电动机双向控制系统的主要目标是实现开关磁阻电动机的双向运行，着重点在于发电/电动状态下的最优控制以及能量回馈问题，不但要让开关磁阻电动机在电动状态下获得优越的调速性能，也要保证其发电状态下的能量回馈。开关磁阻电动机双向控制系统的总体控制方案框图如图 3-17 所示。

该系统主要由开关磁阻电动机本体、主控制芯片、主功率电路、IGBT、驱动电路以及电流电压检测电路、位置检测电路等外围检测电路构成。具体功能的实现过程如下：三相不可控整流桥将 380V 的三相动力电整流为 537V 的直流电，并通过 H 桥式主功率电路给电动机供电，同时相电压和相电流检测电路负责对电动机的母线电压以及相电流情况进行检测，将检测信号反馈至 DSP 的 A-D 转换模块，进行 A-D 采样。同时，电流电压保护电路接收相电流和相电压检测信号，在对其进行处理后，将过电流过电压信号反馈至 DSP 的 PDPINT 模块，从而实现整个系统的故障保护功能。此外，位置检测电路将光电盘的两路输出信号经调

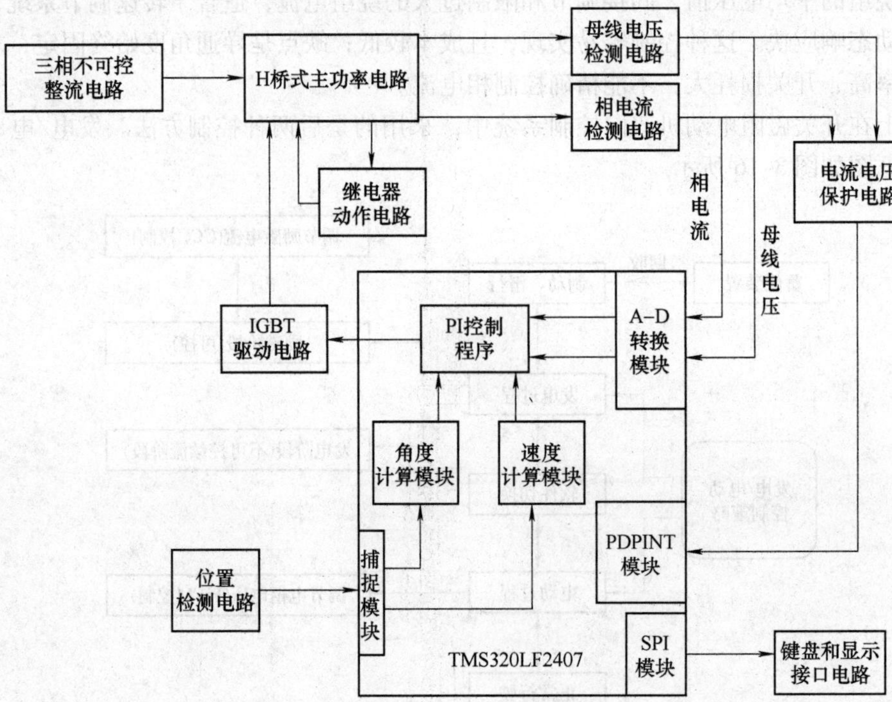

图 3-17 开关磁阻电动机双向控制系统的总体控制方案框图

理后，送至 DSP 的捕捉模块，经角度计算和速度计算模块后产生角度和速度控制信号。DSP 内部的 PI 控制模块对 A-D 转换后的电流电压信号以及角度、速度信号进行综合后计算，DSP 输出五路占空比可变的 PWM 波形至 IGBT 驱动电路，实现对主功率开关电路的通断控制。另外，DSP 的 SPI 模块负责驱动四个显示模块。各个模块相互联系、相互协作，共同实现整个控制系统的功能。

第五节 永磁同步电动机

研制开发电动汽车的关键有两个方面：一是生产高能量密度的电池，二是开发性能优良的驱动系统。在各类驱动电动机中，永磁同步电动机具有高效、高控制精度、高转矩密度、良好的转矩平稳性及低振动噪声等特点，通过合理设计永磁磁路结构能获得较高的弱磁性能，在电动汽车驱动方面具有很好的应用价值。该电动机得到了国内外电动汽车界的高度重视，是最具竞争力的电动汽车驱动电动机系统之一。

一、永磁电动机的分类

永磁电动机的分类方法很多，根据输入电动机接线端波形的不同可分为永磁直流电动机和永磁交流电动机。

由于永磁交流电动机没有电刷、换向器或集电环，因此也称为永磁无刷电动机。根据输入电动机接线端的交流波形，永磁无刷电动机可分为永磁同步电动机和永磁无刷直流电动机。输入永磁同步电动机的是交流正弦波或近似正弦波，采用连续转子位置反馈信号来控制换向；而永磁无刷直流电动机输入的是交流方波，采用离散转子位置反馈信号控制换向。由于方波磁场与方波电流之间相互作用而产生的转矩比正弦波大，所以，永磁无刷直流电动机的功率密度大，但是由功率器件的换向电流引起的转矩脉动也大，而正弦波产生的转矩基本是恒转矩或平稳转矩，这与绕线转子同步电动机相同。

现有的永磁电动机可分为永磁直流电动机、永磁同步电动机、永磁无刷直流电动机和永磁混合式电动机四类。其中，后三类没有传统直流电动机的电刷和换向器，故统称为永磁无刷电动机。在电动汽车中，永磁同步电动机应用广泛。

二、永磁同步电动机的结构

三相永磁同步电动机具有定子三相分布的绕组和永磁转子，在磁路结构和绕组分布上保证反电动势波形为正弦波，为了进行磁场定向控制，输入到定子的电压和电流也为正弦波。根据永磁体在转子上位置的不同，永磁同步电动机可分为内置式永磁同步电动机和外置式永磁同步电动机。

1. 内置式永磁同步电动机

内置式永磁同步电动机按永磁体磁化方向的不同可分为径向式、切向式和混合式三种，在有阻尼绕组的情况下如图 3-18 所示。由于内置式永磁同步电动机转子内部嵌入永磁体，导致了转子机械结构上的凸极特性。

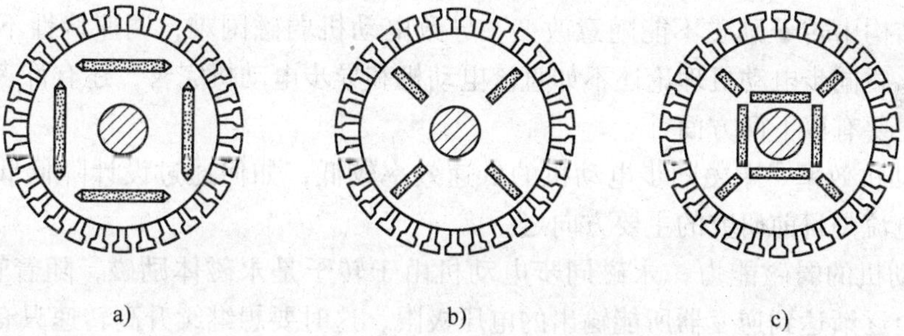

图 3-18　内置式永磁同步电动机转子结构示意图

a）径向式　b）切向式　c）混合式

2. 外置式永磁同步电动机

外置式永磁同步电动机根据永磁体是否嵌入转子铁心中可分为面贴式和插入式两种，如图 3-19 所示。

面贴式永磁同步电动机的转子永磁体一般为瓦片形，通过合成粘胶粘于转子铁心表面。在功率稍大的面贴式永磁同步电动机中，永磁体与气隙之间可以通过无纬玻璃丝带加以捆绑保护，防止永磁体因转子高速转动而脱落。插入式永磁同步电动机的永磁体嵌入转子铁心中，两永磁体之间的铁心成为铁磁介质突出的部分。在面贴式永磁同步电动机中，由于永磁体的相对磁导率接近真空磁导率（$\mu=1.0$），等效气隙基本均匀，所以交、直轴电感基本相符，是一种隐极式同步电动机。插入式永磁同步电动机的交轴方向上的气隙比直轴的小，交轴的电感也比直轴大，是一种凸极式永磁同步电动机。相对面言，由于永磁体的存在，使得面贴式永磁同步电动机定子和转子之间的有效气隙较大，因而定子的电感较小。

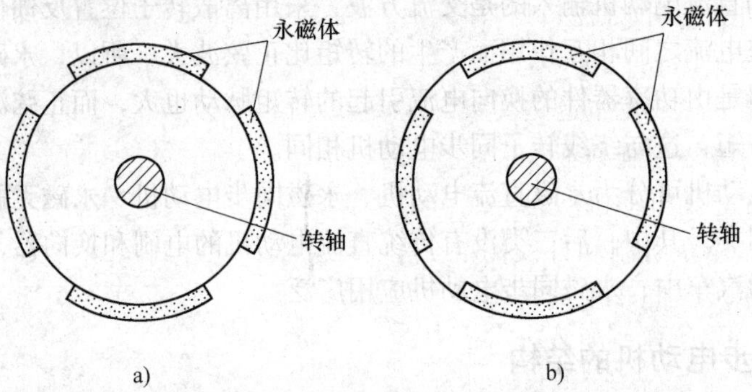

图 3-19 外置式永磁同步电动机转子结构示意图
a）面贴式 b）插入式

外置式永磁同步电动机的结构比内置式简单，且具有制造容易、成本低廉的优点，因而在工业上应用较多。面贴式永磁同步电动机转子结构最为简单，与插入式相比，它提高了转子表面的平均磁通密度，可以得到更大的电子转矩。

三、永磁同步电动机的性能特点

永磁同步电动机的功率因数大、效率高、功率密度大，是一种比较理想的驱动电动机。但由于电磁结构中转子励磁不能随意改变，导致电动机弱磁困难，调速特性不如直流电动机。目前，永磁同步电动机理论还不如直流电动机和异步电动机完善，还有许多问题需要进一步研究，主要有以下两方面：

（1）电动机效率　永磁同步电动机的低速效率较低，如何通过设计降低低速损耗，减小低速额定电流是目前研究的主要方向之一。

（2）电动机的弱磁能力　永磁同步电动机由于转子是永磁体励磁，随着转速的升高，电动机电压会逐渐达到逆变器所能输出的电压极限，这时要想继续升高转速只有靠调节定子电流的大小和相位，增加直轴去磁电流来等效弱磁以提高转速。电动机的弱磁能力大小主要与直轴电抗和反电动势大小有关，但永磁体串联在直轴磁路中，所以直轴磁路一般磁阻较大，弱磁能力较小，电动机反电动势较大时，也会降低电动机的最高转速。

由于永磁同步电动机的转子上无绕组、无铜耗、磁通量小，在低负荷时铁损很小，因此，永磁同步电动机具有较高的“功率/质量”比，比其他类型的电动机有更高的频率、更大的输出转矩。转子电磁时间常数较小，电动机的动态特性好，电动机的极限转速和制动性能等都优于其他类型的电动机。永磁同步电动机的定子绕组是主要的发热源，其冷却系统相对比较简单。

由于永磁同步电动机的磁场产生恒定的磁通量，随着电流量的增加，电动机的转矩与电流成正比增加，同时电压也随之增加。在新能源汽车上，一般要求电动机的输出功率保持恒定，即电动机输出功率不随转速增加而变化，这就要求在电动机转速增加时电压保持恒定。对一般电动机可以用调节励磁电流来控制，但永磁同步电动机磁场的磁通量调节比较困难，因此需要采用磁场控制技术来实现。这使得永磁同步电动机的控制系统变得更复杂，而且增加了成本。

永磁同步电动机受到永磁材料和加工工艺的影响和限制，使得永磁同步电动机的功率范围较小，最大功率仅几十千瓦。永磁材料在受到振动、高温和过载电流作用时，可能会使永磁材料的导磁性能下降或发生退磁现象，这会降低永磁电动机的性能，严重时还会损坏电动机，在使用中必须严格控制其不发生过载。永磁同步电动机在恒功率模式下，操纵较复杂，永磁电动机和三相异步电动机同样需要一套复杂的控制系统，从而使永磁电动机的控制系统制造成本也很高。最新研制和开发的混合励磁永磁同步电动机使永磁同步电动机的控制性能得到大的改进。

永磁同步电动机的驱动特性如图 3-20 所示。从图中可以看出，永磁无刷同步电动机的恒转矩区比较长，一直延伸到电动机最高转速的 50% 处左右，这对提高汽车的低速动力性能有很大帮助，电动机最高转速较高，能达到 10 000r/min。永磁无刷同步电动机功率密度高、调速性能好、在宽转速范围内运行效率高（90% ~95%），是理想的新能源汽车驱动电动机之一。它的主要缺点是电动机制造成本高、永磁材料会有退磁效应、抗腐蚀性差，而且永磁材料磁场不可变，要想增大电动机的功率，其体积会很大。随着稀土永磁材料的开发和应用，永磁无刷电动机的性能有了很大的提高，是未来最有发展前景的驱动电动机之一。

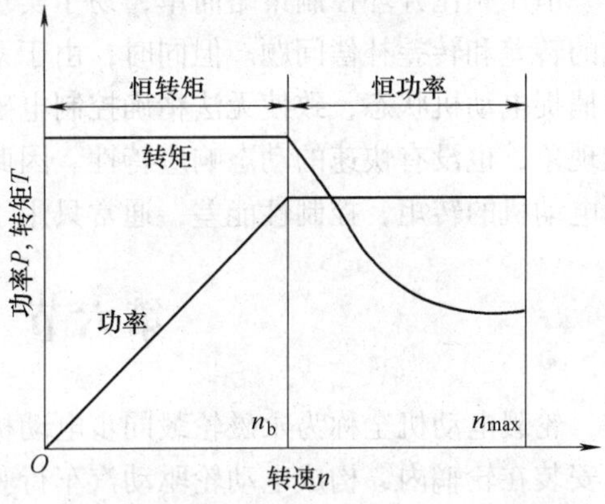

图 3-20　永磁同步电动机的驱动特性

四、永磁同步电动机的控制

永磁同步电动机控制系统可以采用矢量控制（磁场定向控制）、直接转矩控制和恒压频比开环控制等控制方式。

1. 矢量控制

矢量控制的控制原理是：以转子磁链旋转空间矢量为参考坐标，将定子电流分解为相互正交的两个分量，一个与磁链同方向，代表定子电流励磁分量，另一个与磁链方向正交，代表定子电流转矩分量，分别对其进行控制，获得与直流电动机一样良好的动态特性。因其控制结构简单，控制软件容易实现，已被广泛应用到调速系统中。

永磁同步电动机矢量控制策略与异步电动机矢量控制策略有些不同。由于永磁同步电动机转速和电源频率严格同步，其转子转速等于旋转磁场转速，转差恒等于零，没有转差功率，控制效果受转子参数影响小。因此，在永磁同步电动机上更容易实现矢量控制。

由于永磁同步电动机输出电磁转矩对应多个不同的交、直轴电流组合，不同组合对应着不同的系统效率、功率因数以及转矩输出能力，因此永磁同步电动机有不同的电流控制策略。

2. 直接转矩控制

直接转矩控制不需要传统矢量控制中复杂的旋转坐标变换和转子磁链定向，转矩取代电流成为受控对象，电压矢量则是控制系统里唯一的输入，直接控制转矩和磁链的增加或减小，但是转矩和磁链并不解耦，对电动机模型进行简化处理时，没有 PWM 信号发生器，控制结构简单，受电动机参数变化影响小，能够获得极佳的动态性能。

3. 恒压频比开环控制

恒压频比开环控制的控制变量为电动机的外部变量，即电压和频率。控制系统将参考电压和频率输入实现控制策略的调整器中，最后由逆变器产生一个交变的正弦电压施加在电动机的定子绕组上，使之运行在指定的电压和参考频率下。按照这种控制策略进行控制，使供电电压的基波幅值随着速度指令成比例地线性增长，从而保持定子磁通的近似恒定。

恒压频比开环控制策略简单，易于实现，转速通过电源频率进行控制，不存在异步电动机的转差和转差补偿问题。但同时，由于系统中不引入速度、位置等反馈信号，因此无法实时捕捉电动机状态，致使无法精确控制电磁转矩。在突加负载或者速度指令时，容易发生失步现象，也没有快速的动态响应特性。因此，恒压频比开环控制是控制电动机磁通而没有控制电动机的转矩，控制性能差，通常只用于对调速性能要求一般的通用变频器上。

第六节　轮毂电动机

轮毂电动机全称为永磁轮毂同步电动机，是永磁同步电动机的一种特殊结构。它把电动机安装在轮辋内，构成电动轮驱动汽车行驶。它的基本原理与永磁同步电动机相同。

一、轮毂电动机的驱动方式

轮毂电动机使用时可分为减速驱动和直接驱动两大类。

在减速驱动方式下，电动机一般在高速下运行，而且对电动机的其他性能没有特殊要求，因此可选用普通的内转子电动机。减速机构放置在电动机和车轮之间，起减速和增加转矩的作用。减速驱动的优点是：电动机运行在高速下，具有较高的功率和效率比；体积小、质量小；转矩大、爬坡性能好；能保证汽车在低速运行时获得较大、平稳的转矩。减速驱动的不足之处是：难以实现液态润滑、齿轮磨损较快、使用寿命短、不易散热、噪声大。减速驱动方式适合于丘陵或山区，以及要求过载能力大或城区公交车等需要频繁起动停车等场合。

在直接驱动方式下，电动机多采用外转子（即直接将转子安装在轮毂上）。为了使汽车能够顺利起步，要求电动机在低速时能提供大的转矩。此外，为了使汽车能够有较好的动力性，电动机需具有较宽的调速范围。直接驱动的优点有：不需要减速机构，使得整个驱动结构更加简单、紧凑，轴向尺寸也较小，而且效率也进一步提高，响应速度也变快。其缺点是：起步、迎风行驶或爬坡以及承载较大载荷时需要大电流，易损坏电池和永磁体；电动机功率峰值区域很小，负荷电流超过一定值后功率急剧下降。此驱动方式适用于平路或负荷较轻的场合。

二、轮毂电动机的优点

与内燃机汽车和单电动机集中驱动电动汽车相比，使用轮毂电动机驱动系统的汽车具有多方面优势：

1）动力控制由硬连接改为软连接形式。通过电子线控技术，实现各电动轮从零到最大速度的无级变速和各电动轮间的差速要求，从而省略了传统汽车所需的机械式操纵换档装置、离合器、变速器、传动轴和机械差速器等，使驱动系统和整车结构简洁，可利用空间大，传动效率提高。

2）各电动轮的驱动力直接独立可控，使其动力学控制更为灵活、方便；合理控制各电动轮的驱动力，从而提高恶劣路面条件下的行驶性能。

3）容易实现各电动轮的电气制动、机电复合制动和制动能量反馈。

4）底架结构大为简化，使整车总布置和车身造型设计的自由度增加。若能将底架承载功能与车身功能分类，则可实现相同底盘、不同车身造型的产品多样化和系列化，从而缩短新车型的开发周期，降低开发成本。

5）若在采用轮毂电动机驱动系统的四轮电动汽车上导入线控四轮转向技术（4WS），则可实现车辆转向行驶高性能化，可有效减小转弯半径，甚至能实现零转向半径，增加了转向灵便性。

第四章

纯电动汽车

第一节　概　　述

电动汽车可分为纯电动汽车、混合动力电动汽车和燃料电池电动汽车三大类，纯电动汽车是电动汽车的技术基础。纯电动汽车就定义来说是指单纯用蓄电池作为驱动能源的汽车，它是涉及机械、动力学、电化学、电机学、微电子和计算机控制等多种学科的高科技产品。图 4-1 所示为法国标致 101 型纯电动汽车。

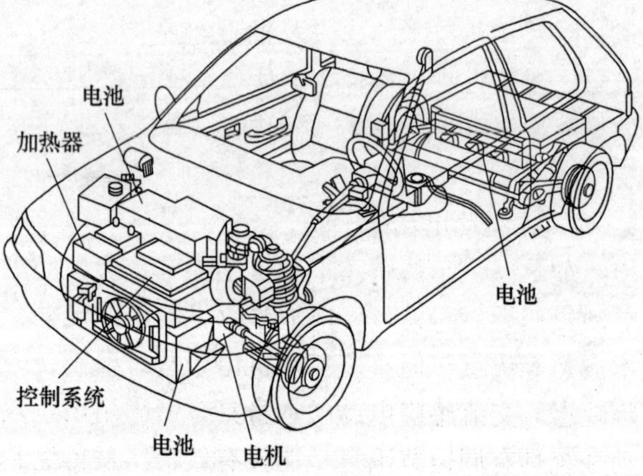

图 4-1　法国标致 101 型纯电动汽车

一、纯电动汽车的特点

1）节能、不消耗石油。

2）环保、无污染、噪声和振动小。

3）能量主要是通过柔性的电线而不是刚性联轴器和转轴传递，各部件的布置具有很大的灵活性。

4）驱动系统布置不同会使系统结构区别很大。

5）采用不同类型的电动机（如直流电动机和交流电动机）会影响到纯电动汽车的质量、尺寸和形状。

6）不同类型的蓄能装置也会影响电动汽车的质量、尺寸及形状。

7）能源效率高，多样化。

8）不同的补充能源装置具有不同的硬件和机构，例如蓄电池可通过充电器充电，或者采用替换蓄电池的方式。

9）结构相对简单，生产工艺相对成熟，使用维修方便。

10）动力电源使用成本高，续驶里程短。

电动汽车与内燃机汽车性能和用途比较见表 4-1。

表 4-1 电动汽车与内燃机汽车性能和用途比较

项目	性能							用途						
	机动性	废气排放	噪声振动	操作难易	能源补给	购置费用	维修费用	大范围作业	连续作业	不通风场所	低噪声场所	狭窄场所	易燃爆场所	低温场所
电动汽车	○	○	○	○	★	☆	○	☆	★	○	○	○	○	○
汽油汽车	○	☆	★	★	○	○	☆	○	○	★	★	☆	☆	☆
柴油汽车	○	★	☆	★	○	★	★	○	○	★	☆	☆	☆	☆

注：○—好（适用）；★——般；☆—差（不适用）。

二、纯电动汽车的分类

纯电动汽车有多种分类方法，可按所选用的蓄能装置或驱动电动机的不同来分类，其中又可有许多不同组合；也可按驱动结构布局或用途的不同来分类。

1. 按蓄能装置分类

纯电动汽车目前所采用的蓄能装置主要有铅酸蓄电池、锂蓄电池、镍氢蓄电池、钠硫蓄电池等。其中，铅酸蓄电池技术较成熟，价格也较便宜，但其性能和使用寿命都要差些。其余几类均属于正在研究改进的蓄电池，其性能都比铅酸蓄电池要好许多，但目前价格也较贵，随着工艺技术的成熟及批量的扩大，其性价比也一定会有较大的提高。由于纯电动汽车以蓄电池作为唯一的能源，所以蓄电池的各项性能指标很大程度上决定了汽车的行驶性能，如纯电动汽车的续驶里程和加速（或爬坡）的动力性能分别与蓄电池的比能量和比功率有关。

2. 按驱动电动机分类

纯电动汽车的驱动电动机主要有直流电动机、交流电动机、永磁无刷电动机、开关磁阻电动机四类。考虑到蓄电池是以直流电源供电，直流电动机具有控制较简单、成本较低、技术成熟等优点，但直流电动机由于具有电刷，因此存在换向火花、电刷易磨损、需定期维护等缺点。交流感应电动机本身具有坚固耐用、效率高、体积小、免维护等优点，并且整个驱动系统具有调速范围宽、能较有效地实现再生制动，但其驱动控制器由于必须通过逆变器并采用矢量控制变频调速，其线路较复杂，价格也较高。永磁无刷电动机包括无刷直流电动机和三相永磁同步电动机，由于采用永久磁铁励磁，所以具有能量转换效率高、过载能力强、免维护等优点，但目前尚存在着成本较高、功率受限等缺点，可靠性也需改进。开关磁阻电动机驱动系统是一种新型的典型机电一体化装置，具有结构简单、坚固可靠、制造成本低、调速性能好、效率高、能有效地实现发电回馈制动等优点，并具有高起动转矩、低起动电流，即特别适于汽车起步和蓄电池驱动的特性要求，其缺点主要是振动及噪声较大，需通过相应的技术措施来改进，由于目前普及率还不高，有待进一步推广与改进提高。

3. 按驱动结构布局分类

这实际上是按驱动传递方式来分类，由于电动机驱动的灵活性可以有多种组合方式，归纳其典型的基本结构主要有四种：传统的驱动模式、电动机-驱动桥组合式驱动方式、电动机-驱动桥整体式驱动方式、轮毂电动机分散驱动方式，如图 4-2 所示。由于汽车转弯时，外侧车轮的转弯半径比内侧车轮大，所以需要通过差速器来配合两侧车轮转速不同的要求。

前两种需采用具有行星齿轮结构的机械式差速器；第三种的差速器可用机械式或电控式；而第四种即可实现电子差速控制。

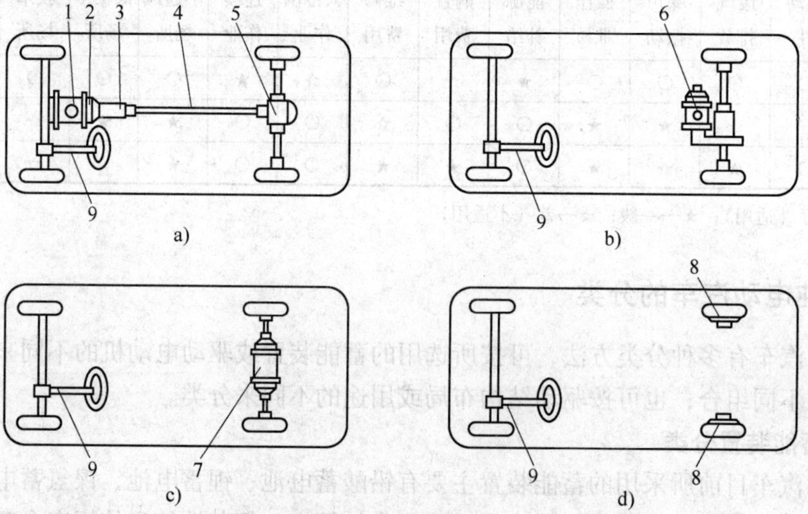

图 4-2 四种典型的驱动结构

a）传统的驱动模式 b）电动机-驱动桥组合式驱动方式

c）电动机-驱动桥整体式驱动方式 d）轮毂电动机分散驱动方式

1—电动机 2—离合器 3—变速器 4—传动轴 5—驱动桥

6—电动机-驱动桥组合式驱动系统 7—电动机-驱动桥整体式驱动系统

8—轮毂电动机 9—转向器

4. 按用途分类

纯电动汽车按其用途的不同来分，目前主要有电动公交车和电动轿车两类。由于纯电动汽车的能量不富裕特点，它也较适合于某些性能要求不高的特定车辆，如游览观光车、高尔夫球场车、电动自行车、电动三轮车和残疾人自驾车等，当然按定义来说该类特定车辆不应属于汽车。

第二节 纯电动汽车的结构与原理

纯电动汽车主要由电力驱动控制系统、汽车底盘、车身以及各种辅助装置等部分组成。除了电力驱动控制系统，其他部分的功能及其结构组成基本与传统汽车类同，不过有些部件根据所选的驱动方式不同，已被简化或省去了。所以电力驱动控制系统既决定了整个纯电动汽车的结构组成及其性能特征，也是电动汽车的核心，它相当于传统汽车中的发动机，与其他功能以机电一体化方式相结合，这也是区别于传统内燃机汽车的最大不同点，为此首先需要对电力驱动控制系统重点阐述。

一、电力驱动控制系统

电力驱动控制系统的组成与工作原理如图 4-3 所示。该系统按工作原理的不同可划分为车载电源模块、电力驱动主模块和辅助模块三大部分，下面分别进行描述。

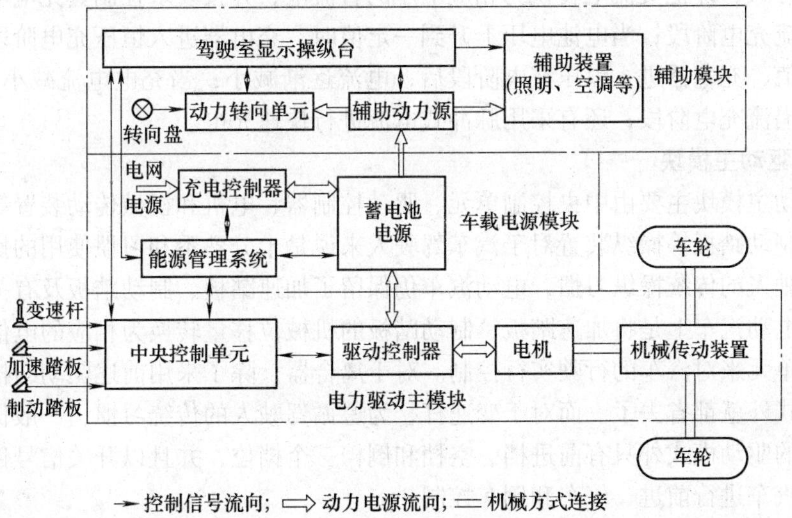

图 4-3　电力驱动控制系统的组成与工作原理

1. 车载电源模块

车载电源模块主要由蓄电池电源、能源管理系统和充电控制器三部分组成。

(1) 蓄电池电源　蓄电池是纯电动汽车的唯一能源，它除了供给汽车驱动行驶所需的电能外，也供应汽车上各种辅助装置的工作电能。蓄电池在车上安装前需要通过串、并联的方式组合成所要求的电压等级，由于电动机驱动所需的等级电压往往与辅助装置的电压要求不一致，辅助装置所要求的一般为 12V 或 24V 的低压电源，而电动机驱动一般要求为高压电源，并且所采用的电动机类型不同，其要求的电压等级也不同。为满足该要求，可以用多个 12V 或 24V 的蓄电池串联成 96 ~ 384V 高压直流电池组，再通过 DC-DC 转换器供给所需的不同电压。也可按所需要求的电压等级，直接由蓄电池组合成不同电压等级的电池组，不过这样会给充电和能源管理带来相应的麻烦。另外，由于制造工艺等因素，即使是同一批量的蓄电池，其电解液浓度和性能也会有所差异，所以在安装电池组之前，要求对各个蓄电池进行认真的检测并记录，尽可能把性能接近的蓄电池组合成同一组，这样有利于动力电池组性能的稳定和延长其使用寿命。

(2) 能源管理系统　能源管理系统的主要功能是在汽车行驶中进行能源分配，协调各功能部分工作的能量管理，使有限的能量源最大限度地得到利用。能源管理系统与电力驱动主模块的中央控制单元配合一起控制发电回馈，使电动汽车在降速制动和下坡滑行时进行能量回收，从而有效地利用能源，提高电动汽车的续驶能力。能源管理系统还需与充电控制器一同控制充电。为提高蓄电池性能的稳定性和延长其使用寿命，需要实时监控电源的使用情况，对蓄电池的温度、电解液浓度、蓄电池内阻、电池端电压、当前电池剩余电量、放电时间、放电电流或放电深度等蓄电池状态参数进行检测，并按蓄电池对环境温度的要求进行调温控制，通过限流控制避免蓄电池过充、放电，对有关参数进行显示和报警，其信号流向辅助模块的驾驶室显示操纵台，以便驾驶人随时掌握并配合其操作，按需要及时对蓄电池充电并进行维护保养。

（3）充电控制器　充电控制器（简称“充电器”）把电网供电的方式转换为对蓄电池充电要求的方式，即把交流电转换为相应电压的直流电，并按要求控制其充电电流。充电器开始时为恒流充电阶段；当电池电压上升到一定值时，充电器进入恒压充电阶段，输出电压维持在相应值，充电器进入恒压充电阶段后，电流逐渐减小；当充电电流减小到一定值时，充电器进入涓流充电阶段；还有采用脉冲式电流进行快速充电。

2. 电力驱动主模块

电力驱动主模块主要由中央控制单元、驱动控制器、电机和机械传动装置等组成。由于加速踏板、制动踏板等操纵装置对于汽车驾驶人来说是十分熟悉和习惯使用的操纵装置，因此为适应驾驶人的传统操纵习惯，电动汽车仍保留了加速踏板、制动踏板及有关操纵手柄或按钮等。在电动汽车上是将加速踏板、制动踏板的机械位移量转换为相应的电信号，然后输入中央控制单元来对汽车的行驶实行控制。对于离合器，除了采用前述驱动结构中第一种传统的驱动模式外就都省去了。而对于变速杆，为遵循驾驶人的传统习惯，一般仍需保留，同样除了传统的驱动模式外只有前进档、空档和倒档三个档位，并且以开关信号传输到中央控制单元来对汽车进行前进、停车和倒车控制。

（1）中央控制单元　中央控制单元不仅是电力驱动主模块的控制中心，也要对整辆电动汽车的控制起到协调作用。它根据加速踏板与制动踏板的输入信号，向驱动控制器发出相应的控制指令，对电动机进行起动、加速、降速和制动控制。在电动汽车降速和下坡滑行时，中央控制器配合车载电源模块的能源管理系统进行发电回馈，即使蓄电池反向充电。对于与汽车行驶状况有关的速度、功率、电压、电流及有关故障诊断等信息，还需传输到辅助模块的驾驶室显示操纵台进行相应的数字或模拟显示，也可采用液晶屏幕显示来提高其信息量。另外，如驱动采用轮毂电动机分散驱动方式，当汽车转弯时，中央控制器也需与辅助模块的动力转向单元配合，即控制左、右轮毂电动机来实行电子差速转向。为减少电动汽车各个控制部分间的硬件连线，提高可靠性，现代汽车控制系统已较多地采用了微机多 CPU 总线控制方式，特别是对于采用轮毂电动机进行 4WD 前后四轮驱动控制的模式，更需要运用总线控制技术来简化电动汽车内部线路的布局，提高其可靠性，也便于故障诊断和维修，并且采用该模块化结构，一旦技术成熟，其成本也将随批量的增加而大幅下降。

（2）驱动控制器　驱动控制器的功能是按中央控制单元的指令和电机的速度、电流反馈信号，对电机的速度、驱动转矩和旋转方向进行控制。驱动控制器与电机必须配套使用，目前对电机的调速主要采用调压、调频等方式，这主要取决于所选用的驱动电机类型。由于蓄电池以直流电方式供电，所以，对于直流电机，主要是通过 DC-DC 转换器进行调压调速控制的；而对于交流电机，则需通过 DC-AC 转换器进行调频调压矢量控制；对于磁阻电机，则是通过控制其脉冲频率来进行调速的。当汽车进行倒车行驶时，需通过驱动控制器使电机反转来驱动车轮反向行驶。当电动汽车处于降速和下坡滑行时，驱动控制器使电机运行于发电状态，电机利用其惯性发电，将电能通过驱动控制器回馈给蓄电池，所以图 4-3 中驱动控制器与蓄电池电源的电能流向是双向的。

（3）电机　电机在电动汽车中被要求承担着电动和发电的双重功能，即在正常行驶时发挥其主要的电动机功能，将电能转换为机械旋转能；而在降速和下坡滑行时又被要求进行发电，将车轮的惯性动能转换为电能。对电机的选型一定要根据其负载特性来选，通过对汽车行驶时的特性分析，可知汽车在起步和上坡时要求有较大的起动转矩和相当的短时过载能力，并有较宽的调速范围和理想的调速特性，即在起动低速时为恒转矩输出，在高速时为恒功率输出。电机与驱动控制器所组成的驱动系统是电动汽车中最为关键的部件，电动汽车的运行性能主要取决于驱动系统的类型和性能，它直接影响着车辆的各项性能指标，如车辆在各工况下的行驶速度、加速与爬坡性能以及能源转换效率。

（4）机械传动装置　电动汽车传动装置的作用是将电机的驱动转矩传输给汽车的驱动轴，从而带动汽车车轮行驶。由于电机本身就具有较好的调速特性，其变速机构可被大大地简化，较多的是为放大电机的输出转矩仅采用一种固定的减速装置。又因为电机可带负载直接起动，即省去了传统内燃机汽车的离合器，并且电机可以容易地实现正、反向旋转，所以也无须通过变速器中的倒档齿轮组来实现倒车。将电机在车架上合理布局，即可省去传动轴、万向节等传动链。当采用轮毂式电机分散驱动方式时，又可以省去传统汽车的驱动桥、机械差速器、半轴等一切传动部件，所以该驱动方式也可称为“零传动”方式。

3. 辅助模块

辅助模块包括辅助动力源、动力转向单元、驾驶室显示操纵台和各种辅助装置等。各个装置的功能与传统汽车上的基本相同，其结构与原理按电动汽车的特点有所区别。

（1）辅助动力源　辅助动力源是供给电动汽车各种辅助装置所需的动力电源，一般为12V或24V的直流低压电源，它主要给动力转向、制动力调节控制、照明、空调、电动窗门等辅助装置提供所需的电能。

（2）动力转向单元　转向装置是为实现汽车的转弯而设置的，它由转向盘、转向器、转向机构和转向轮等组成。作用在转向盘上的控制力，通过转向器和转向机构使转向轮偏转一定的角度，实现汽车的转向。为提高驾驶人的操控性，现代汽车都采用了动力转向，较理想的是采用电控动力转向系统（EPS）。电控动力转向系统主要有电控液力转向系统和电控电动转向系统两类，对于纯电动汽车，较适于选用电控电动转向系统。多数汽车为前轮转向，而工业用电动叉车常采用后轮转向，为提高汽车转向时的操纵稳定性和机动性，较理想的是采用四轮转向系统，而对于采用轮毂式电机分散驱动的电动汽车，由于电机控制响应速度的提高，可更容易地实现四轮电子差速转向控制。另外，为配合转弯时左、右两侧车轮有相应的差速要求，还必须同时控制电子差速器协调工作。

（3）驾驶室显示操纵台　它类同于传统汽车驾驶室的仪表板，不过其功能根据电动汽车驱动的控制特点有所增减，其信息指示更多地选用数字或液晶屏幕显示。它与前述电力驱动主模块中的中央控制单元结合，用计算机进行控制。

（4）辅助装置　电动汽车的辅助装置主要有照明设备、各种声光信号装置、车载音响设备、空调、刮水器、风窗除霜清洗器、电动门窗、电控玻璃升降器、电控后视镜调节器、电动座椅调节器、车身安全防护装置控制器等。它们主要是为提高汽车的操控性、舒适性和安全性而设置的，有些是必要的，有些是可选用的。与传统汽车一样，辅助装置大都有成熟的专用配件供应。不过选用时应考虑到纯电动汽车能源不富裕的特点，特别是空调所消耗的能量比较大，应尽可能从节能方面考虑。另外，对于有些装置可用液压或电动两种方式来控制的，一般选用电动控制的较为方便。

二、汽车底盘

汽车底盘是整个汽车的基体，不仅起着支承蓄电池、电动机、驱动控制器、汽车车身、空调及各种辅助装置的作用，同时也将电动机的动力进行传递和分配，并按驾驶人的意志（加速、减速、转向、制动等）行驶。按传统汽车的归类或叙述习惯，汽车底盘应包括传动系统、行驶系统、转向系统和制动系统四大系统。

对于纯电动汽车，其传动系统根据所选驱动方式的不同，不少被简化或省掉了。行驶系统包括车桥、车架、悬架、车轮与轮胎，其中车桥如采用轮毂电机驱动就省去了；车架是整个汽车的装配基体，其作用主要是支承连接汽车的各零部件，承受来自车内和车外的各种载荷；悬架是车架（或车身）与车轮（或车桥）之间的一切传力连接装置的总称，它主要由弹性元件、减振器和导向机构等组成，它与充气轮胎一起缓和不平路面对车辆的冲击振动；车轮主要由轮辋、轮辐等组成，其内部还需安装制动器，并还可能要安装轮毂电动机，所以结构会很紧凑；为减小电动汽车行驶时的滚动阻力，轮胎要求采用子午线轮胎。

转向系统包括转向操纵机构、转向器和转向传动机构等，它按能源的不同可分为机械转向系统和动力转向系统两大类，机械转向系统与传统汽车的完全一致。

制动系统由供能装置、控制装置、传动装置和制动器四个基本部分组成，按其功用的不同可分为行车制动系统、驻车制动系统、应急制动系统和辅助制动系统等。对于电动汽车，由于可利用电机实现再生制动进行能量回收，并且还可利用电磁吸力实现电磁制动，因此随着技术的发展其制动系统也将会有较大的变化。

由于汽车底盘所包含的上述四大系统与传统汽车上的基本大同小异，前面只针对电动汽车上所用的特点进行了简单说明。对于传统的其他部件，其结构与原理在此不再赘述，需要时可参考相关书籍。

三、车身与纯电动汽车总体布局的特点

汽车车身主要由车身本体、开启件（各种门、窗、行李箱和车顶盖等）、各种座椅、内外饰附件和安全保护装置（保险杠、安全带、安全气囊等）组成。针对纯电动汽车能源少的特点，对汽车车身的外形造型应尽可能缩小其迎风面积来降低空气阻力，并采用轻型高强度材料来减轻汽车自身的重量。对车内各个部件的布局也相当重要，由于电动汽车动能的传递主要是通过柔性的电缆，即减少了大量用刚性的机械件连接部件的动能传递，因此电动汽车各部件的布置具有较大的灵活性，并且蓄电池组也可分散布置作为配重物来布局。纯电动汽车各个部件的总体布局的原则是：符合车辆动力学对汽车重心位置的要求，并尽可能降低车辆质心高度。特别是对于采用轮毂电动机驱动实现“零传动”方式的电动汽车，不仅去掉了发动机、冷却液系统、排气消声系统和燃油箱等相应的辅助装置，还省去了变速器、驱动桥及所有传动链，既减轻了汽车自重，也留出了许多空间，其结构发生了很大的变化。车辆的整个结构布局需重新设计，全面考虑各种因素。

另外，由于增加了许多蓄电池的重量，对于安装蓄电池部位的车架强度必须有所考虑，同时为了方便蓄电池的充电、维护及更换，对蓄电池的安装方法和位置也要考虑其方便性，对环境温度有要求的蓄电池还需考虑散热空间及调温控制，为确保安全还需采取密封等预防

措施，以防车辆发生撞击事故时电解液泄漏伤及人身，并有防火等措施。

第三节 纯电动汽车实例

一、日产 Leaf 纯电动汽车

2009 年 9 月，日产汽车公司发布纯电动汽车 Leaf（见图 4-4），并宣布 2010 年底在日本、美国及欧洲上市，在 2011 年进入中国市场销售。它采用以现款日产骐达车型为基础开发的新一代电动汽车平台，具有电动汽车特殊设计的底盘布局（见图 4-5），采用锂离子电池驱动电动机，续驶里程超过了 160km，可以满足一般消费者的驾车需求。

图 4-4 日产 Leaf 纯电动汽车

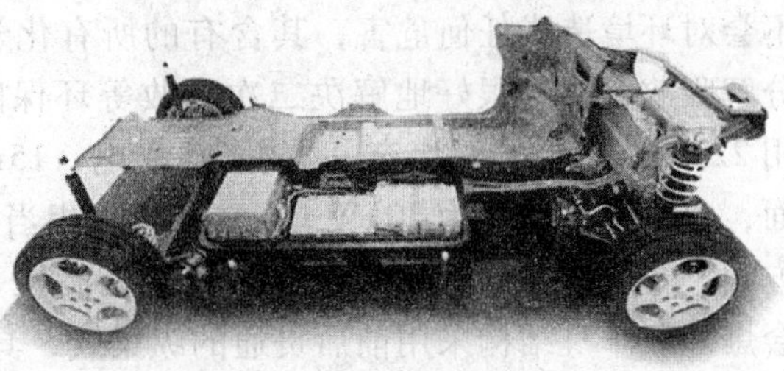

图 4-5 Leaf 的电动化底盘

日产 Leaf 电动汽车采用传统的五门掀背车型结构，充分考虑到空气动力学因素，车身前端的 V 形设计使前保险杠与风窗玻璃平滑地融为一体，能有效地减小风阻。富有未来科技感的前照灯竖直凸出向后延伸设计，能够分散导向两侧后视镜的气流，以达到降低风噪和风阻的目的。另外，日产 Leaf 的前照灯采用了用电量仅为普通车灯 10% 的 LED 节能车灯，灯组内部还采用了蓝色内发光效果，以显示与众不同。Leaf 的车侧采取圆滑流畅的腰线设计，营造出向后上扬的线条。车尾则以垂直的长条状尾灯作为视觉重点，无排气尾管和“零排放”的铭牌则显示出纯电动汽车的独特身份。整体上看，日产 Leaf 电动车在车身外廓上还保留有骐达汽车的影子，但是重新设计后的造型元素使其更具未来的科技感。

Leaf 电动汽车采用的薄型锂蓄电池模块由日产与 NEC 合资的 AESC 汽车能源公司提供。在完全充满电的情况下，日产 Leaf 电动汽车最长续驶里程可以达到 160km，这一续航能力已经可以满足 70% 消费者每日的驾驶里程所需。另外，日产 Leaf 电动汽车搭载输出功率为 80kW、最大转矩 280N · m 的电动机，最高车速为 140km/h。日产声称 Leaf 电动汽车的加速性能可以与英菲尼迪 G35 媲美，当然电动机低速高转矩的动力输出特性造就了电动汽车潜力相当强大的加速性能。

日产 Leaf 电动汽车的仪表台（见图 4-6）采用蓝色背光，搭配轻柔的内饰色调营造令人舒适的车内氛围。日产 Leaf 电动汽车采用双层式仪表板设计，分别显示车速和电力系统状态。日产汽车公司将其在车用 IT 技术方面的成果率先用在 Leaf 电动汽车上，此次匹配的 EV-IT 系统能与全球数据中心进行联机，24h 全天候提供信息支持和车上娱乐功能。车主能以手机遥控预先开启车内的空调系统。同时，充电功能也能以手机进行设定，车上信息系统也备有定时功能，车主可自行规划车辆的充电时间，以随时备足充裕电力进行驾驶。该信息系统还能显示车辆附近的充电站，以方便进行充电服务。此外，利用中央控制仪表台的卫星导航系统也能显示以目前剩余电力所能驶及的可达范围。

为了提升电动汽车的实用性，日产 Leaf 电动汽车提供两种充电插槽和两种充电方式。其中，快速充电插槽可在 30min 内充电 80%；利用一般家庭 220V 电源进行充电，则需约 8h 完成充电。

二、比亚迪 e6 纯电动汽车

比亚迪 e6 是比亚迪公司自主研发的一款纯电动汽车，它兼容了 SUV 和 MPV 的设计理念，是一款性能良好的跨界车。它的续驶里程超过了 300km，为同类车型之冠。e6 是环保的先行者，其装备的动力电池和起动电池均采用比亚迪公司自主生产的铁蓄电池，不会对环境造成任何危害，其含有的所有化学物质均可在自然界中被环境以无害的方式分解吸收，能够很好地解决二次回收等环保问题，是绿色环保的电池。该电池慢充电采用 220V 民用电源；快充电采用 3C 充电，15min 左右可充满电池电量的 80%。在节能方面，它百公里能耗为 20kW · h 左右，只相当于燃油车 1/3 甚至 1/4 的消费价格；在安全方面，车上搭载的铁蓄电池经过高温、高压、撞击等试验测试，安全性能非常好，绝不会爆炸；车身结构采用前后贯通的纵梁式，具有良好的防碰撞等安全性能；在动力方面，它的加速时间在 10s 以内，最高车速可达 160km/h 以上，动力性能强劲。比亚迪 e6 纯电动汽车的外形如图 4-7 所示。

图 4-6 日产 Leaf 电动汽车的仪表台

图 4-7 比亚迪 e6 纯电动汽车的外形

三、中通纯电动客车

中通纯电动客车是采用成熟的纯电动动力系统和电池管理系统，与中通“梦幻”全承载超豪华商务客车集成而成的。

该车采用三套 CAN 网络通信系统，实时跟踪监测车辆动态行驶特性、单体电池特性和高压电器特性，极大地提高了整车的安全性和可靠性。整车采用 540A · h 的大功率锂离子动力电池，可实现 250 km 以上的续驶里程；每千米耗电量仅 1kW · h 左右，与同级别燃油客车相比具有节能 100% 以上的效果，节能效果非常显著，而且实现了“零排放”。中通纯电动客车的外形如图 4-8 所示。

图 4-8　中通纯电动客车的外形

第五章

混合动力汽车

第一节 概 述

混合动力汽车并不是一个新概念。自1881年首辆纯电动汽车问世、1896年内燃机汽车诞生以来，伴随着人们对汽车综合性能提高的不断追求，在1894年就出现了第一辆混合动力汽车。混合动力汽车出现的原因是当初单一的纯电动汽车（续驶里程短和动力电池性能差）、单一的内燃机汽车（内燃机功率小、使用不方便）均存在技术弱点，不过，随着内燃机技术的进步和汽车的流水线批量生产，混合动力汽车遭遇了与纯电动汽车相同的命运，逐渐没落，直至20世纪90年代因为解决环境和能源问题的需要才重新引起重视，并取得了明显的技术进步。

混合动力汽车有油电混合、气电混合、电电混合等多种不同的形式，即使对应其中的一种混合形式，由于动力传动系统组成的不同，仍存在多种结构。在详细分析各种结构的定义、特点和工作原理之前，给出以下几个基本概念：

（1）动力传动系统　动力传动系统是汽车上用于储存、转换和传递能量并使汽车获得运动能力的所有部件的总称，具体包括车载能量源、动力装置、传动系统和其他辅助系统四部分。

（2）车载能量源　车载能量源是用于能量储存或进行能量的初始转换以向动力装置直接供能的所有部件的总称，它由能量直接储存装置或能量储存、调节和转换装置组成。例如，对于传统内燃机汽车，车载能量源为燃油箱（能量直接储存）；对于燃料电池电动汽车，车载能量源由氢气罐或储氢金属（能量储存）和燃料电池电堆（能量转换）两部分组成。

（3）动力装置　动力装置是用于把其他形式的能量转化为机械动能（旋转动能）的装置，并直接作为传动系统的输入，如常规汽车上的内燃机、纯电动汽车上的电机等。

（4）传动系统　传动系统是用于调节和传递动力装置输出的动力，使之与汽车行驶时驱动轮处要求的理想动力达到较好匹配的所有部件的总称，它具有减速、变速、倒车、中断动力、轮间差速和轴间差速等功能。传动系统与动力装置配合工作，能保证汽车在各种工况条件下的正常行驶，并具有良好的动力性和经济性。传动系统一般由离合器、变速器、万向传动装置、主减速器、差速器和半轴等组成。

（5）辅助系统　辅助系统是用于从动力装置中获取动力，区别于直接驱动车辆，主要用于维持汽车良好的操控特性、舒适性等的所有部件的总称，如转向助力系统、制动助力系统、空调系统（动力装置直接拖动）、辅助电气系统（12V/24V 发电机系统）等。

基于上述给出的基本概念，汽车动力传动系统可抽象为图 5-1 所示的简化模型。具体到常规汽车和纯电动汽车，汽车动力传动系统的基本组成见表 5-1。

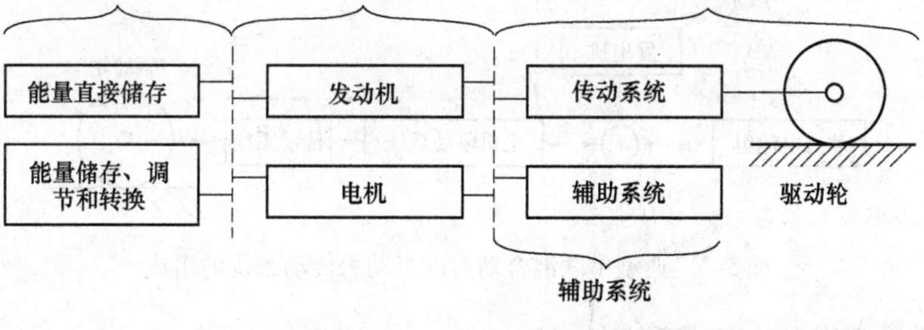

图 5-1　汽车动力传动系统简化模型

表 5-1　汽车动力传动系统的基本组成

组成要素	纯电动汽车	常规汽车
能量补给方式	从电网充电	从加油站加油
车载能量源	动力电池组	汽（柴）油箱
动力装置	电机	发动机
传动系	变速器等	离合器、变速器、传动轴、差速器等
辅助系统	车身电气、低压供电、整车控制、制动/空调/转向等	车身电气、低压供电、制动/空调/转向等

基于图 5-1 建立的汽车动力传动系统的简化模型，对混合动力汽车的概念重新定义如下：混合动力汽车是指汽车动力传动系统由两个或多个能同时运转的单个动力传动系统联合组成的汽车，汽车的行驶功率依据实际的汽车行驶状态由单个动力传动系统单独或多个动力传动系统共同提供，如图 5-2 所示。相比于常规的内燃机汽车和纯电动汽车，图 5-2 所示的混合动力汽车动力传动系统增加了整车能量管理和综合控制系统，其主要作用是以优化发动机的工作效率为目标，协调发动机和驱动电机之间的动力分配，同时进行动力电池组的电量管理。

图 5-2　混合动力汽车动力传动系统的组成

依据组成混合动力汽车的两个或多个能同时运转的单个动力传动系统之间动力联合位置的不同，混合动力汽车分为串联、并联和混联三种基本的类型。

一、串联混合动力汽车的概念

串联混合动力汽车是混合动力汽车的一种基本结构，其单个动力传动系统间的联合是车载能量源环节的联合，即非直接用于驱动汽车的能量的联合，并同时向动力装置供能。典型串联混合动力汽车动力传动系统的组成如图 5-3 所示。

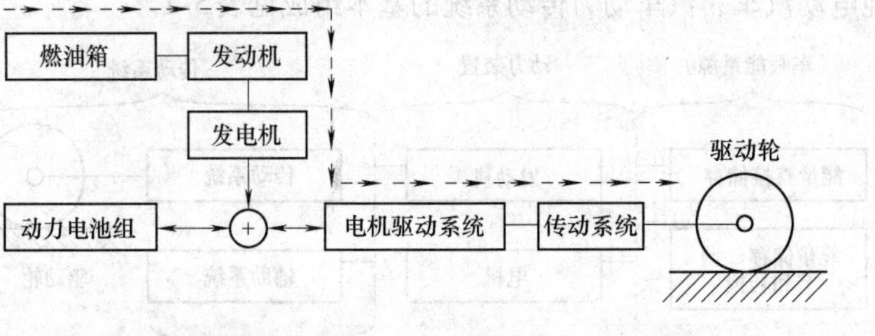

图 5-3 典型串联混合动力汽车动力传动系统的组成

串联混合动力汽车具有如下特点：

1）车载能量源环节的混合。

2）单一的动力装置。

3）车载能量源由两个以上的能量联合组成。

如图 5-3 所示，燃油箱、发动机、发电机与动力电池组共同组成车载能量源，共同向驱动电动机提供电能，驱动电机和传动系统组成单一的电驱动系统。

串联混合动力汽车实现了车载能量源的多样化，可充分发挥各种能量源的优势，并通过适当的控制实现它们的最佳组合，满足汽车行驶的各种特殊要求。例如，采用发动机-发电机和动力电池组两种车载能量源的串联混合动力汽车即可满足汽车一定的零排放行驶里程，同时通过发动机-发电机的工作为动力电池组进行补充充电，延长了汽车的有效续驶里程，为实现纯电动汽车的实用化提供了解决方案。

二、并联混合动力汽车的概念

并联混合动力汽车是混合动力汽车的一种基本结构，其单个动力传动系统间的联合是汽车动力或传动系统环节的联合，通过对不同动力装置输出的驱动动能的联合或耦合，并经过相应的传动系统输出到驱动轮，满足汽车的行驶要求。典型并联混合动力汽车动力传动系统的组成如图 5-4 所示。

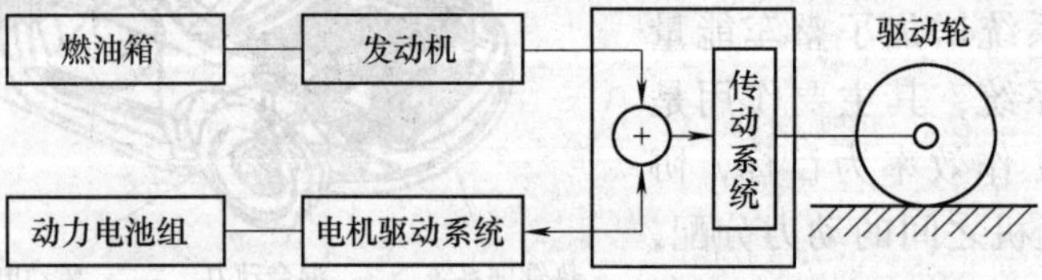

图 5-4 典型并联混合动力汽车动力传动系统的组成

并联混合动力汽车具有如下特点：

1）机械动能的混合。

2）具有两个或多个动力装置。

3）每一个动力装置都有自己单独的车载能量源。

如图 5-4 所示，发动机和电机驱动系统输出的机械动能经过动力耦合后输出到传动系统驱动汽车行驶，发动机具有自己独立的车载能量源——燃油箱，电机驱动系统具有自己独立的车载能量源——动力电池组。

依据动力耦合方式的不同，并联混合动力汽车具有单轴联合式、双轴联合式和驱动力联合式三种布置方案，具体如图5-5所示。单轴联合式机械动力的耦合是在动力装置输出轴处完成的，传动系统的输入为单轴。其结构示意如图5-5a所示，实际应用如图5-6所示。发动机的输出轴通过离合器与电机的转子轴直接相连，而动力电池组通过控制器的调节作用于电机定子，实现了发动机与电机输出转矩的叠加。单轴联合式实现了把不同动力装置的机械动力输出一体化，结构紧凑，但电机要经过特殊设计。

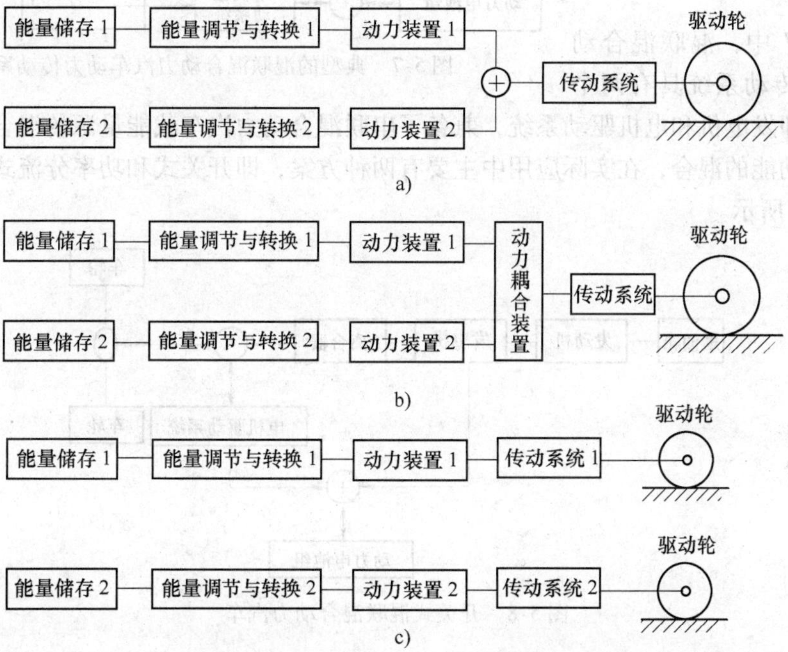

图5-5 并联混合动力汽车动力传动系统的三种基本类型
a）单轴联合式 b）双轴联合式 c）驱动力联合式

双轴联合式机械动力的耦合是在传动系统的某个环节中完成的，通常称位于传动系统中的这种耦合部件为动力耦合装置。它具有两个或多个输入轴，而输出轴仅有一根并直接与驱动轴相连，其结构如图5-5b所示。双轴联合式只是把不同动力装置的输出进行动力合成，因此系统元件可选用已有的现成产品，开发成本较低。

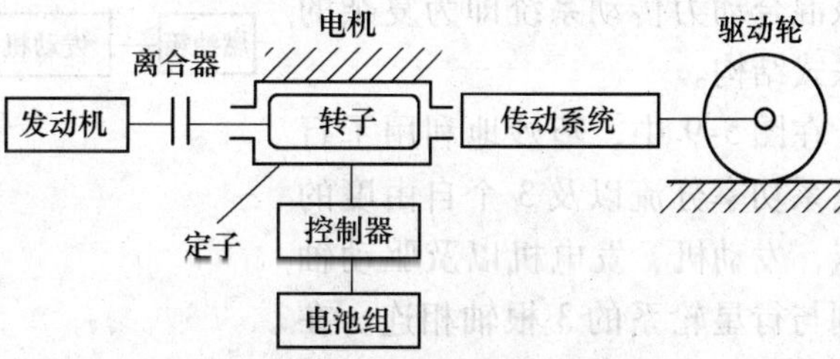

图5-6 单轴联合式并联混合动力汽车

驱动力联合式机械动力的混合是在汽车驱动轮处通过路面实现的，其结构示意如图5-5c所示。由于具有两套独立的动力传动系统直接驱动汽车，因此在充分利用地面附着力方面驱动联合式具有优势，通过合理的控制，可大大改善汽车的动力性能，但系统组成比较庞大，控制复杂。

三、混联混合动力汽车的概念

为优化动力传动系统的综合效率，充分发挥汽车的节能、低排放潜力，在实际应用中，混合动力汽车动力传动系统并非单纯是简单的串联式结构或并联结构，而是由串联式结构和并联式结构复合组成的串/并联综合式结构，即所谓的混联式结构。典型的混联混合动力汽车动力传动系统如图 5-7 所示。

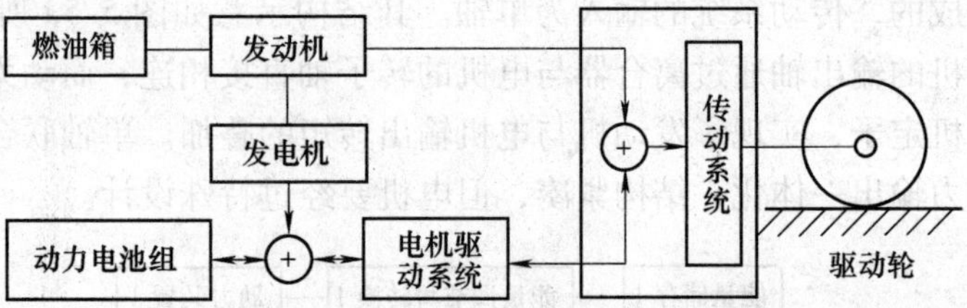

图 5-7　典型的混联混合动力汽车动力传动系统

在图 5-7 中，混联混合动力汽车动力传动系统具有两个电机系统，即发电机和电机驱动系统，兼备了串联混合动力汽车载能量源的混合以及并联混合动力机械动能的混合，在实际应用中主要有两种方案，即开关式和功率分流式，分别如图 5-8 和图 5-9 所示。

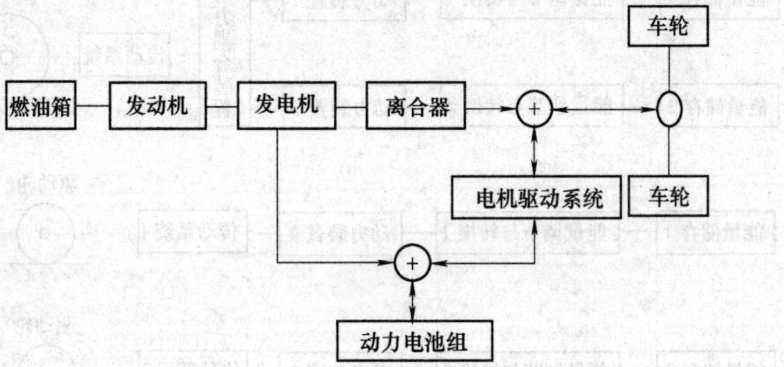

图 5-8　开关式混联混合动力汽车

在图 5-8 中，离合器起到了串联结构和并联结构的切换作用，若离合器打开，则该混合动力传动系统即为简单的串联式结构；若离合器接合且发电机不工作，则该混合动力传动系统即为简单的并联式结构；若离合器接合且发电机工作于发电模式，则该混合动力传动系统即为复杂的混联式结构。

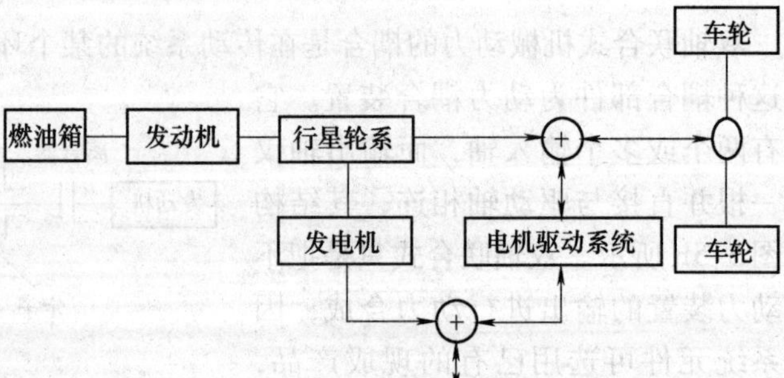

图 5-9　功率分流式混联混合动力汽车

在图 5-9 中，巧妙地利用了行星轮系功率分流以及 3 个自由度的特点，发动机、发电机以及驱动轴分别与行星轮系的 3 根轴相连。在正常工作时，发动机的输出动力自动分流为两部分：一部分直接输出到驱动轴，与电机驱动系统输出的动力联合组成并联式结构；一部分输出到发电机，发电机发出的电能与动力电池组组成串联式结构。

第二节 混合动力汽车的结构与原理

一、串联混合动力汽车的结构与原理

串联混合动力汽车的结构简图如图5-10所示，汽车由电动机-发电机驱动行驶，电机控制器的供电来自于发动机-发电机-发电机控制器（以下简称发动机-发电机组）与动力电池组组成的串联式结构。整车综合控制器、电机控制器、发动机控制器、发电机控制器、电池管理系统等通过通信线缆连接组成整车控制系统，依据控制系统的状态信息以及驾驶人操控指令、车速等整车反馈信息，由整车控制器实施预定的控制策略，并输出指令到电机控制器，实施电动机-发电机的电动（驱动汽车行驶）、发电（再生制动能量回收）控制，输出指令到发动机控制器、发电机控制器，实施发动机-发电机组的开关控制以及输出功率控制，输出指令到电池管理系统，实施动力电池组的充、放电能量管理。

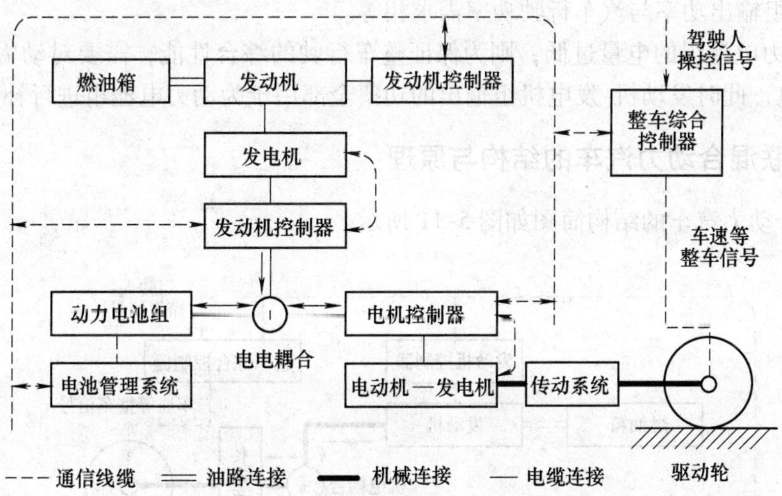

图5-10 串联混合动力汽车的结构简图

依据发动机-发电机组的工作状态以及动力电池组的充、放电状态，串联混合动力汽车具有七种工作模式，见表5-2。

表5-2 串联混合动力汽车的工作模式列表

工作模式	发动机-发电机组	动力电池组	电动机-发电机	整车状态
纯电池组驱动	关机	放电	电动	驱动
再生制动充电	关机	充电	发电	制动
混合动力驱动	发电	放电	电动	驱动
强制补充充电	发电	充电	电动	驱动
混合补充充电	发电	充电	发电	制动
纯发动机驱动	发电	既不充电也不放电	电动	驱动
停车补充充电	发电	充电	停机	停车

各种工作模式的具体说明如下：

1）当动力电池组具有较高的电量且动力电池组输出功率满足整车行驶功率需求时，串联混合动力汽车以纯电池组驱动模式工作，此时发动机-发电机组处于关机状态。

2）当汽车以纯电池组驱动行驶时，若汽车减速制动，则电动机-发电机工作于再生制动状态，汽车制动能量通过再生发电回收到动力电池组中，即工作于再生制动充电模式。

3）当汽车加速或爬坡需要更大的功率输出且超出了动力电池组的输出功率限制时，发动机-发电机组起动发电，并同动力电池组一起输出电功率，实施混合动力驱动工作模式。

4）当动力电池组的电量不足且发动机-发电机组输出功率在驱动车辆的同时有剩余时，实施动力电池组强制补充充电工作模式。

5）当动力电池组的电量不足且发动机-发电机组处于发电状态时，若汽车减速制动，则电动机-发电机工作于再生制动状态，汽车制动能量通过再生发电与发动机-发电机组输出功率一起为动力电池组充电，实施动力电池组的混合补充充电。

6）当动力电池组的电量在目标范围内，且发动机-发电机组输出功率满足汽车行驶功率需求时，为提高串联混合动力系统的能量利用效率，采用纯发动机驱动工作模式，此时发动机-发电机组输出功率与汽车行驶功率需求相等。

7）若动力电池组的电量过低，则为保证整车行驶的综合性能，需要对动力电池组进行停车补充充电，此时发动机-发电机组输出的功率全部用于为动力电池组进行补充充电。

二、并联混合动力汽车的结构与原理

并联混合动力汽车的结构简图如图 5-11 所示。

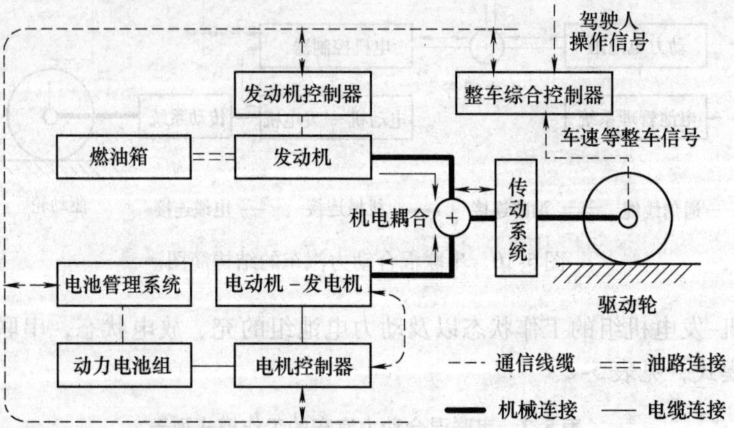

图 5-11 并联混合动力汽车的结构简图

汽车的行驶动力由发动机、电动机-发电机通过机电耦合装置单独或联合提供。整车综合控制器、电机控制器、发动机控制器和电池管理系统等通过通信线缆连接组成整车控制系统，依据控制系统的状态信息以及驾驶人操控信号、车速等整车反馈信息，由整车控制器实施既定的控制策略，并输出指令到电机控制器，实施电动机-发电机的电动（驱动汽车行驶）、发电（再生制动能量回收）控制，输出指令到发动机控制器，实施发动机的开关控制以及输出功率控制，输出指令到电池管理系统，实施动力电池组的充、放电能量管理。

依据发动机、电动机-发电机的工作状态以及动力电池组的充、放电状态，并联混合动力汽车具有六种工作模式，见表5-3。

表5-3 并联混合动力汽车的工作模式列表

工作模式	发动机	动力电池组	电动机-发电机	整车状态
纯电动机驱动	关机	放电	电动	驱动
再生制动充电	关机	充电	发电	制动
混合动力驱动	机械动力输出	放电	电动	驱动
强制补充充电	机械动力输出	充电	发电	驱动
纯发动机驱动	机械动力输出	既不充电也不放电	不工作	驱动
停车补充充电	机械动力输出	充电	发电	停车

各种工作模式的具体说明如下：

1）当动力电池组具有较高的电量且动力电池组输出功率满足整车行驶功率需求或整车需求功率较小时，为避免发动机工作于低负荷和低效率区，并联混合动力汽车以纯电动机驱动模式工作，此时发动机处于关机状态。

2）当汽车以纯电动机驱动行驶时，若汽车减速制动，则电动机-发电机工作于再生制动状态，汽车制动能量通过再生发电回收到动力电池组中，即工作于再生制动充电模式。

3）当汽车加速或爬坡需要更大的功率输出时，发动机起动工作，并同电动机一起输出机械功力，经机电耦合装置后联合驱动汽车行驶，实施混合动力驱动工作模式。

4）当动力电池组的电量不足且发动机输出功率在驱动汽车的同时有剩余时，电动机-发电机工作于发电模式，实施动力电池组强制补充充电工作模式。

5）当动力电池组的电量在目标范围内，且发动机输出功率满足汽车行驶功率需求时，为提高并联混合动力系统的能量利用效率，采用纯发动机驱动工作模式，此时发动机输出功率与汽车行驶功率需求相等。

6）若动力电池组的电量过低，为保证整车行驶的综合性能，需要对动力电池组进行停车补充充电，此时发动机输出的电功率全部用于为动力电池组进行补充充电，电动机-发电机工作于发电模式。

在并联混合动力汽车的工作过程中，发动机仅工作在一个适中的功率区间内且输出功率相对平稳，剩余的峰值功率通过电动机-发电机来补偿，以保证发动机具有一个相对稳定的高效工作区，提高了整车的燃料经济性。

三、混联混合动力汽车的结构与原理

以功率分流式混联混合动力汽车为例，其结构简图如图5-12所示。

混联混合动力汽车同时具备了并联混合动力汽车机电耦合以及串联混合动力汽车电电耦合的特点。汽车的行驶动力由发动机、电动机-发电机通过机电耦合装置单独或联合提供。电机控制器的供电来自于发动机、发电机组与动力电池组组成的串联式结构。整车综合控制器、电机控制器、发动机控制器、发电机控制器和电池管理系统等通过通信线缆连接组成整车控制系统，依据控制系统的状态信息以及驾驶人操控信号、车速等整车反馈信息，由整车控制器实施既定的控制策略，并输出指令到电机控制器，实施电动机-发电机的电动（驱动汽车行驶）、发电（再生制动能量回收）控制；输出指令到发动机控制器，实施发动机的开关控制以及输出功率控制；输出指令到发电机控制器，实施发电机的工作状态控制（工作

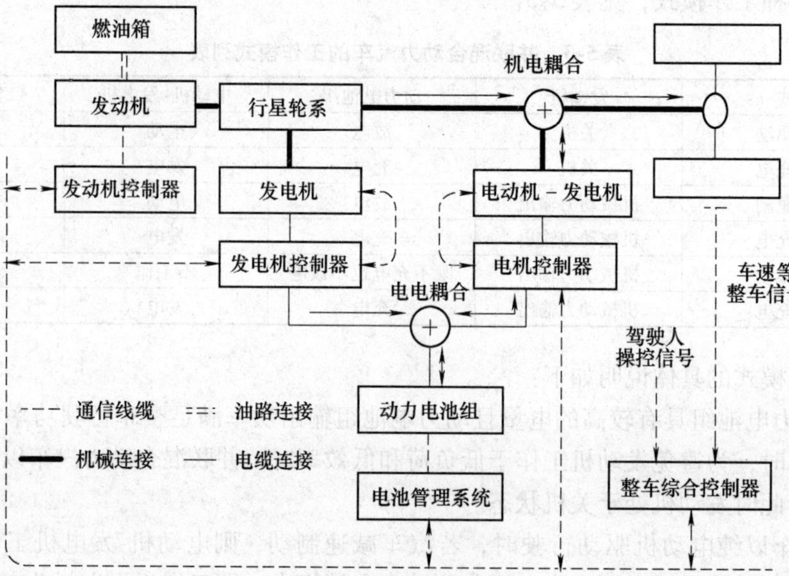

图 5-12 功率分流式混联混合动力汽车的结构简图

转速或发电功率）；输出指令到电池管理系统，实施动力电池组的充、放电能量管理。

依据发动机、发电机、电动机-发电机的工作状态以及动力电池组的充、放电状态，混联混合动力汽车具有五种工作模式，见表 5-4。

表 5-4 混联混合动力汽车的工作模式列表

工作模式	发动机	发电机	动力电池组	电动机-发动机	整车状态
纯电动机驱动	关机	关机	放电	电动	驱动
再生制动充电	关机	关机	充电	发电	制动
纯发动机驱动	起动	发电	既不充电也不放电	电动	驱动
混合动力驱动	起动	发电	放电	电动	驱动
强制补充充电	起动	发电	充电	电动	驱动

各种工作模式的具体说明如下：

1）当动力电池组具有较高的电量且动力电池组输出功率满足整车行驶功率需求或整车需求功率较小时，为避免发动机工作于低负荷和低效率区，混联混合动力汽车以纯电动机驱动模式工作，此时发动机处于关机状态。

2）当汽车以纯电动机驱动行驶时，若汽车减速制动，则电动机-发电机工作于再生制动状态，汽车制动能量通过再生发电回收到动力电池组中，即工作于再生制动充电模式。

3）当汽车需求功率增加或动力电池组电量偏低时，发动机起动工作，若发动机输出功率满足汽车行驶功率且动力电池组不需要充电，则整车以纯发动机驱动模式工作，此时动力电池组既不充电也不放电，发动机输出的功率分为两部分，一部分直接输出到驱动轮，另一部分经过发电机、电动机转换后输出到驱动轮。

4）当汽车急加速需要更大的功率输出时，整车以混合动力驱动模式工作，此时发动机工作，动力电池组放电，发动机输出的功率分为两部分，一部分直接输出到驱动轮，另一部分经过发电机、电动机转换后输出到驱动轮。另外，动力电池组放电输出额外的电功率到电机控制器，使电动机输出更大的功率，满足汽车总功率需求。

5）当动力电池组的电量不足且发动机输出功率在驱动汽车的同时有剩余时，实施动力电池组强制补充充电工作模式。此时，发动机工作，发动机输出的功率分三部分，一部分直接输出到驱动轮，一部分经过发电机、电动机转换后输出到驱动轮，一部分经发电机后为动力电池组进行充电。

图 5-13 所示为丰田普锐斯混联混合动力汽车几种典型的工作模式。

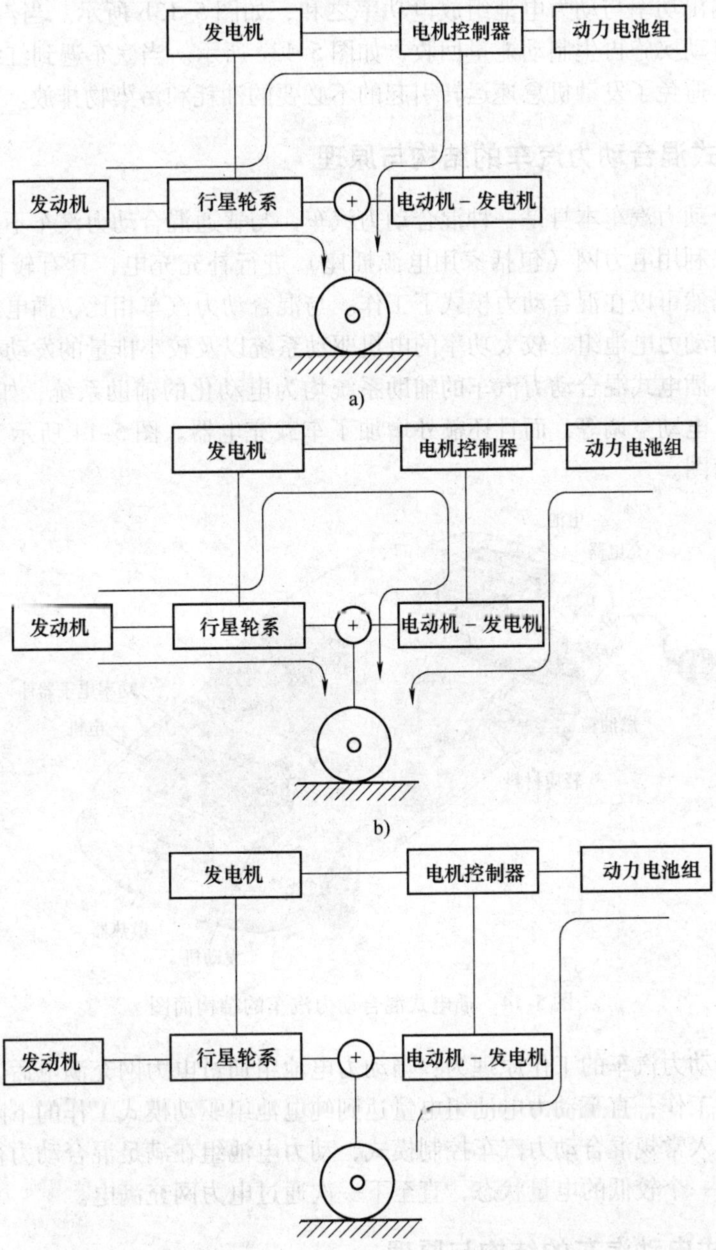

图 5-13　丰田普锐斯混联混合动力汽车几种典型的工作模式
a）纯发动机驱动模式　b）混合动力驱动模式　c）再生制动充电模式

对于丰田普锐斯混联混合动力汽车，汽车以纯发动机驱动模式起步，当汽车需求功率达到发动机起动门限时，发动机起动，汽车进入正常工作模式，如图 5-13a 所示。发动机输出动力经过行星轮系分成两条路径：一条为驱动发电机发电，产生的电功率直接输出到电动机-发电机，电动机-发电机电动运转并驱动车轮；另一条直接驱动车轮。整车综合控制器自动对两条路径的动力进行最佳分配，以最大限度地优化系统效率。当汽车高速行驶需要较高的动力输出时，动力电池组进行放电，额外增大了电动机-发电机的输出功率，整车获得的功率为发动机输出功率与动力电池组放电功率之和，如图 5-13b 所示。当汽车减速制动时，混合动力系统自动实施再生制动能量回收，如图 5-13c 所示。当汽车遇到红绿灯停车时，发动机自动熄火，避免了发动机怠速运转引起的不必要的油耗和污染物排放。

四、插电式混合动力汽车的结构与原理

插电式混合动力汽车本身是一种混合动力汽车，与普通混合动力汽车不同的是其车载的动力电池组可以利用电力网（包括家用电源插座）进行补充充电，具有较长的纯电动行驶里程，必要时仍然可以在混合动力模式下工作。与混合动力汽车相比，插电式混合动力汽车具有较大容量的动力电池组、较大功率的电机驱动系统以及较小排量的发动机。为满足纯电动行驶的需要，插电式混合动力汽车的辅助系统均为电动化的辅助系统，如电动助力转向、电动真空助力、电动空调等，而且还额外增加了车载充电器。图 5-14 所示为插电式混合动力汽车的结构简图。

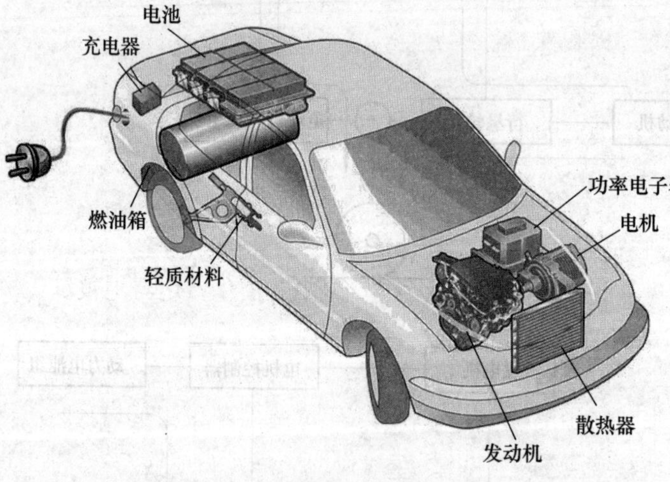

图 5-14 插电式混合动力汽车的结构简图

插电式混合动力汽车的工作原理为：当动力电池组通过电力网充满电后，汽车优先以纯电池组驱动模式工作；直至动力电池组电量达到纯电池组驱动模式工作的下限时，发动机起动，整车自动切入常规混合动力汽车控制模式，动力电池组在满足混合动力行驶功率需求的前提下，维持在一个较低的电量状态，直至下一次通过电力网充满电。

五、增程式电动汽车的结构与原理

增程式电动汽车本身是一种串联式混合动力汽车，其设计理念是在纯电动汽车动力传动系统的基础上，增加一个增程器（通常为小功率的发动机-发电机组或燃料电池发电系统

等)，延长动力电池组一次充电续驶里程，满足日常行驶的需要。相比于纯电动汽车，增程式电动汽车可以采用较小容量的动力电池组，有利于降低动力电池组的成本。相比于串联混合动力汽车，增程式电动汽车的增程器功率偏小，动力电池组容量配置偏高。

增程式电动汽车完全靠电动机-发电机驱动，在起步或者短途行驶时，由车载大容量的动力电池组通过电机控制器为电动机-发电机提供动力，电动机-发电机带动汽车行驶。当动力电池组的电量低于设定工作下限时，车载增程器起动，整车工作于串联混合动力汽车工作模式，满足汽车的行驶动力需求。值得注意的是，增程式电动汽车与插电式混合动力汽车的区别是，前者的发动机功率更小，而且由于在串联混合动力汽车工作模式下，增程器的输出功率不足以补充动力电池组的电量消耗，从而难以像常规串联混合动力汽车那样无限制长距离行驶，因此必须及时对动力电池组进行补充充电。

第三节 混合动力汽车的关键部件

除了电动汽车常规的动力电池组和电机驱动系统之外，混合动力汽车特有的关键部件还包括发动机、动力耦合装置和整车综合控制器等。

一、发动机

在混合动力汽车上，发动机作为唯一的一个耗油部件，其性能和控制特性的好坏直接决定了整车的燃油经济性。由于混合动力汽车上还具备电机驱动系统以及动力电池组等电能储存单元，发动机的工作过程和控制特性与常规汽车发动机有了明显的区别，这也为混合动力汽车中发动机的优化奠定了基础。

常规汽车中发动机是唯一的动力装置，不利于节油的原因在于：

1）具有怠速工作工况。

2）采用奥托循环，部分负荷燃油消耗率高，泵气损失大，小膨胀比。

3）奥托循环发动机通过加浓混合气满足输出功率增加的需要，浓混合气在发动机内并不能完全被利用，作为 HC 排放物被排到大气中或者在催化转化器中被氧化掉，降低了燃油利用率。

4）为满足整车动力性要求，发动机后备功率大，大部分工作于低负荷非经济区域。

在混合动力汽车中，由于电机驱动系统的参与，发动机的工作过程有了优化的基础。例如：可采用小径的曲轴，减小发动机相对运动体的摩擦；采用阿特金森（Atkinson）循环，可设计非常小的燃烧室，显著地降低排气损失和节流损失。

图 5-15 所示为丰田普锐斯混合动力汽车采用的阿特金森循环发动机，图 5-16 所示为阿特金森循环与奥托循环的对比。阿特金森循环发动机是在奥托循环发动机的基础上增加了一个回流过程，即包括进气、回流、压缩、膨胀和排气五个行程。阿特金森循环利用进气门晚关而不是节气门来控制负荷。进气门晚关时刻是由气缸内充气量的多少来决定的，也就是由负荷的大小来确定气门的关闭时刻。气门关闭后才是压缩行程的实际开始点，而膨胀行程还是与原奥托循环相似或稍长，这就减少了进气行程的泵气损失和压缩行程的压缩功。膨胀比比压缩比大，能够更大程度地将热能转换为机械能，提高发动机的指示热效率，降低燃油消耗。另外，进气门晚关使实际压缩比降低，所以气缸内的燃烧温度降低，有利于改善 NO_x 排放。

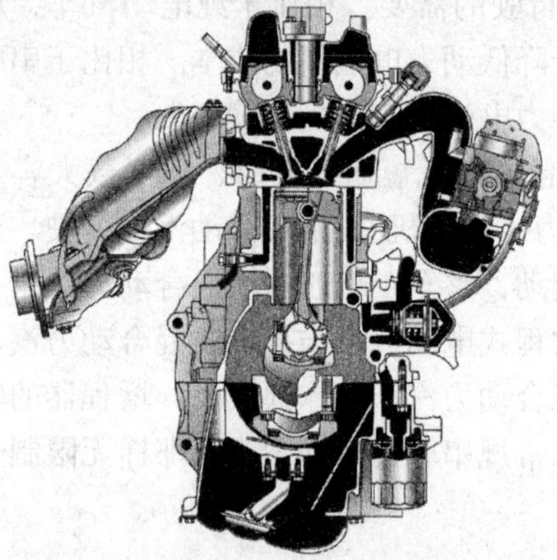

图 5-15 阿特金森循环发动机

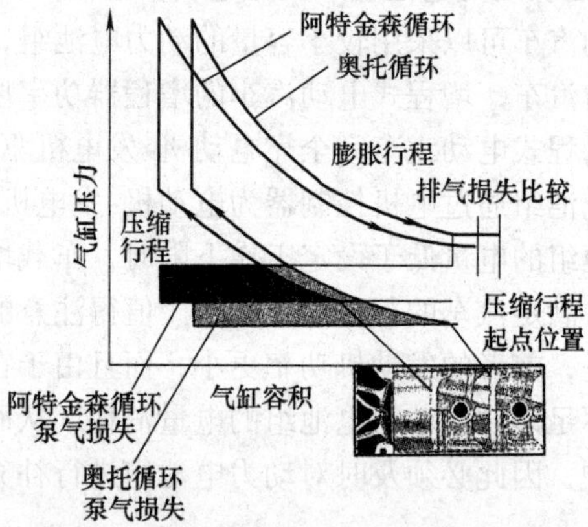

图 5-16 阿特金森循环与奥托循环的对比

阿特金森循环发动机具有较高的热效率是因为它降低了两方面的损耗：一是在部分负荷时它工作在最佳膨胀比下，燃料的热效率高；二是进气行程中没有节气门的节流作用，从而减少了泵气损失。虽然具有较高热效率，但阿特金森循环却存在功率偏低的缺点，特别是在低速低负荷下更加明显。混合动力汽车技术的出现弥补了这一缺陷，在低速小负荷下可以使用电机驱动系统驱动，既发挥了电动机低速大转矩的优点，又避开了阿特金森循环低速小负荷下的弱点，使发动机主要工作在中、高速工况下，充分发挥了阿特金森循环发动机热效率高的优点，提高了整车的燃油经济性和排放性。在大部分负荷范围内没有节气门作用，因此不存在额外的泵气损失。为了提高燃油的做功能力，阿特金森循环发动机采用了较大的膨胀比，在需要提供大的功率输出时，混合动力汽车通过电机、动力电池输出能量辅助汽油机提供动力，因而就解决了传统汽油机通过使用过浓混合气增加功率输出的缺陷。因此，阿特金森循环发动机是混合动力汽车采用的较理想的发动机。

二、动力耦合装置

动力耦合装置是混合动力汽车实施两条或多条独立动力传动系统联合输出动力的所有部件的统称。串联混合动力汽车的动力耦合装置为电电耦合装置，并联混合动力汽车的动力耦合装置为机电耦合装置。

1. 电电耦合装置

在串联混合动力汽车中，发动机-发电机组输出的直流电与动力电池组输出的直流电经过电电耦合装置的调整后，共同向电机控制器提供电能，在实际的应用中有图 5-17 所示的几种典型方案。发动机-永磁发电机经三相整流后的直流输出特性如图 5-18 所示。

图 5-18 所示的发动机-永磁发电机组直流输出是发动机工作转速的函数。在同一发动机转速下，直流输出电压和电流之间为固定的线性关系。电电耦合采用发动机-永磁发电机组与动力电池组直接并联的方案（见图 5-17a），为了实现串联混合动力汽车的各种工作模式，必须依据动力电池组的端电压进行发动机的转速控制以实现动力电池组的充、放电管理。

由于仅转速一个控制变量，因此发动机的工作点难免受到整车实际功率需求变化的影响，改进方案如图 5-17b、c 和 d 所示。在图 5-17b 中，把永磁发电机改为励磁（可调）发电机，从而实现了发动机-发电机组直流输出的双参数调整，即发动机的转速和励磁发电机

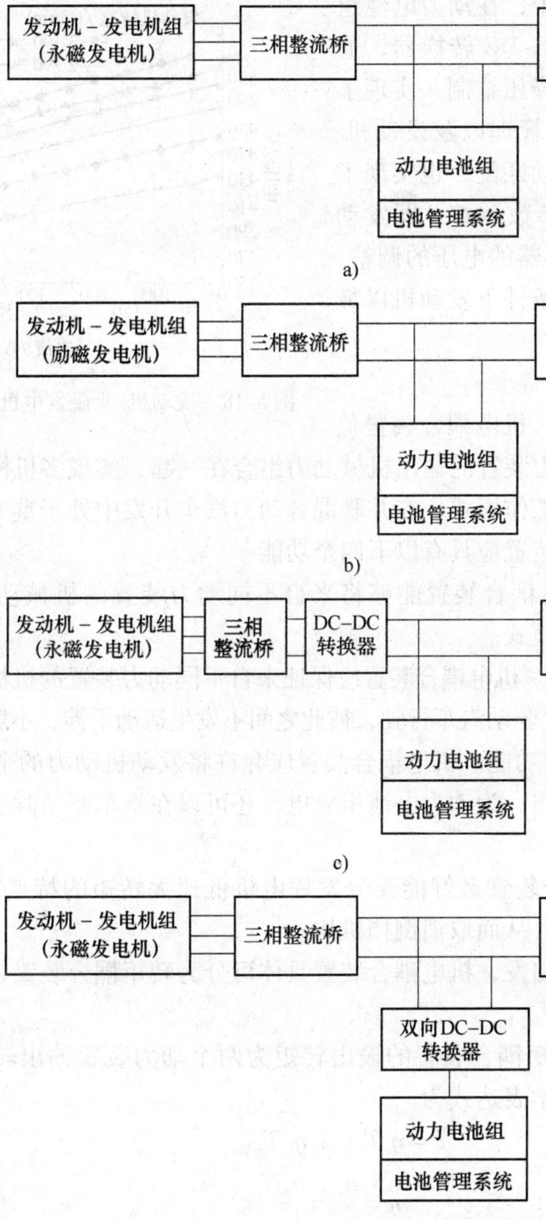

图 5-17 串联混合动力汽车电电耦合方案

a）直接并联（永磁发电机） b）直接并联（励磁发电机） c）间接并联（DC-DC 转换器）

d）间接并联（双向 DC-DC 转换器）

的励磁电流两个参数调整。若系统参数匹配合理，可以实现相同输出功率条件下发动机以最佳效率工作点工作。在图 5-17c 中，在发动机-永磁发电机组直流输出端增加了一个 DC-DC 转换器。DC-DC 转换器可以实现输出直流电压的升压或降压变换，实现了发动机-永磁发电机组直流输出与动力电池组输出的解耦，同样实现了发动机-发电机组输出的双参数调整，即发动机的转速和 DC-DC 转换器的输出电流，可以实现相同输出功率条件下发动机以最佳效率工作点工作。图5-17d中，在动力电池组的输出端增加了一个双向DC-DC转换器，通过对DC-DC转换器的升压/降压控制，实现了动力电池组充、放电的主动管理以及发动机-永磁发电机组输出电压的主动匹配，也实现了发动机-发电机组输出的双参数调整，即发动机的转速和双向DC-DC转换器的电压的调整，同样可以实现相同输出功率条件下发动机以最佳效率工作点工作。

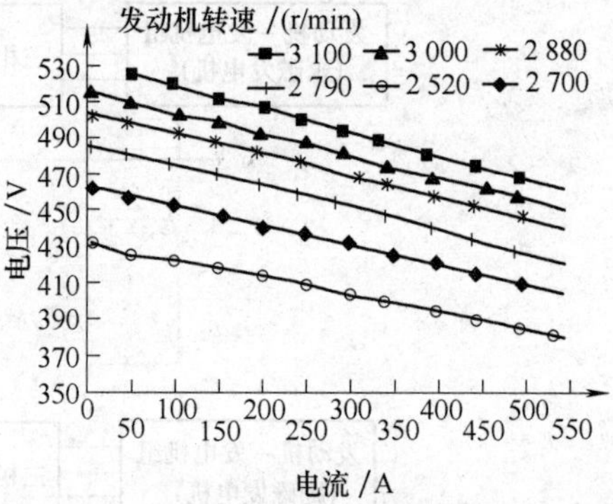

图5-18　发动机-永磁发电机组直流输出特性

2. 机电耦合装置

在并联混合动力汽车中，机电耦合装置负责将混合动力汽车的多个动力装置的输出机械动力组合在一起，实现多机械动力间合理的分配并传给驱动桥，实现各种工作模式，在并联混合动力汽车开发中处于重要地位。

混合动力汽车机电耦合装置应具有以下四个功能：

1）动力合成功能。机电耦合装置能够将来自不同动力装置的机械动力进行动力的合成，实现混合动力驱动工作模式。

2）动力输出不干涉功能。机电耦合装置应保证来自不同动力装置的机械动力单独地输出或让多个动力装置共同输出以驱动汽车行驶，彼此之间不发生运动干涉，不影响传动效率。

3）动力分解与能量回馈功能。机电耦合装置应允许将发动机动力的全部或一部分传递给电机，电机以发电模式工作，为动力电池组充电，还可以在整车制动时实施再生制动，回收制动能量。

4）辅助功能。机电耦合装置最好能充分发挥电机低速大转矩的特点来实现整车起步，利用电机的反转来实现倒车，从而取消倒档机构。

从实现动力耦合的机理出发，机电耦合装置具体可分为转矩耦合装置、转速耦合装置和功率耦合装置三大类。

（1）转矩耦合装置　转矩耦合装置的输出转矩为两个动力装置输出转矩的叠加，而工作转速之间为比例关系，数学表达式为

$$T = \eta_e T_e i_e + \eta_m T_m i_m \tag{5-1}$$

$$n = \frac{n_e}{i_e} = \frac{n_m}{i_m} \tag{5-2}$$

式中，T、T_e、T_m分别为机电耦合装置的总输出转矩、发动机输出转矩和电动机输出转矩；n、n_e、n_m分别为机电耦合装置、发动机、电动机的工作转速；i_e、i_m分别为发动机、电动机与机电耦合装置之间的机械传动比；η_e、η_m分别为发动机、电动机与机电耦合装置之间的机械传动效率。

典型的转矩耦合装置有两大类，即传动系统耦合和同轴电机耦合，如图5-19所示。

传动系统耦合是并联混合动力汽车较普遍采用的一种耦合方式，例如我国东风汽车公司EQ7200基于AMT的机电耦合装置（见图5-20），日本五十铃公司基于PTO的机电耦合装置（见图5-21）等。由此可以看出，传动系统耦合均采用了固定传动比齿轮传动实现了转矩耦合。

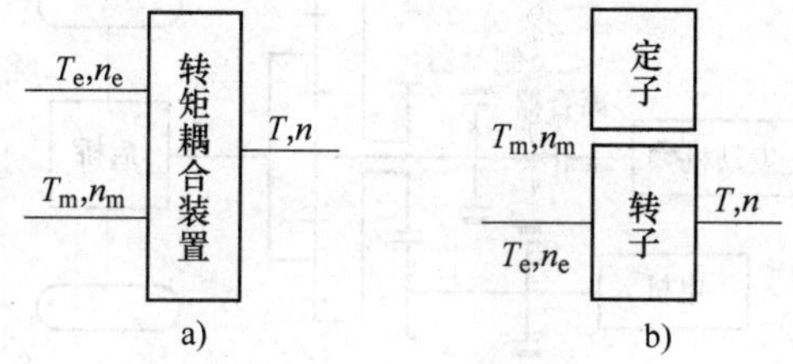

图 5-19 典型的转矩耦合装置

a）传动系统耦合 b）同轴电机耦合

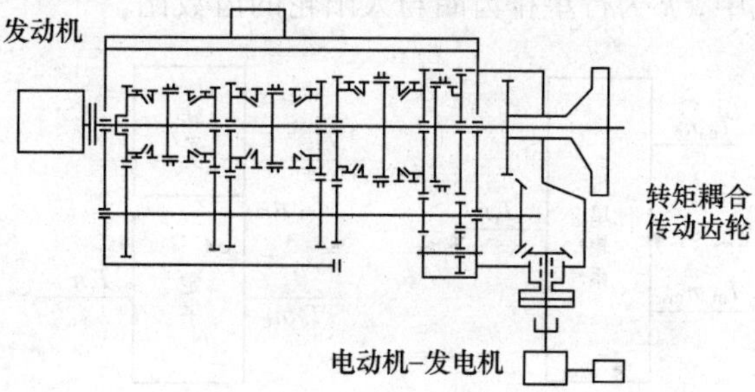

图 5-20 东风汽车公司基于 AMT 的机电耦合装置

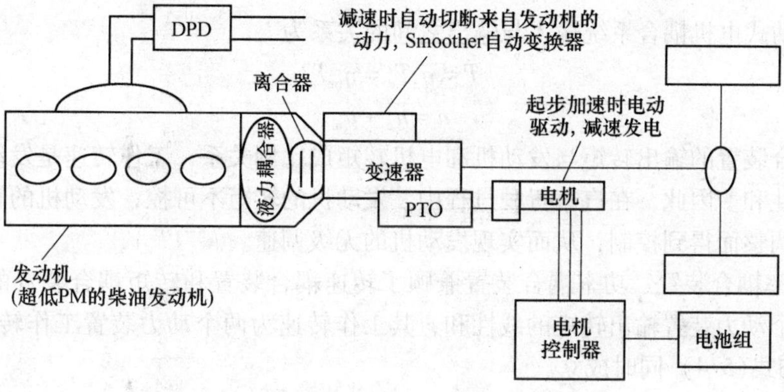

图 5-21 日本五十铃公司基于 PTO 的机电耦合装置

同轴电机耦合混合动力系统即单轴耦合并联混合动力系统，发动机输出轴与电机的输出轴同轴，各种具体实施方案的差异在于发动机与电机之间是否增加了离合器。

（2）转速耦合装置 转速耦合装置的工作转速为两个动力装置工作转速的叠加，而输出转矩之间为比例关系，数学表达式为

$$T=\eta_e T_e i_e=\eta_m T_m i_m \tag{5-3}$$

$$n=\frac{n_e}{i_e}+\frac{n_m}{i_m} \tag{5-4}$$

典型的转速耦合装置有两大类，即行星排耦合和定子浮动式电机耦合，分别如图 5-22a、b所示。

行星排是混合动力汽车机电耦合装置中经常使用的机构，按形式的不同又可分为单行星排、双行星排和多行星排。北京理工大学与波兰华沙工业大学联合设计的混合动力汽车用单行星排耦合系统，如图 5-23 所示，发动机与行星排太阳轮相连，电机经过一对齿轮减速后与行星排齿圈连接，经过行星排行星架输出到驱动桥，显然稳态下的输入、输出之间存在如下关系：

$$T=\eta_e T_e\ (k+1)\ =\eta_m T_m\frac{k+1}{k} \tag{5-5}$$

$$n=\frac{n_e}{k+1}+\frac{kn_m}{k+1} \tag{5-6}$$

式中，k 为行星排齿圈与太阳轮的齿数比。

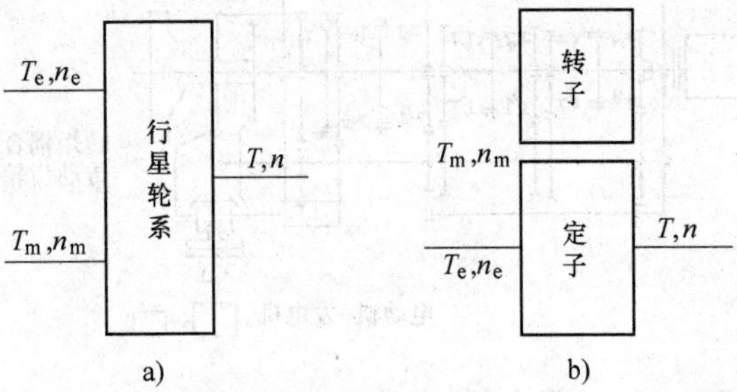

图 5-22 典型的转速耦合装置

a）行星排耦合 b）定子浮动式电机耦合

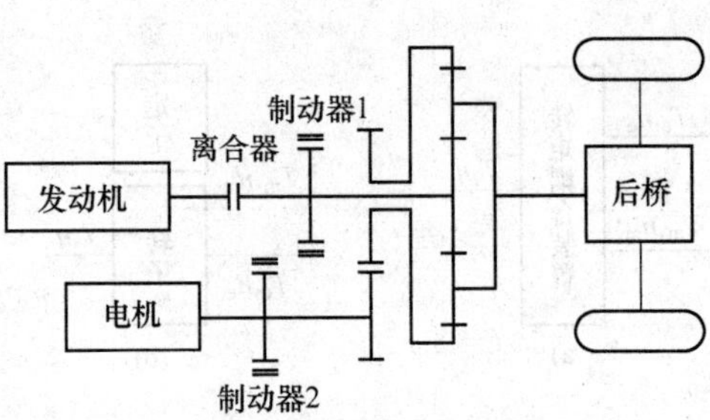

图 5-23 单行星排动力耦合系统

定子浮动式电机耦合系统输入与输出之间的关系为

$$T=\eta_e T_e=\eta_m T_m \tag{5-7}$$

$$n=n_e+n_m \tag{5-8}$$

转速耦合装置的输出转矩与发动机和电机转矩成比例关系，工作转速是发动机和电机工作转速的线性和。因此，在汽车行驶过程中，发动机的转矩不可控，发动机的转速可以通过电机的转速调整而得到控制，从而实现发动机的无级调速。

(3) 功率耦合装置 功率耦合装置兼顾了转速耦合装置和转矩耦合装置的特点，其输出转矩为两个动力装置输出转矩的线性和，其工作转速为两个动力装置工作转速的线性和，即式(5-1)和式(5-4) 同时成立。

典型的功率耦合装置实施方案如图 5-24 所示。图 5-24a 对应的实际应用举例为丰田普锐斯混合动力汽车所采用的 THS 混合动力系统（单行星排功率耦合）。如图 5-25 所示，发动机与行星排行星架相连，发电机（对应图 5-24a 的 m_1）与太阳轮相连，齿圈输出并与电动机（对应图 5-24a 的 m_2）直接同轴连接，经过减速传动到驱动轮，实际上 THS 混合动力系统为单行星排转速耦合与同轴电机转矩耦合集成的功率耦合系统。图 5-24b 所示为双行星排功率耦合。双行星排的行星架直接相连并作为输出轴，两个电动机-发电机分别与两个行星排的太阳轮相连，发动机与第一个行星排齿圈相连，第二个行星排的齿圈直接固定。这样，第一个行星排三个轴同时运转，起到功率分流的作用，第二个行星排齿圈固定，相当于一个减速传动。该种方案实际上为发动机与电动机 1 组成的单行星排转速耦合、电动机 2 经过第二个行星排减速传动与第一个行星排输出轴组成的转矩耦合。图 5-24c 所示实际上为发动机和电动机 1 组成的定子浮动式转速耦合、电动机 2 和电动机 1 定子轴组成的同轴电机转矩耦合。

综上所述，功率耦合系统均集成了至少一种转矩耦合装置、一套转速耦合装置，具有至少两个电动机-发电机。

三、整车综合控制器

整车综合控制器是混合动力汽车的关键部件，它基于驾驶人的操控指令、车速等整车的状态信息、混合动力系统组成部件的状态信息等，实施驾驶人的指令解析，依据制定的控制策略进行动力分配控制，依据动力电池组等的能量状态进行能量管理，对混合动力系统组成

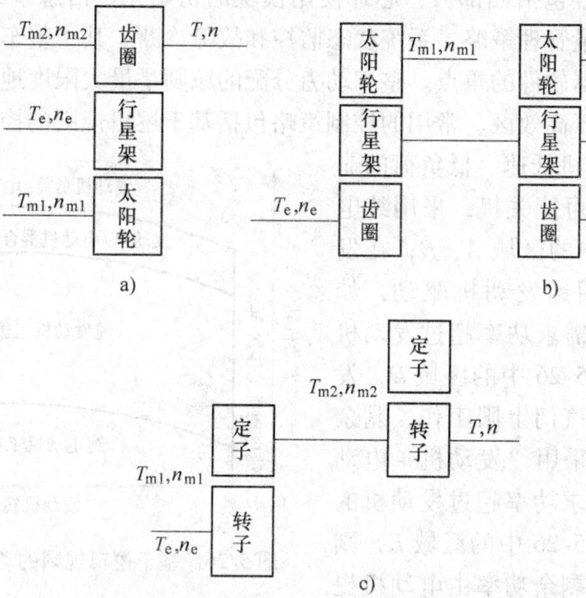

图 5-24 典型的功率耦合装置实施方案

a) 单行星排功率耦合 b) 双行星排功率耦合 c) 双转子电机功率耦合

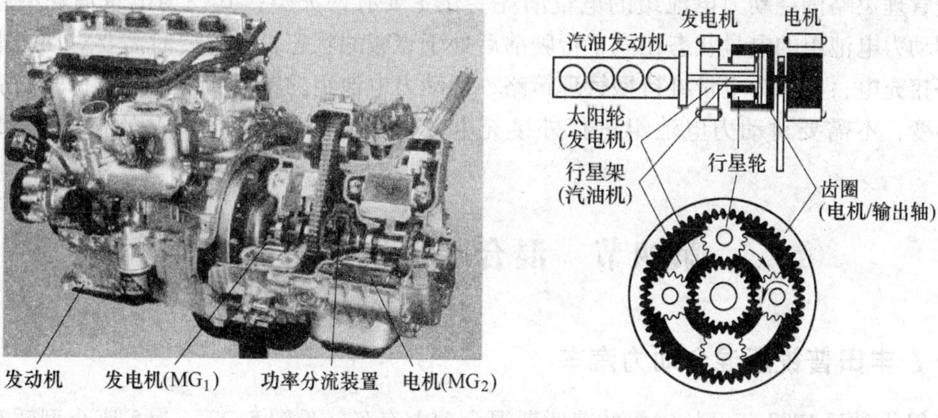

图 5-25 丰田 THS 混合动力系统

部件进行信息监控和故障诊断等，并输出合理的指令到电机、发动机以及动力耦合装置等，以满足汽车的行驶要求。

整车综合控制器硬件包括微处理器、电源及保护电路模块、CAN 通信模块、A-D 模块、I/O 接口、调试模块等。微处理器负责数据计算和存储，是整车综合控制器的“大脑”；电源及保护模块为微处理器提供稳定的 12V 或 24V 电源，并在电源意外接错的情况下切断电路保护整车控制器的安全；CAN 通信模块通过内嵌的 CAN 控制器和外接的 CAN 收发器实现 CAN 网络通信；A-D 模块负责采集加速和制动踏板等模拟量信号的输入；I/O 接口负责接收钥匙、模式开关指令并实现继电器的开关控制；调试模块（BDM）实现程序的下载更新和在线调试。

整车综合控制器软件包括四部分：芯片使用模块的初始化、信息采集和控制指令的发送、整车动力分配和能量管理策略、系统状态监控和故障诊断。其中整车动力分配和能量管理策略是整车综合控制器软件的重点。整车动力分配的原则是最大限度地降低发动机的燃油消耗，保证发动机工作于高效区。常用的控制策略包括基于逻辑规则的控制策略，举例说明如图 5-26 所示。在发动机低速、低负荷的非经济工作区，发动机尽可能关机，采用纯电动机驱动，如图 5-26 中的区域 A、B；在发动机经济工作区，采用纯发动机驱动，如图 5-26中的区域 C；当需求功率超过发动机的经济工作区时，如图 5-26 中的区域 D，发动机以经济工作区的节气门上限工作，剩余功率由电动机提供，即采用“发动机 + 电动机”的混合驱动；当需求功率超过发动机的全负荷工作区时，如图 5-26 中的区域 E，则发动机以全负荷工作，剩余功率由电动机提供。基于逻辑规则的控制策略算法简单，易实现，且具有很好的鲁棒性，但由于基于工程经验，对汽车行驶工况的动态变化考虑不充分，难以获得最佳的控制效果，因此又出现了基于模糊规则的控制策略、基于静态全局优化的控制策略和基于动态实时优化的控制策略等。整车能量管理策略围绕动力电池组的电量消耗变化主要有两大类：其一为电量消耗型管理策略，即动力电池组的电量状态在汽车行驶前后处于衰减的状态，在必要时需要对动力电池组进行外接充电；其二为电量维持型管理策略，即动力电池组的电量状态在汽车行驶前后基本保持不变，不需要对动力电池组进行外接充电，整车使用和常规汽车相同，只需要加油即可。

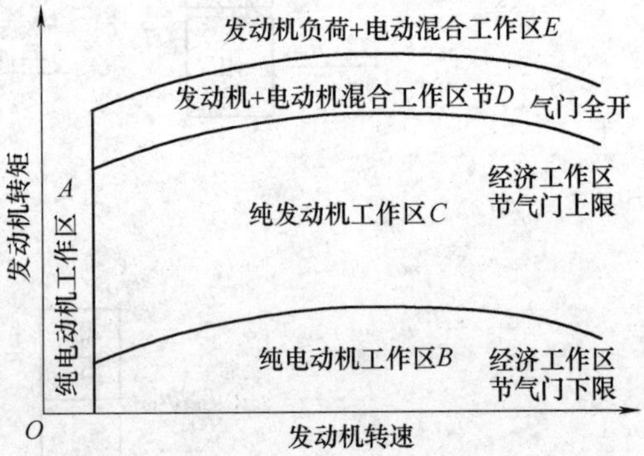

图 5-26　基于逻辑规则的动力分配控制策略

第四节　混合动力汽车实例

一、丰田普锐斯混合动力汽车

丰田公司于 1997 年开始销售的普锐斯混合动力汽车（见图 5-27）为 5 座小型轿车。它是世界上第一款大批量生产的商业用途的混合动力车型。丰田普锐斯混合动力系统由汽油发动机和电动机组成，采用丰田汽车公司自行开发的丰田混合动力系统（Toyota Hybrid System，THS）。

图 5-27　普锐斯混合动力汽车

1. 丰田混合动力系统（THS）的组成

丰田混合动力系统（THS）使用汽油机和电动机两种动力，通过串联与并联相结合的方式进行工作，达到了低排放的效果。

丰田混合动力系统主要部件在车上的位置如图 5-28 和图 5-29所示。

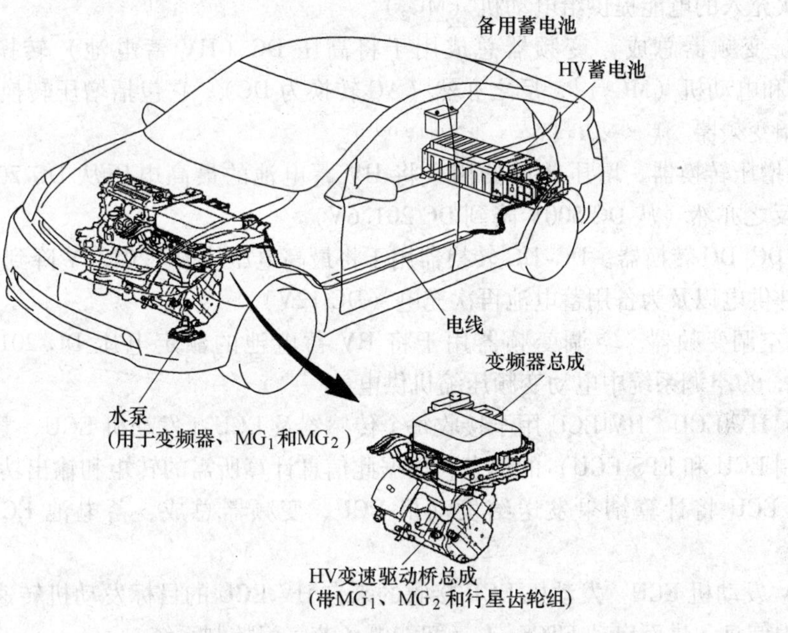

图 5-28 丰田混合动力系统主要部件在车上的位置（一）

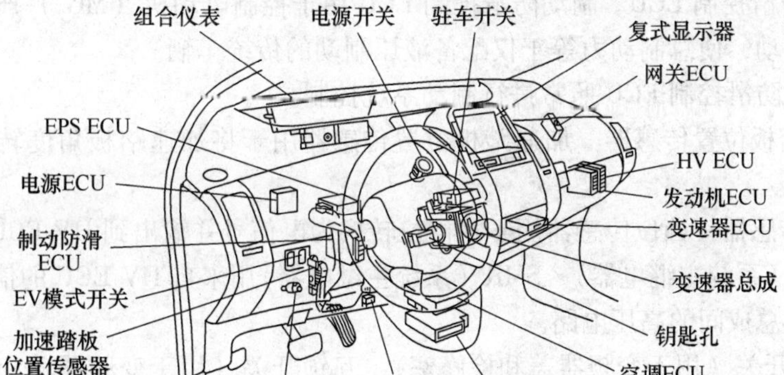

图 5-29 丰田混合动力系统主要部件在车上的位置（二）

（1）HV 变速驱动桥　混合动力车辆（HV）变速驱动桥由发电机（MG_1）、电动机（MG_2）和行星齿轮组组成。

1）发电机（MG_1）。发电机（MG_1）由发动机带动旋转产生高压电以操作电动机（MG_2）或为 HV 蓄电池充电。同时，它还可以作为起动机起动发动机。

2）电动机（MG_2）。电动机（MG_2）由发电机（MG_1）或 HV 蓄电池的电能驱动，产生车辆动力。制动期间或制动踏板未被踩下时，它产生电能为 HV 蓄电池再次充电（再生制动控制）。

3）行星齿轮组。行星齿轮组以适当的比例分配发动机驱动力来直接驱动车辆和发电机。

（2）HV 蓄电池　HV 蓄电池在 HV 起步、加速和上坡时，将制动时或制动踏板未被踩下时再次充入的电能提供给电动机（MG_2）。

（3）变频器总成　变频器总成用于将高压 DC（HV 蓄电池）转换为 AC［发电机（MG_1）和电动机（MG_2）］，反之亦然（AC 转换为 DC）。它包括增压转换器、DC-DC 转换器和空调变频器。

1）增压转换器。增压转换器用于将 HV 蓄电池的最高电压从 DC 201.6V 增加到 DC 500V，反之亦然（从 DC 500V 降到 DC 201.6V）。

2）DC-DC 转换器。DC-DC 转换器用于将最高电压从 DC 201.6V 降到 DC 12V，为车身电气组件供电以及为备用蓄电池再次充电（DC 12V）。

3）空调变频器。空调变频器用于将 HV 蓄电池的额定电压 DC 201.6 V 转换为 AC 201.6 V，为空调系统中电动变频压缩机供电。

（4）HV ECU　HV ECU 用于接收每个传感器及 ECU（发动机 ECU、蓄电池 ECU、制动防滑控制 ECU 和 EPS ECU）的信息，根据此信息计算所需的转矩和输出功率。

HV ECU 将计算结果发送给发动机 ECU、变频器总成、蓄电池 ECU 和制动防滑控制 ECU。

（5）发动机 ECU　发动机 ECU 接收的来自 HV ECU 的目标发动机转速信息和所需的发动机动力信息，进而启动 ETCS-Ⅰ（智能电子节气门控制系统）。

（6）蓄电池 ECU　蓄电池 ECU 用于监控 HV 蓄电池的充电状态。

（7）制动防滑控制 ECU　制动防滑控制 ECU 用于控制电动机（MG_2）产生的再生制动以及控制液压制动，使总制动力等于仅配备液压制动的传统车辆。

同样，制动防滑控制 ECU 照常进行制动系统控制。

（8）加速踏板位置传感器　加速踏板位置传感器用于将加速踏板角度转换为电信号并输出到 HV ECU。

（9）档位传感器　档位传感器用于将档位转换为电信号并输出到 HV ECU。

（10）SMR（系统主继电器）　SMR（系统主继电器）用来自 HV ECU 的信号连接或断开蓄电池和变频器总成间的高压电路。

（11）互锁开关（用于变频器盖和检修塞）　互锁开关（用于变频器盖和检修塞）用于确认变频器盖和检修塞均已安装完毕。

（12）断路器传感器　断路器传感器如果检测到车辆发生碰撞，则切断高压电路。

（13）检修塞　在检查或维修车辆时，要拆下检修塞，关闭 HV 蓄电池高压电路。

2. 汽车工作模式

根据行驶条件的不同，汽车在稳定运行过程中可能处于以下工作状态，最大限度地适应车辆的行驶状况。

1）电动机（MG_2）接收来自 HV 蓄电池的电能，以驱动车辆（见图 5-30）。

2）发动机通过行星齿轮驱动车辆时，发电机（MG_1）由发动机通过行星齿轮带动旋转，为电动机（MG_2）提供产生的电能（见图 5-31）。

3）发电机（MG_1）由发动机通过行星齿轮带动旋转，为 HV 蓄电池充电（见图 5-32）。

4）车辆减速时，车轮的动能被回收并转换为电能，并通过电动机（MG_2）为 HV 蓄电池再次充电（见图 5-33）。

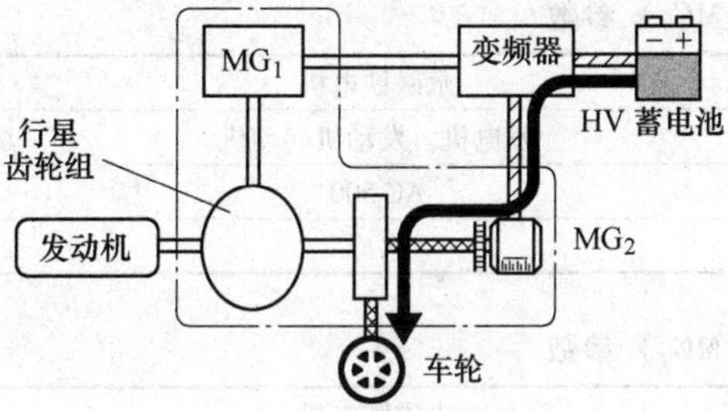

图 5-30 蓄电池供电

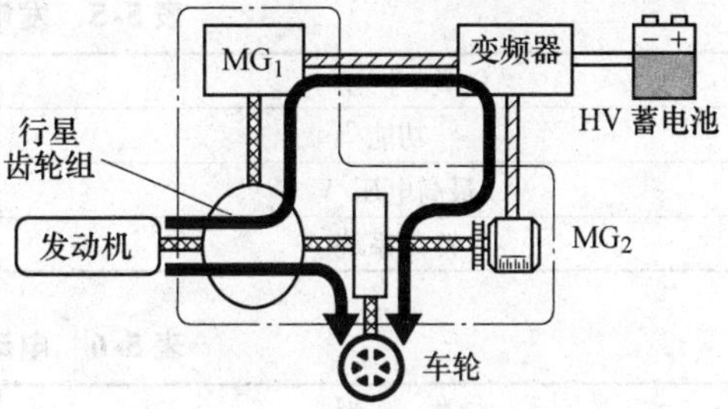

图 5-31 发动机驱动车轮

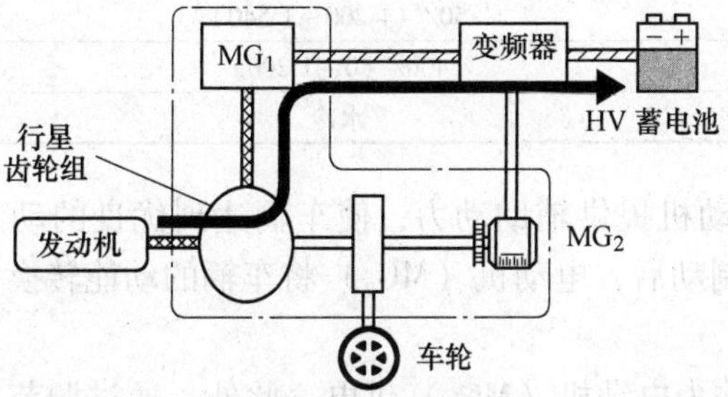

图 5-32 发动机发电

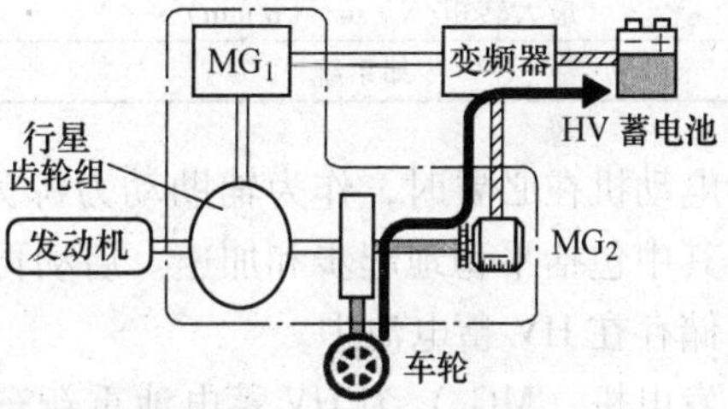

图 5-33 车轮的动能回收

HV ECU 根据车辆行驶状况在［1）、2）、3）、1） +2） +3）或 4）］模式间转换。但是，HV 蓄电池的 SOC（充电状态）较低时，发动机带动发电机（MG_1）为 HV 蓄电池充电。

与传统汽油发动机车辆相比，系统具有更高的燃油经济性及低尾气排放量的特性。这种改进后的动力传动系统还避开了电动车辆的一些局限性（如较短的巡航里程或对外部充电设备的依赖性）。

3. 丰田混合动力系统的主要部件

（1）发电机（MG_1）和电动机（MG_2） 发电机（MG_1）和电动机（MG_2）结构紧凑、重量轻、高效，为交流永磁铁同步型电动机/发电机（见图 5-34、表 5-5 和表 5-6）。

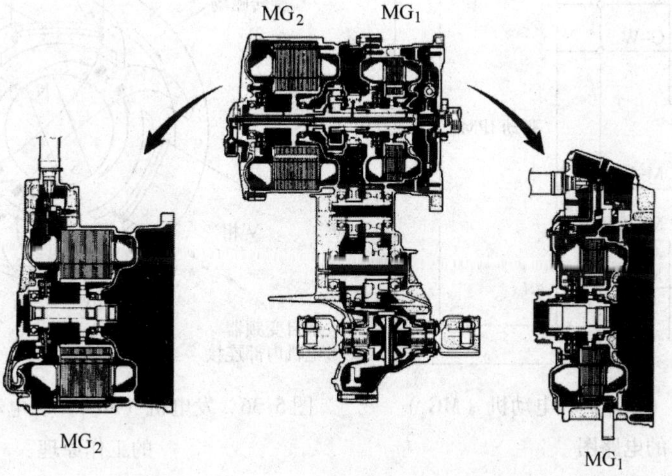

图 5-34 发电机（MG_1）和电动机（MG_2）

表 5-5 发电机（MG_1）参数

类　型	永磁铁电机
功能	发电机、发动机起动机
最高电压/V	AC 500
冷却系统	水冷

表 5-6 电动机（MG_2）参数

类　型	永磁铁电机
功能	发电机、驱动车轮
最高电压/V	AC 500
最大输出/KW/（r/min）	50/（1 200～1 540）
最大转矩/N·m/（r/min）	400/（0～1 200）
冷却系统	水冷

电动机在必要时，作为辅助动力源为发动机提供辅助动力，使车辆达到优良的动态性能，其中包括平稳地起步和加速。启动再生制动后，电动机（MG_2）将车辆的动能转换为电能并储存在 HV 蓄电池中。

发电机（MG_1）为 HV 蓄电池重新充电并为电动机（MG_2）供电。此外，通过调节发电量（改变发电机的转速），发电机（MG_1）有效地控制变速驱动桥的连续可变变速器的功能。发电机（MG_1）同样作为起动机起动发动机。

发电机（MG_1）和电动机（MG_2）的电路图如图 5-35 所示。

发电机（MG_1）和电动机（MG_2）为永磁电机，其工作原理如图 5-36 所示。其三相交流电经过定子线圈的三相绕组时，电机内产生旋转磁场。通过以转子的旋转位置和转速控制旋转磁场从而使转子的永磁铁受到旋转磁场的吸引产生转矩，产生的转矩可用于与电流相匹配的所有用途，而转速由交流电的频率控制。

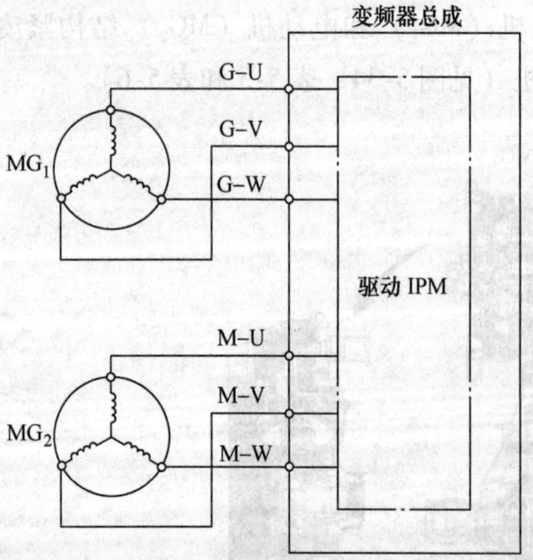

图 5-35 发电机（MG_1）和电动机（MG_2）的电路图

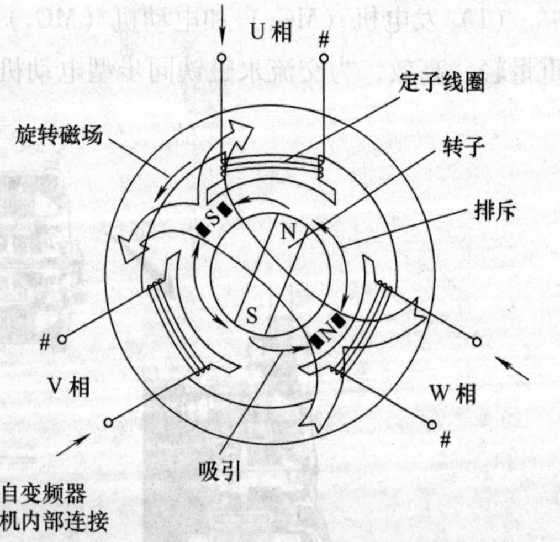

图 5-36 发电机（MG_1）和电动机（MG_2）的工作原理

（2）变频器总成　变频器总成（见图 5-37）将 HV 蓄电池的高压直流电转换为三相交

流电来驱动发电机（MG_1）和电动机（MG_2）。功率晶体管的启动由 HV ECU 控制。此外，变频器将用于电流控制（如输出电流或电压）的信息传输到 HV ECU。变频器和发电机（MG_1）、电动机（MG_2）一起，由发动机冷却系统分离的专用散热器冷却。如果车辆发生碰撞，则安装在变速器内部的断路会检测到碰撞信号来关停系统。

变频器总成中的增压转换器将 HV 蓄电池 DC 201.6V 的额定电压提升到 DC 500V，提升电压后，变频器将直流电转换为交流电。

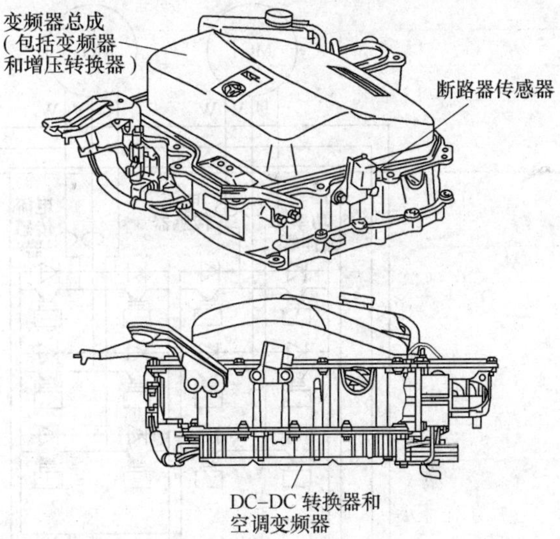

图 5-37 变频器总成

发电机（MG_1）、电动机（MG_2）桥电路和信号处理/保护功能处理器已集成在 IPM（智能动力模块）中（见图 5-38），以提高车辆性能。变频器总成中的空调变频器为空调系统中的电动变频压缩机供电。将变频器散热器和发动机散热器集成为一体，更加合理地利用了发动机室内的空间。

1）增压转换器。增压转换器将 HV 蓄电池输出的额定电压 DC 201.6V 增压到 DC 500V 的最高电压（见图 5-39）。转换器包括增压 IPM（集成功率模块）和 IGBT（绝缘栅双极性晶体管）。通过这些组件，转换器将电压升高。

发电机（MG_1）或电动机（MG_2）作为发电机工作时，变频器通过其将交流电（201.6 ~ 500 V）转换为直流电，然后增压转换器将其降低到 DC 201.6V，为 HV 蓄电池充电。

2）DC-DC 转换器。车辆的辅助设备，如车灯、音响系统、空调系统（除空调压缩机外）和 ECU，由 DC 12V 的供电系统供电。由于 THS 发电机输出额定电压为 DC 201.6V，因此，需要转换器将这个电压降低到 DC 12V 来为备用蓄电池充电（见图 5-40）。DC-DC 转换器安装在变频器的下部。

3）空调变频器。变频器总成中的空调变频器为空调系统中的电动变频压缩机供电。空调变频器将 HV 蓄电池的额定电压 DC 201.6V 转换为 AC 201.6V 来为空调系统中的压缩机供电（见图 5-41）。

（3）电池组件　普锐斯混合动力汽车采用镍氢（Ni-MH）蓄电池作为 HV 蓄电池（见图 5-42）。这种 HV 蓄电池具有高能、质量小、使用时间较长等特点。车辆正常工作时，由于 THS 通过充、放电来保持 HV 蓄电池 SOC（充电状态）为恒定数值，因此车辆不用依赖外部设备来充电。

二、本田 Insight 和 Civic 混合动力汽车

1997 年，本田公司开发出第一代混合动力系统（Integrated Motor Assist，IMA）。1999 年 12 月，搭载 IMA 系统的本田 Insight 混合动力汽车（见图 5-43）在美国正式上市，本田汽车

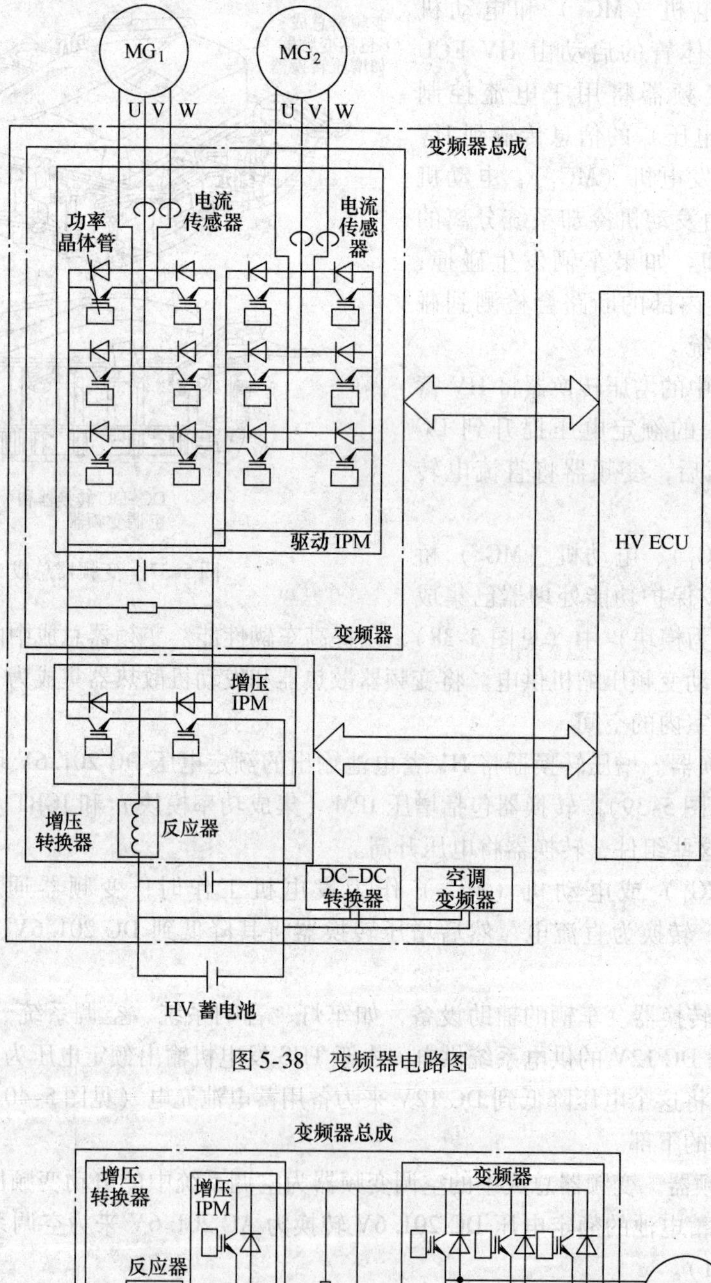

图 5-38 变频器电路图

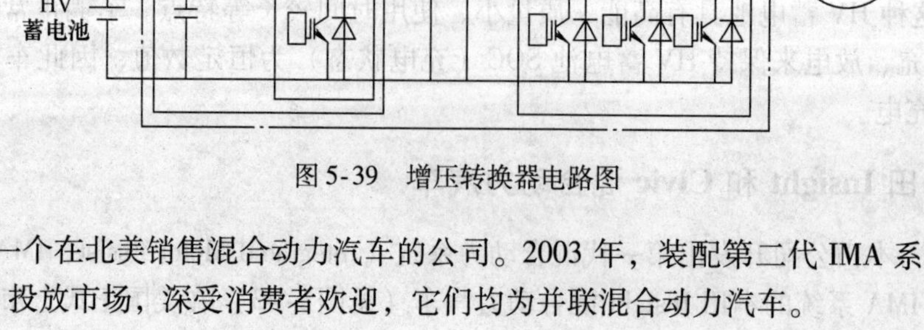

图 5-39 增压转换器电路图

公司成为第一个在北美销售混合动力汽车的公司。2003 年，装配第二代 IMA 系统的四门小型轿车 Civic 投放市场，深受消费者欢迎，它们均为并联混合动力汽车。

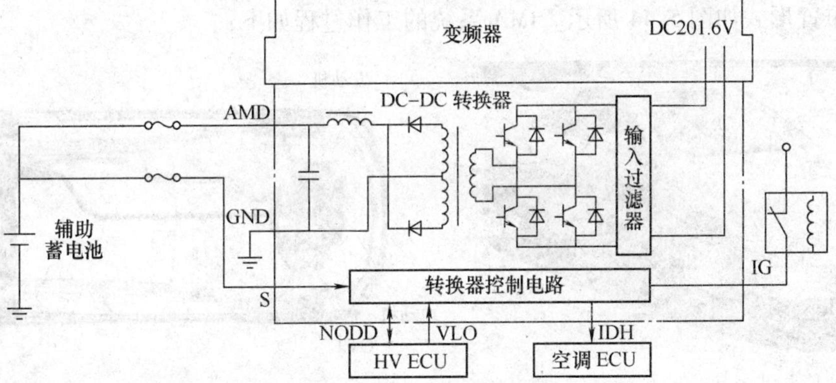

图 5-40 DC-DC 转换器电路图

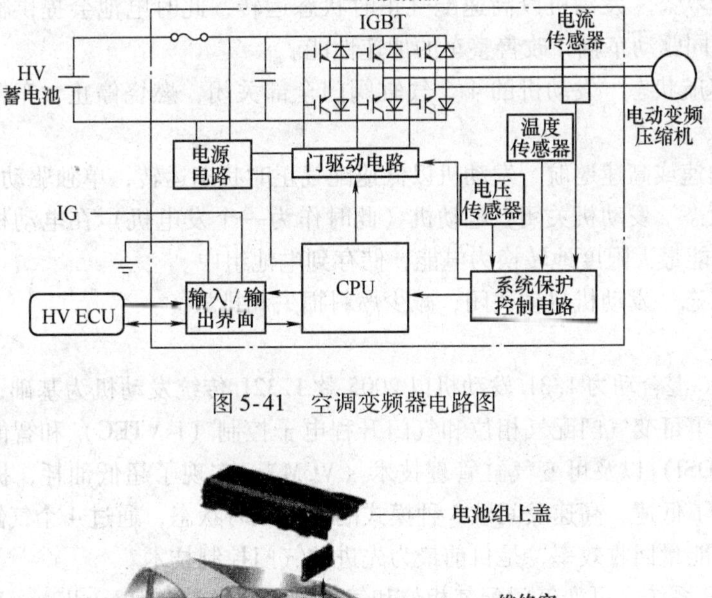

图 5-41 空调变频器电路图

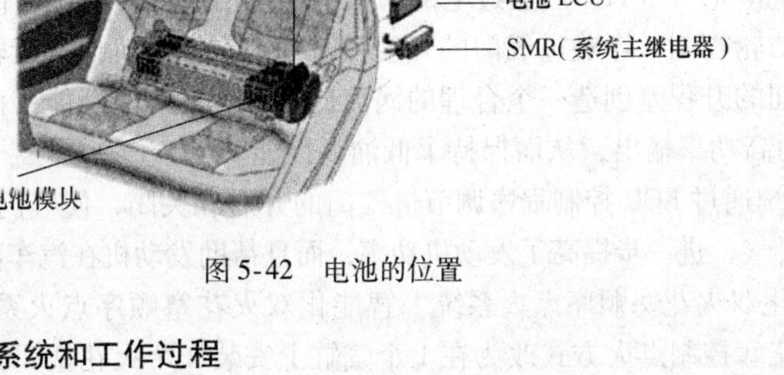

图 5-42 电池的位置

1. IMA 混合动力系统和工作过程

第四代 IMA 系统的主要部件包括一个 1.3L、VTEC 4 缸汽油机，一个高功率的超薄永磁同步电动机，一个无级变速器（CVT）和一个智能动力单元（Intelligent Power Unit，IPU）。智能动力单元由一个动力控制单元（Power Control Unit，PCU）、一组高性能镍氢蓄电池和 1

个空调控制单元组成。汽油机和电动机布置在车辆的前部，智能动力单元布置在车辆的后部，具体布置形式如图 5-44 所示。IMA 系统的工作过程如下：

图 5-43 本田 Insight 混合动力汽车

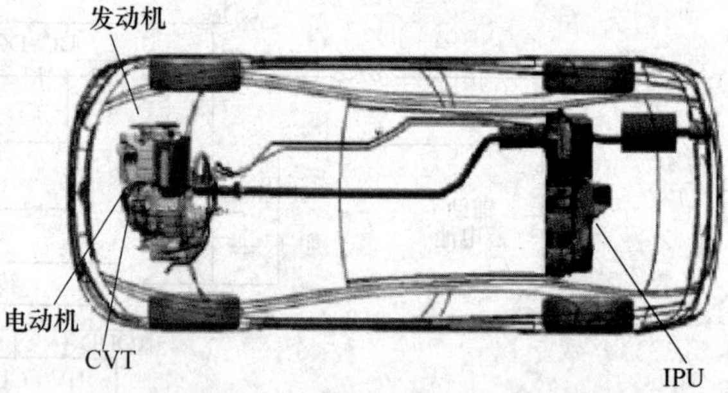

图 5-44 主要部件的具体布置形式

（1）起动加速 发动机以低速配气正时状态运转，同时电动机提供辅助能量。

（2）急加速状态 发动机以高速配气正时状态运转，此时电池会提供额外的功率给电动机与发动机共同驱动车辆，改善整车的加速性能。

（3）低速巡航状态 发动机的 4 个气缸阀门全部关闭，燃烧停止，车辆以纯电动状态驱动车辆。

（4）一般加速或高速巡航 发动机以低速配气正时状态运转，单独驱动车辆。

（5）减速状态 发动机关闭，电动机（此时作为一个发电机）在电动机控制传输系统的帮助下将机械能最大限度地转换为电能，储存到电池组中。

（6）停车状态 发动机自动关闭，减少燃料损失和排放。

2. 发动机

2006 款 Civic 混合动力 1.3L 发动机以 2005 款 1.32L 传统发动机为基础，对部件进行了改进：主要采用了可变气门配气相位和气门升程电子控制（i-VTEC）和智能化双火花塞顺序点火技术（i-DSI）以及可变气缸管理技术（VCM），实现了超低油耗，提高了燃油经济性。新系统提供了低速、高速及间歇 3 种模式的配气正时状态，通过 4 个气缸全部间歇，可以提高减速时的能量回收效率，是目前最为先进的气门控制技术。

（1）i-VTEC 系统 可变气门配气相位和气门升程电子控制（Intelligent Valve Timing and lift Electronic Control，i-VTEC）通过电磁阀调节摇臂活塞液压系统，使发动机在不同转速工况下由不同的凸轮控制，影响进气门的开度和时间。在发动机低速运转时，通过主进气门和辅助进气门之间的升程差创造一个合理的涡流比，实现良好的性能。而在高速时维持了传统 4 气门发动机的高功率输出，从而保持了低油耗性能。

i-VTEC 系统通过 ECU 控制程序调节进气门的开启和关闭，使气门的重叠时间更加精确，达到最佳进、排气，进一步提高了发动机功率，而且帮助发动机在汽车减速时减少能量损失。

（2）智能化双火花塞顺序点火系统 智能化双火花塞顺序点火系统（i-DSI）把通常 1 个气缸 1 个火花塞控制点火方式改为在 1 个气缸上安装 2 个火花塞，分别设在进气侧和排气侧，缩短了燃烧室内火焰传播的时间，实现了全域范围内的急速燃烧，同时降低了燃爆倾向，使得大幅度提高压缩比成为可能，同时实现了高输出功率、高输出转矩及低油耗。本田汽车公司独有的双火花塞连续控制系统是根据发动机转速和负荷状况来编制的。当燃料化合物进入燃烧室，第1个靠近入口的火花塞点火；不久，靠近排气口的第2个火花塞点火，促进燃烧过程。与单一的火花塞系统相比，该系统使燃烧更加完全，使发动机输出功率更大，油耗更少，排放降低。

（3）可变气缸管理技术 可变气缸管理（Variable Cylinder Management，VCM）系统是对上一代的3缸间歇系统的改进，可实现气缸全部间歇。电动机（同时作为发电机）附属在发动机的机轴上，发动机需要在减速时提供尽可能少的阻力，使电动机能够更高效地给电池充电。传统的发动机在减速时，气缸活塞的运行将提供一定阻力（或者叫发动机制动），VCM消除了这种影响，使再生制动系统能够尽可能多地回收能量。

3. 电动机

IMA电动机是一个三相超薄永磁同步电动机，安装在发动机和CTV之间，最大能够提供15kW的功率和139N·m的辅助转矩。电动机提供辅助推动力给发动机或在低速行驶状态下提供动力，也作为发电机在减速和制动时回收动能给电池充电。电动机的辅助使整车的动力性得到了很大的提高，其功率和转矩曲线如图5-45所示。

电动机使用一种最新的不对称线圈缠绕结构，这种线圈缠绕密度更大。这使得电动机最大功率和最大转矩与2005款Civic混合动力电动机相比分别增加了50%和14%，转换效率由原来的94.6%提高到96%。本田汽车公司单独研制的用于控制电动机速度的换流器与电动机的电控单元（ECU）集成在一起，采用数字式通信方式，使控制更为准确，提高了电动机的效率和混合动力系统的燃油经济性。

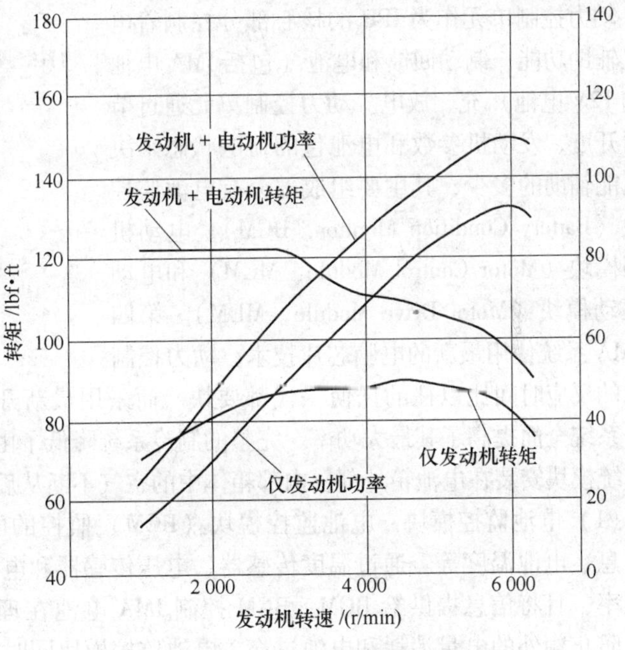

图5-45 混合动力功率和转矩曲线

1lbf = 4.44822N；1ft = 0.3048m；1HP = 745.7W

4. 电池

电池是混合动力系统的一个重要环节，储存电力的多少直接影响到汽车的续航里程。新的混合动力系统采用最新研制的高效镍氢蓄电池，它比上一代提升了30%的蓄电能力，电池电压由144V升高到了158V，专门设计的电池箱外形紧凑，冷却性和减振性也更好，为电池长期稳定地工作提供了保证；采用全新的松下双模包装，与前代相比减轻了重量，增加了电流的效率，体积减小了12%，节省了更多的空间。

5. 混合式空调压缩机

Civic的车内空调采用专门设计的“混合式”空调压缩机，它可以由发动机或电动机驱动，还可以由两者一起驱动。当发动机不工作时，电动机就可以驱动这个小巧的空气压缩机继续工作，保证车内的温度。如果外面温度特别高，需要高速制冷，单靠电动机驱动已经不行，发动机系统会自动起动，将冷气源源不断地供到车内。当车内温度已经稳定到最佳水平时，发动机又会自动关闭，从而减小油耗。

6. 再生制动系统

IMA 电动机能够在制动、稳定行驶、缓慢减速或滑行时作为一个发电机，通过再生制动回收动能和以电能的形式将这些能量存入电池中。当制动时，制动踏板传感器给汽车 IMA 计算机 IPU 一个信号。计算机激活了制动系统制动主缸中的伺服单元，使机械制动和电动机能量回馈之间的制动力均衡，得到最大的能量回馈。本田汽车公司原来的 IMA 系统是事先固定制动能量分配比率，低于最大能量回馈，而且没有可变的比例；新系统更少依赖传统制动系统，并且减少了发动机的能量损失，能量回收能力比 2005 款 Civic 增加了 70%，而且燃料供给更加节约。

7. 系统控制

IMA 系统的功率是通过智能动力单元（IPU）控制的，其安装位置在后轮座下，IPU 由动力控制单元、一个可再充镍氢蓄电池模块和一个制冷单元组成，外观结构如图 5-46 所示。

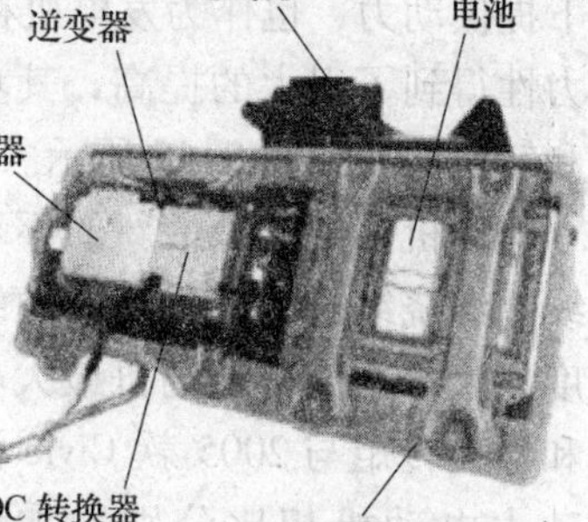

图 5-46 IPU 的外观结构

动力控制单元作为 IPU 的核心部分控制着电动机辅助功能，制动回馈和电池（包括 IMA 电池包和 12V 电池）充、放电。动力控制单元通过节气门开度、发动机参数和电池包的荷电状态来决定电能辅助的多少，其主要组成部分有电池监控模块（Battery Condition Monitor，BCM）、电动机控制模块（Motor Control Module，MCM）和电动机驱动模块（Motor Drive Module，MDM）。第四代 IMA 系统使用最新的电脑芯片技术，动力控制单元的反应时间比以往的任何一代都要快。而采用最新开发的逆变器和 DC-DC 转换器帮助 IMA 系统全面提高了其最大功率。完整的制冷系统降低了由电流进、出电池包产生的热量，制冷系统模块安装在电池箱外部，内部箱体中的空气不断从后座下的通风管内溢出。

（1）电池监控模块　电池监控模块（BCM）监控的电池信息主要有 SOC、电池保护需求信息、电池温度等。通过温度传感器、电压传感器和电流传感器监控主体电池，测定充放电比率，且将信息提供给 BCM。BCM 控制 IMA 电池在理想的状态（20%～80%）下工作，同时防止额外的电量消耗和电池过充。电池监控模块同时控制着电池制冷风扇的运行。

（2）电动机控制模块　电动机控制模块（MCM）控制着电动机的各种行为，是一个低压的计算机，主要功能如下：

1）与发动机控制模块通信，决定车辆的运行状态，同时将系统中检测到的问题传输给 ECM。

2）与电池监控模块通信，获得电池模块的荷电状态。这个信息用于保护电池模块和保持适当的充电平衡。

3）与仪表板连接，始终显示 IMA 系统条件和运行状态的信息。

4）电动机驱动模块接收电动机的整流信息，通过电压转换模块控制电动机功率逆变器。

（3）电动机驱动模块　电动机驱动模块（MDM）控制电动机辅助发动机并给电池充电，可实现电流在电动机和电池之间的双向传递。其内部主要为一个逆变器和电压控制单元。在电动机处于辅助状态时，能量由电池模块通过逆变器转换从直流电变为三相交流电传给电动机。同时，MCM 收到 3 个电动机整流传感器反馈的信息，得到电动机的状态信息，通过在准确的时间控制三相电流的相位来确保电动机的正确运行。电压转换模块收到的 MCM 命令，通过控制绝缘栅双极晶体管的开启和关闭来满足系统的要求。在制动时，电流从电动机到电动机控制模块，电动机产生三相交流电，通过逆变器转化为直流电后给电池充电。

第五节　混合动力汽车维修

以下以丰田普锐斯混合动力控制系统为实例介绍混合动力汽车的维修。

一、混合动力控制系统维修注意事项

混合动力系统使用高压电路，因此不正确的操作可能导致电击或漏电。在检修过程中（例如安装、拆卸、检查、更换零件）必须注意以下事项。

1. 对高压系统进行操作时断开电源

1）确保电源开关关闭。

2）从辅助蓄电池上断开负极端子电缆。

3）一定要戴绝缘手套。

注意：DTC（故障诊断码）也会被清除，因此断开电源之前必须检查 DTC。

4）拆下检修塞。

① 拆下检修塞后，不要操作电源开关，否则可能损坏混合动力车辆控制 ECU。

② 检修车辆时，将拆下来的检修塞放到衣袋内，以防止其他汽车维修人员重新连接检修塞（见图 5-47）。

5）放置车辆 5min。

注意：至少需要 5min 对变频器内的高压电容器进行放电。

2. 使用绝缘手套的注意事项

1）戴绝缘手套之前，要确保绝缘手套没有破损、破洞或裂纹等（见图 5-48）。

2）不要戴湿手套。

3. 线束和插接器的注意事项

高压电路的线束和插接器都是橙色的。另外，HV 蓄电池等的高压零件都贴有“高压”警示，不要触碰到这些配线。

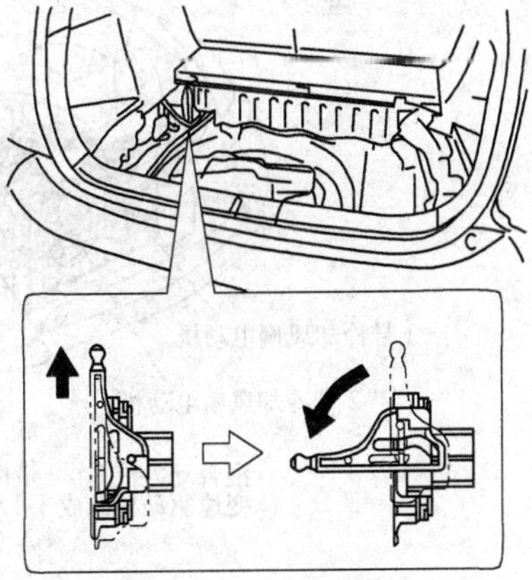

图 5-47　拆检修塞

4. 进行维修或检查时的注意事项

1）开始工作前，一定要断开电源。

2）检查、维修任何高压配线和零件时，必须戴绝缘手套。

3）在对高压系统进行操作时，用类似“高压工作：请勿靠近!!”的警告牌警示其他汽车维修人员。

不要携带任何类似卡尺或测量卷尺等的金属物体，因为它们可能掉落进而引起短路。拆下高压配线后，应立刻用绝缘胶带将其绝缘（见图 5-49）。

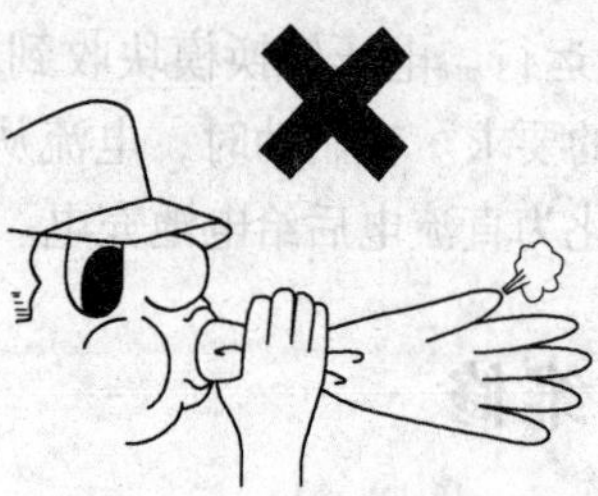

图 5-48　检查绝缘手套

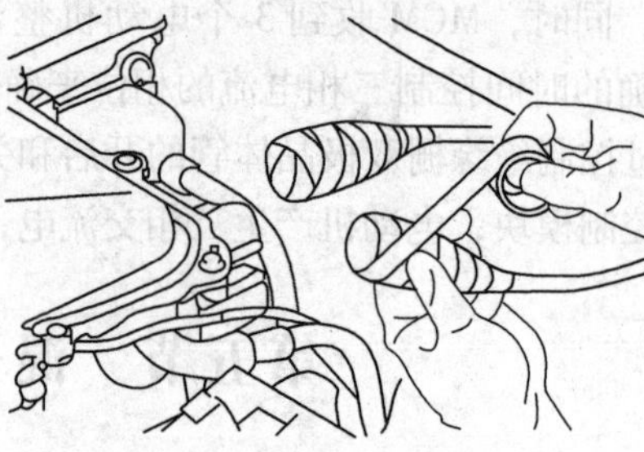

图 5-49　绝缘高压线

一定要按规定转矩将高压螺钉端子拧紧。转矩不足或过量都可能导致故障。

完成对高压系统的操作后和重新安装检修塞前，应确认在工作平台周围没有遗留任何零件或工具、高压端子已拧紧和插接器已连接。

二、丰田混合动力控制系统简介

混合动力控制系统主要部件位置如图 5-50 ~ 图 5-52 所示。

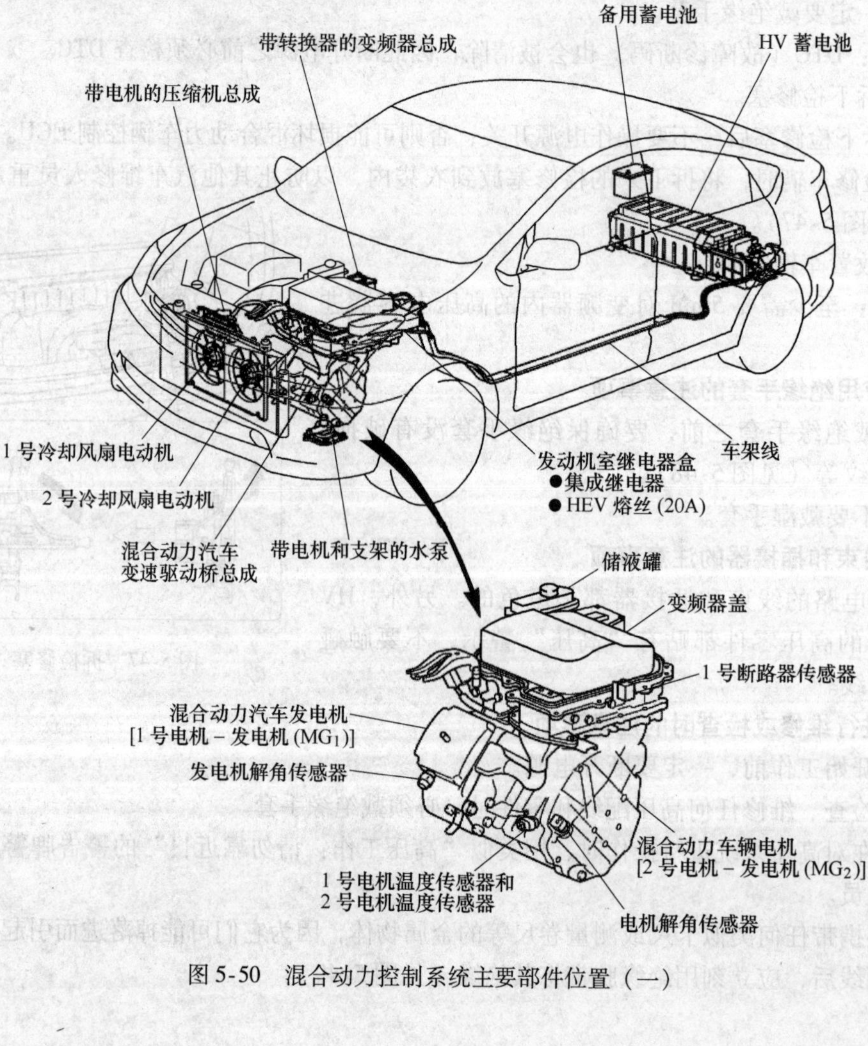

图 5-50　混合动力控制系统主要部件位置（一）

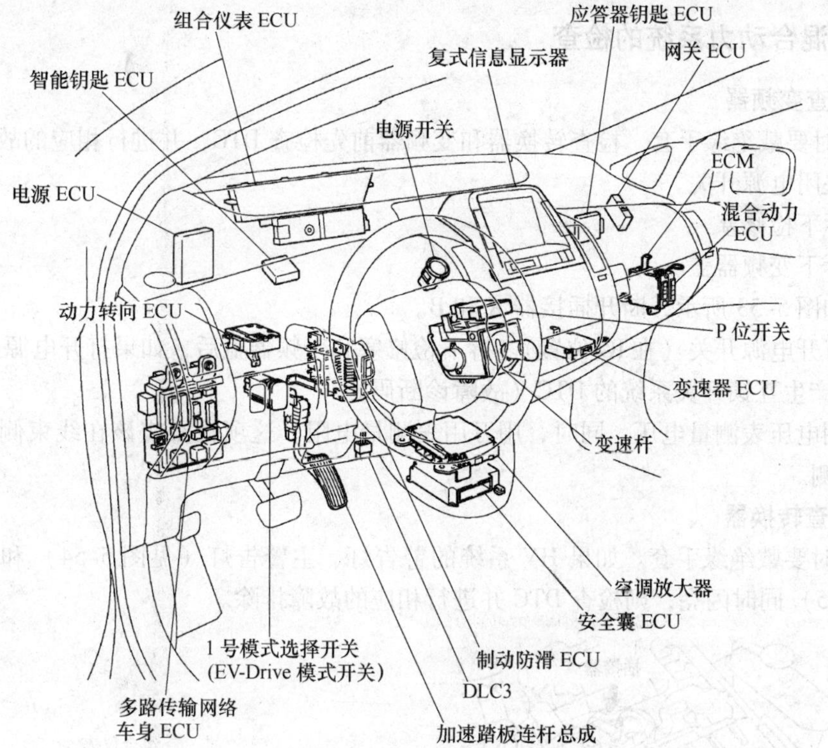

图 5-51　混合动力控制系统主要部件位置（二）

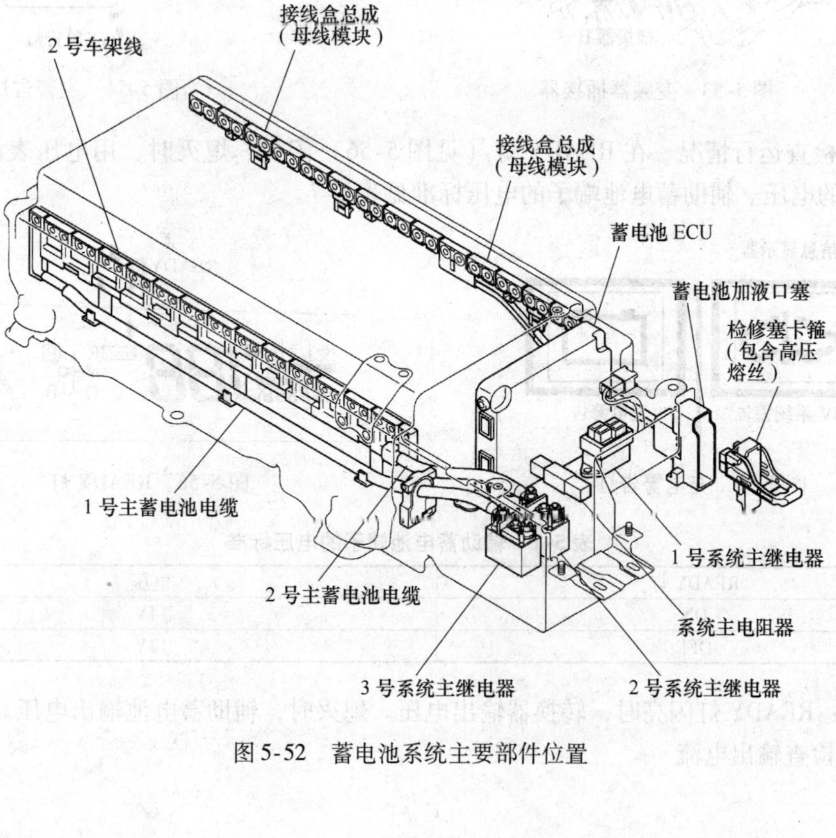

图 5-52　蓄电池系统主要部件位置

三、混合动力系统的检查

1. 检查变频器

检查时要戴绝缘手套。检查转换器和变频器前先检查 DTC，并进行相应的故障清除。

1）关闭电源开关。

2）拆下检修塞

3）拆下变频器盖。

4）如图 5-53 所示，断开插接器 A 和 B。

5）打开电源开关（在 IG 位置）。拆下检修塞和变频器盖后，如果打开电源开关（在 IG 位置）会产生互锁开关系统的 DTC（故障诊断码）。

6）用电压表测量电压。同时，用万用表测量电阻。这项检查应该在线束侧进行，而不是在端子侧。

2. 检查转换器

检查时要戴绝缘手套。如果 HV 系统的警告灯、主警告灯（见图 5-54）和充电警告灯（见图 5-55）同时闪亮，则检查 DTC 并进行相应的故障排除。

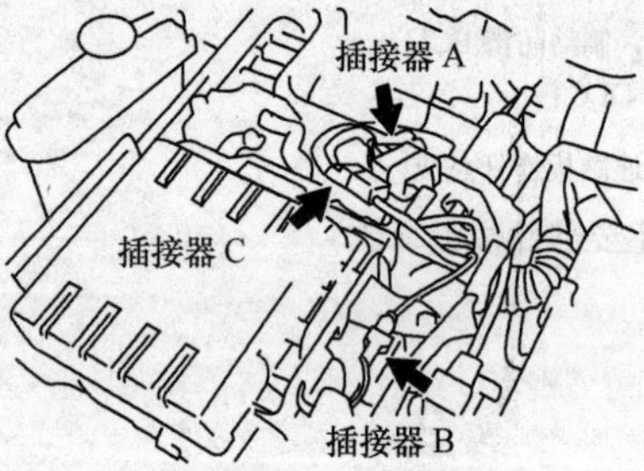

图 5-53 变频器插接器

组合仪表：

主警告灯

图 5-54 主警告灯

（1）检查运行情况 在 READY 灯（见图 5-56）闪亮、熄灭时，用电压表测量辅助蓄电池端子的电压。辅助蓄电池端子的电压标准见表 5-7。

复式信息显示器：

图 5-55 充电警告灯

READY 灯

图 5-56 READY 灯

表 5-7 辅助蓄电池端子的电压标准

READY 灯	电压
ON	14V
OFF	12V

提示：READY 灯闪亮时，转换器输出电压。熄灭时，辅助蓄电池输出电压。

（2）检查输出电流

1）从变频器上断开 MG_1 和 MG_2 电线。

2）在如图 5-57 箭头所指位置，安装电压表和交流/直流 400A 的探针。

3）将 MG_1 和 MG_2 电线连接到变频器。

4）在 READY 灯闪亮的条件下，依次操作 12V 的电气设备，然后测量输出电流。

标准：约为 80A 或更小。

如果输出电流为 0A 或大于 80A，则检查输入/输出信号。

（3）检查输入/输出信号

1）如图 5-57 所示断开插接器。

2）用电压表测量车身搭铁与车辆侧线束插接器端子间的电压。

标准：与辅助蓄电池端子电压相同。

3）如图 5-58 所示断开插接器。

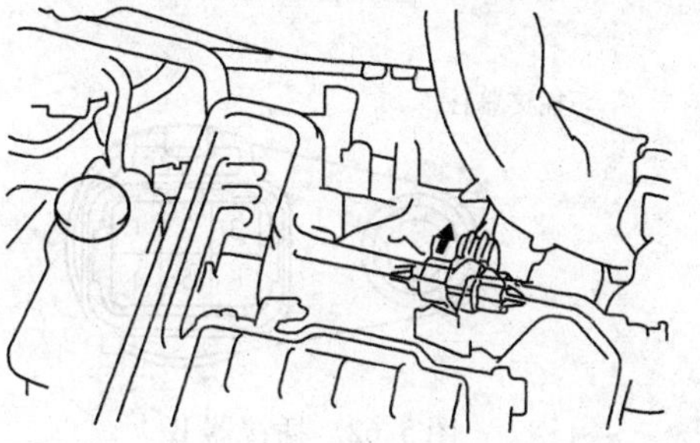

图 5-57 断开插接器（一）

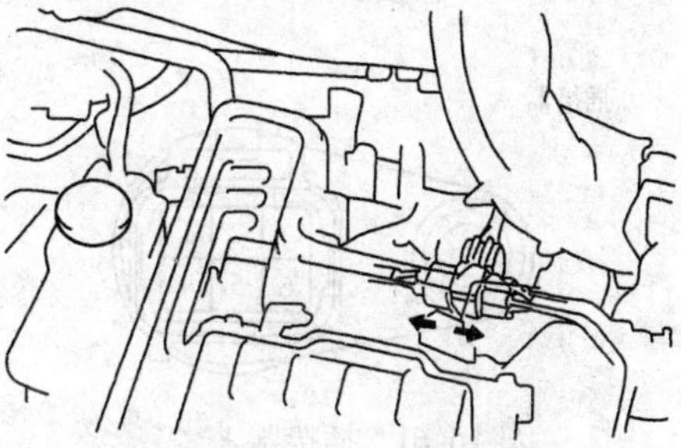

图 5-58 断开插接器（二）

4）打开电源开关（在 IG 位置），用电压表和万用表测量车辆线束侧插接器端子（见图 5-59）间的电压和电阻。插接器端子间的电压和电阻标准见表 5-8。

表 5-8 插接器端子间的电压和电阻标准

测试仪连接	规定条件
端子 5—车身搭铁（IGCT—车身搭铁）	8 ~ 16V
端子 3—车身搭铁（S—车身搭铁）	与辅助蓄电池端子电压相同
端子 1—车身搭铁（S—车身搭铁）	120 ~ 40Ω

如果不符合标准值，则更换带变频器的转换器总成。

3. 检查速度传感器

图 5-60 所示为速度传感器，用万用表测量端子间的电阻（见图 5-61 和图 5-62）。速度传感器标准见表 5-9。

表 5-9 速度传感器标准

测试仪连接	规定条件
A_1—A_4（GCS—GCSG）	12.6 ~ 16.8Ω
A_2—A_5（GSN—GSNG）	12.6 ~ 16.8Ω
A_3—A_6（GRF—GRFG）	7.65 ~ 10.2Ω
B_1—B_4（MRF—MRFG）	7.65 ~ 10.2Ω
B_2—B_5（MSN—MSNG）	12.6 ~ 16.8Ω
B_3—B_6（MCS—MCSG）	12.6 ~ 16.8Ω
上述所有端子—变速驱动桥壳	10kΩ 或更大

图 5-59 插接器端子

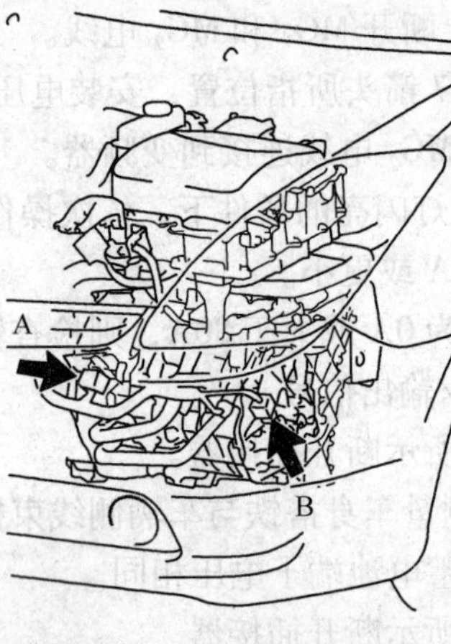

图 5-60 速度传感器

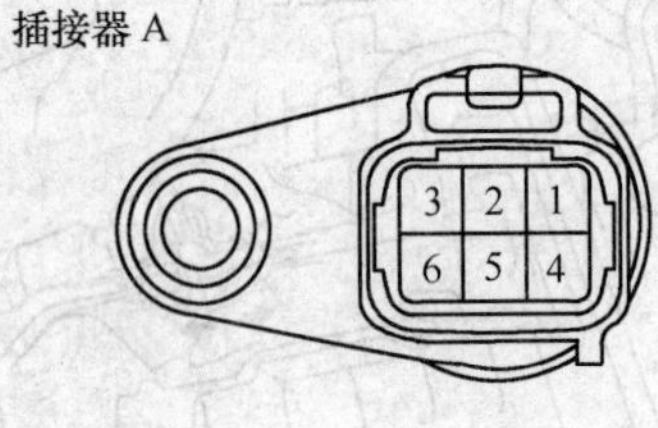

图 5-61 插接器 A

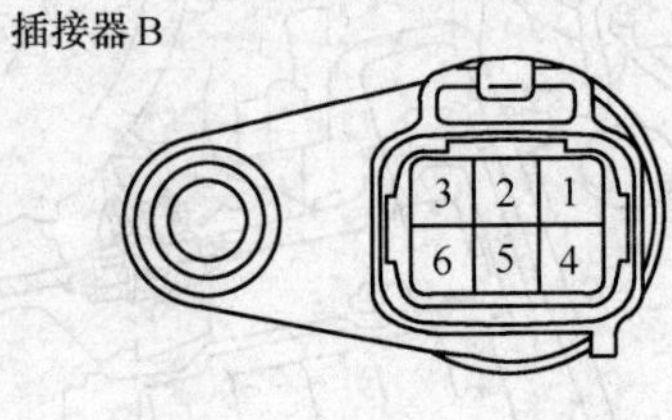

图 5-62 插接器 B

如果不符合标准值，则更换混合动力汽车变速驱动桥总成。

四、混合动力控制系统的故障诊断

1. 故障诊断步骤

步骤 1 车辆进入车间。

步骤 2 分析客户所述故障。

步骤 3 将智能测试仪Ⅱ连接到 DLC3（数据链路插接器）。如果测试仪显示通信故障，则检查 DLC3。

步骤 4 检查并记录 DTC 和定格数据。如果输出与 CAN 通信系统有关故障的 DTC，则首先检查并修理 CAN 通信。

步骤 5 清除 DTC。

步骤 6 故障症状确认。

1）若故障未出现，进行步骤 7。

2）若故障出现，进行步骤 8。

步骤 7 症状模拟。

步骤 8 检查 DTC。

步骤 9 查 DTC 表。

步骤 10 电路检查。

步骤 11 故障识别。

步骤 12 调整和/或修理。

步骤13 确认故障试验。

步骤14 结束。

注意：在第3、4、5、8步骤使用智能测试仪Ⅱ。

智能测试仪Ⅱ（Intelligent TesterⅡ）是丰田公司最新推出的第二代汽车检测仪（见图5-63），支持丰田和雷克萨斯所有装备CAN BUS系统的车型。智能测试仪Ⅱ采用手持电脑，结构紧凑坚固，触摸屏操作，中文显示。诊断功能支持所有可诊断系统：防盗、ABS、安全气囊、发动机和变速器等。智能测试仪Ⅱ内置双通道示波器和万用表，极大地扩展了仪器功能。

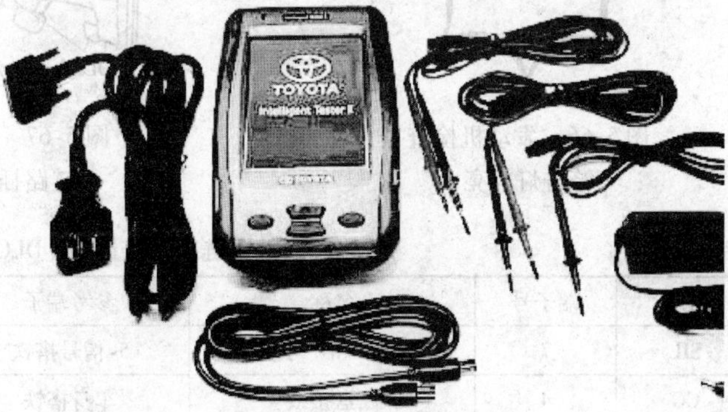

图5-63 智能测试仪Ⅱ

2. 故障自诊断系统

HV ECU具有自我诊断系统，如果不正当操作混合动力汽车控制系统或其他组件，ECU会检测出故障，使组合仪表上的主警告灯（见图5-64）闪亮或者在复式信息显示器上其他灯闪亮，如HV系统警告灯（见图5-65）、蓄电池警告灯或放电警告灯闪亮。

主警告灯闪亮表示THSⅡ有故障，在检查模式下主警告灯闪烁。

图5-64 主警告灯闪亮

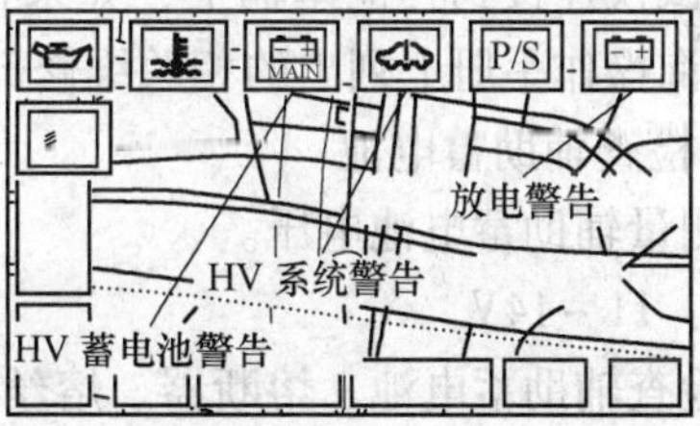

图5-65 HV系统警告灯闪亮

将智能测试仪Ⅱ连接到车辆上，并读取车辆ECU输出的各类数据。车载计算机在检测到本身或驾驶系统组件故障时，会使仪表板上的发动机检查警告灯闪亮（见图5-66）。另外，可应用的故障码（DTC）被保存在HV ECU存储器中。如果故障没有重现，则发动机检查警告灯会在电源关闭后熄灭，而DTC将继续保存在HV ECU存储器中。

将智能测试仪连接到车辆的数据链路连接器3（DLC3）上（见图5-67），以便检测DTC。智能测试仪还可以帮助清除DTC或者检测定格数据和不同类型的THSⅡ数据。

（1）检查DLC3 HV ECU使用ISO 9141-2（Euro-OBD）/ISO 14230（M-OBD）为通信协议。DLC3的端子排列顺序符合ISO 15031-03标准并与ISO 91412/ISO 14230格式相匹配（见图5-68）。数据链路插接器3（DLC3）的含义见表5-10。

如果将智能测试仪Ⅱ电缆连接到DLC3上，打开电源开关并操作智能测试仪Ⅱ而显示器没有显示任何有效信息，则表明车辆或者测试仪本身有故障。

图 5-66　发动机检查警告灯闪亮

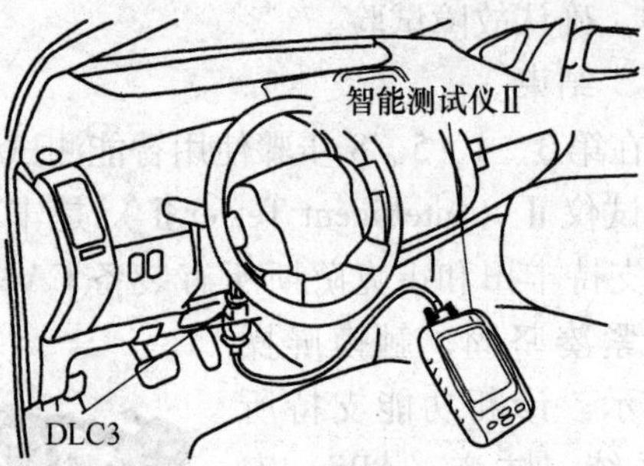

图 5-67　智能测试仪与车辆的数据链路插接器 3（DLC3）的连接

表 5-10　数据链路插接器 3（DLC3）的含义

符号	端子号	名称	参考端子	结果	条件
SIL	7	总线“+”连线	5-信号搭铁	产生脉冲	通信过程中
CG	4	底盘接线	车身搭铁	1Ω 或更小	始终
SG	5	信号搭铁	车身搭铁	1Ω 或更小	始终
BAT	16	蓄电池正极	车身搭铁	11～14V	始终

将测试仪连接到其他车辆上，如果在相同模式下通信正常，则检查原车辆的 DLC3 和通信总线。

将测试仪连接到其他车辆上，如果在相同模式下通信仍然异常，则测试仪本身可能故障，请咨询操作手册上列出的相关维修部门。

（2）检查辅助蓄电池

1）测量辅助蓄电池电压。

电压：11～14V。

2）检查辅助蓄电池、熔断器、熔丝、线束、插接器和搭铁。

（3）检查发动机检查警告灯

1）电源开关打开和 READY 灯关闭时，发动机检查警告灯闪亮。如果发动机检查警告灯没有闪亮，则对发动机检查警告灯电路进行故障排除。

2）READY 灯闪亮时（见图 5-69），发动机检查警告灯应熄灭。如果发动机检查警告灯一直闪亮，则诊断系统已在系统中检测到故障或异常。

图 5-68　数据链路插接器 3（DLC3）

图 5-69　READY 灯闪亮

（4）DTC 检查/清除

1）检查 DTC（混合动力控制）。

① 将智能测试仪Ⅱ连接主 DLC3。

② 打开电源开关（在 IG 位置）。

③ 在系统选择画面中，进入下列菜单：Powertrain/Hybrid Control/DTC（见图5-70）。读取控制系统的 DTC。

2）检查定格数据和信息。

① 如果 DTC 出现，则选择该 DTC，以显示定格数据（见图5-71）。

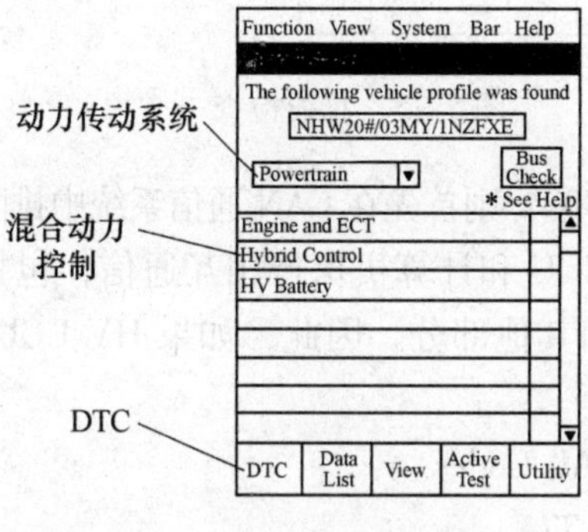

图5-70 系统选择

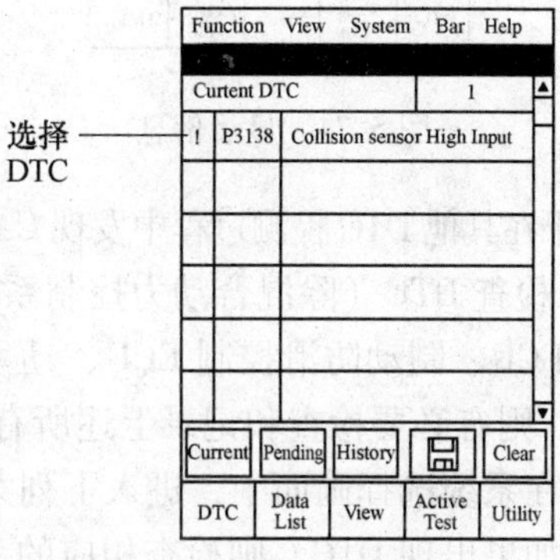

图5-71 定格数据

② 在检测 DTC 时读取已存储的定格数据（见图5-72）。

③ 读取信息。

a. 在含有 INF 代码的详细代码中选择详细信息。

提示：如图5-73 所示，详细代码2 含有 INF 代码349。在这样的情况下，请选择详细信息2。

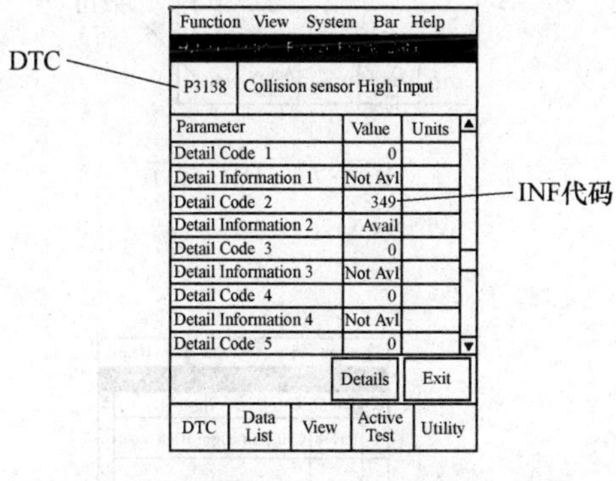

图5-72 信息代码（INF 代码）显示

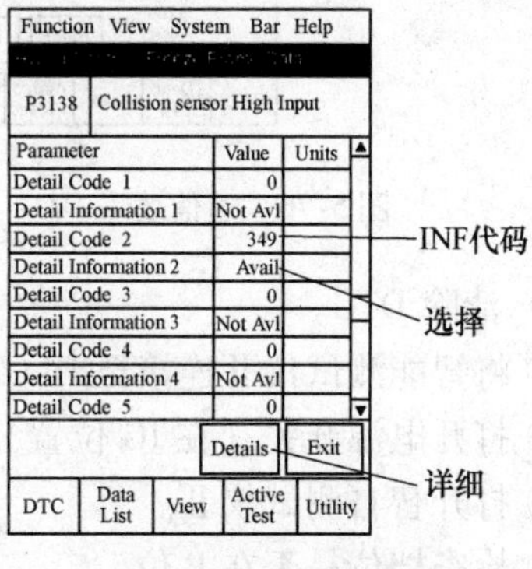

图5-73 详细信息

b. 按下 Details 键。

c. 如图5-74 所示显示信息。

3）检查 DTC（总线检查）。

① 在系统选择画面中选择总线检查（见图5-75）。

② 在总线检查画面中，选择通信故障 DTC 来读取通信故障 DTC（见图5-76）。

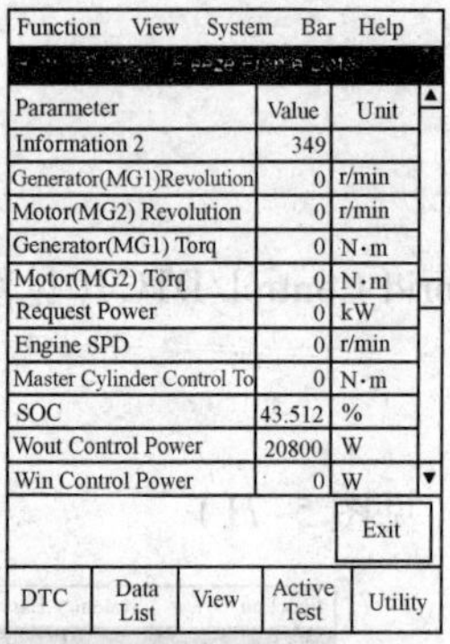

图 5-74 显示信息

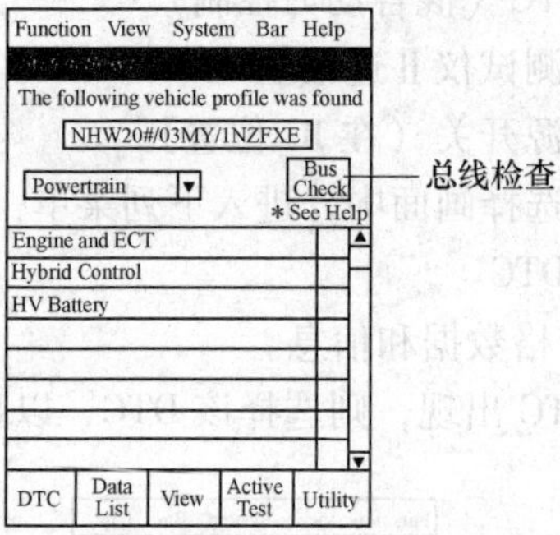

图 5-75 总线检查

如果在其他 DTC 检测过程中发现 CAN 通信系统 DTC，则首先在 CAN 通信系统中排除故障。

4）检查 DTC（除混合动力控制系统外）。HV ECU 和计算机保持相互通信，包括 ECM、蓄电池 ECU、制动防滑控制 ECU、动力转向 ECU 和其他部分。因此，如果 HV ECU 输出警告信号，则有必要检查和记录上述所有系统的 DTC。

① 在系统选择画面中，进入下列菜单：Utility/All Codes。

② 如果出现 DTC，则检查相应的系统（见图 5-77）。

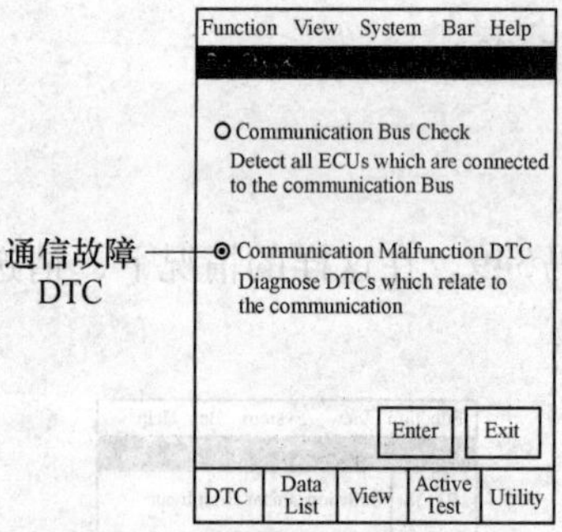

图 5-76 通信故障 DTC

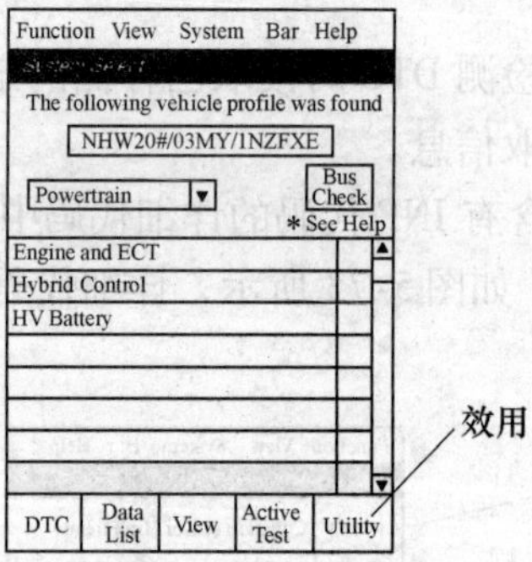

图 5-77 DTC 显示

5）清除 DTC。

① 将智能测试仪Ⅱ连接至 DLC3。

② 打开电源开关（在 IG 位置）。

③ 打开智自测试仪Ⅱ。

④ 检查档位是否在 P 位。

⑤ 打开混合动力控制/DTC 画面，并按下画面右下的清除键（见图 5-78）。

清除 DTC 的同时会清除定格数据、信息。

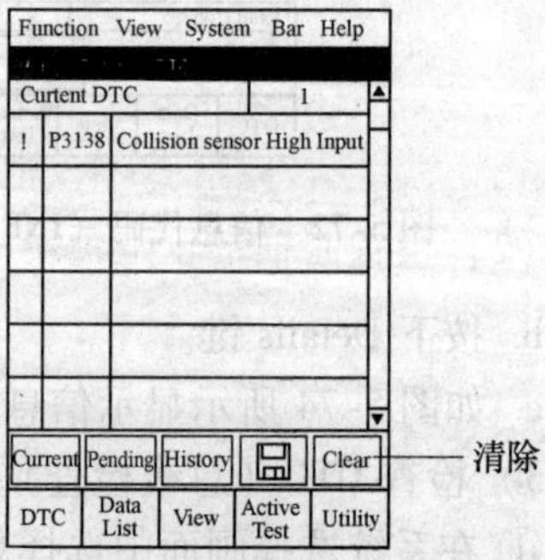

图 5-78 清除键

五、故障诊断实例

发动机无法起动的；DTC 码为 P0A0F1238，其含义见表5-11。

表5-11 DTC码含义

DTC	INF代码	DTC检测条件	故障可能发生部位
P0A0F1238	238	即使转动曲轴，发动机也不起动，变速驱动桥输入故障（发动机系统）	发动机总成 HV变速驱动桥总成（轴或齿轮） 变速器输入减振器 线束或插接器 HV ECU

1. 电路简介

如果发动机或变速驱动桥齿轮被卡住，或有异物进入，HV ECU就会检测到DTC并起动安全保护控制。电路图如图5-79所示。

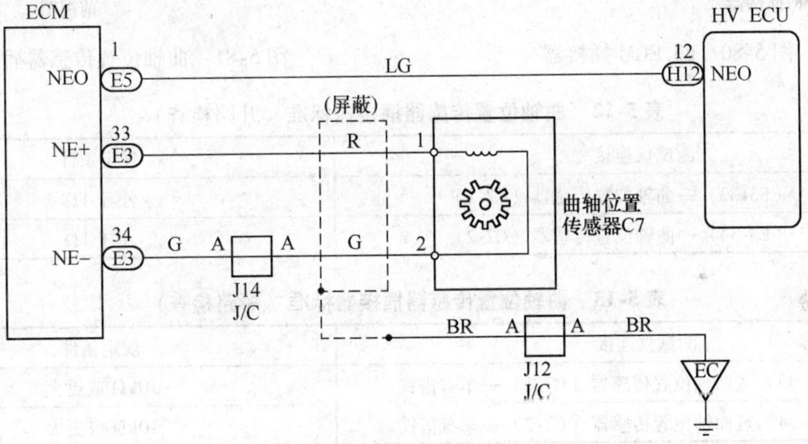

图5-79 电路图

2. 诊断步骤

（1）读取输出的DTC

1）将智能测试仪Ⅱ连接到DLC3。

2）打开电源开关（在IG位置）。

3）打开智能测试仪Ⅱ。

4）进入智能测试仪Ⅱ的下列菜单：Powertrain/Engine and ECT/DTC。

5）读取DTC。

6）结果：若输出DTC，则转到相关的DTC表。

（2）检查曲轴带轮是否转动

1）关闭电源开关。

2）顶起车辆。

3）手动转动曲轴带轮，检查曲轴是否旋转。

正常：曲轴转动。

若异常，则转到步骤（11）。否则，进行下一步骤。

(3) 检查线束和插接器（ECM—曲轴位置传感器）

1) 断开 E3 ECM 插接器（见图 5-80）。

2) 断开 C7 曲轴位置传感器插接器。

3) 检查线束侧插接器间的电阻（插接位置见图 5-81）。曲轴位置传感器插接器标准见表 5-12 和表 5-13。

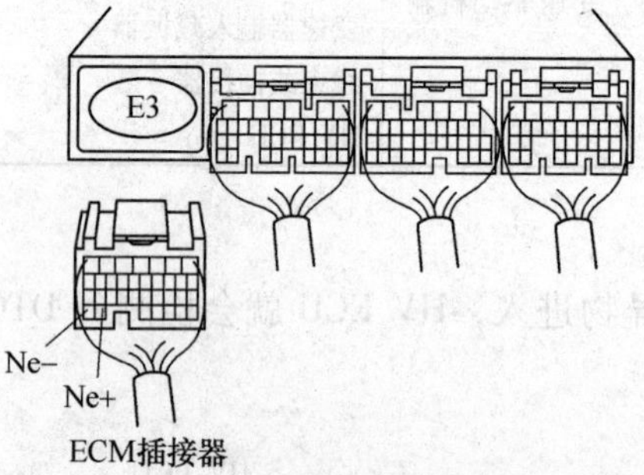

图 5-80 E3 ECM 插接器

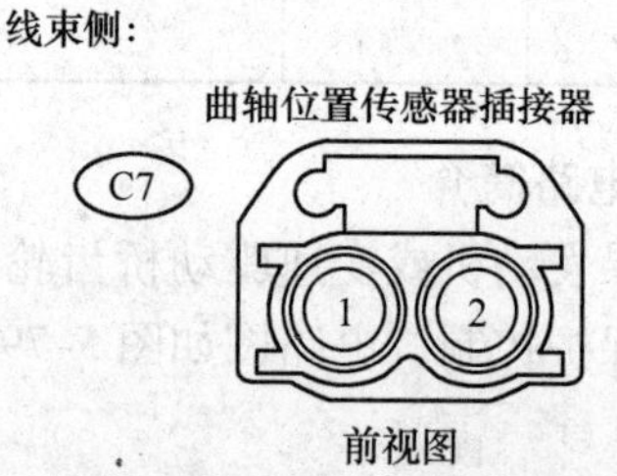

图 5-81 曲轴位置传感器插接器

表 5-12 曲轴位置传感器插接器标准（开路检查）

测试仪连接	规定条件
NE^+（E3-33）—曲轴位置传感器（C7-1）	小于 1Ω
NE^-（E3-34）—曲轴位置传感器（C7-2）	小于 1Ω

表 5-13 曲轴位置传感器插接器标准（短路检查）

测试仪连接	规定条件
NE^+（E3-33）或曲轴位置传感器（C7-1）—车身搭铁	10kΩ 或更大
NE^-（E3-34）或曲轴位置传感器（C7-2）—车身搭铁	10kΩ 或更大

4) 重新连接曲轴位置传感器插接器。

5) 重新连接 ECM 插接器。

若异常，则修理或更换线束或插接器。

(4) 检查线束和插接器（混合动力汽车控制器 ECU—ECM）

1) 断开 H12 HV ECU 插接器（见图 5-82）。

2) 断开 E5 ECM 插接器（见图 5-83）。

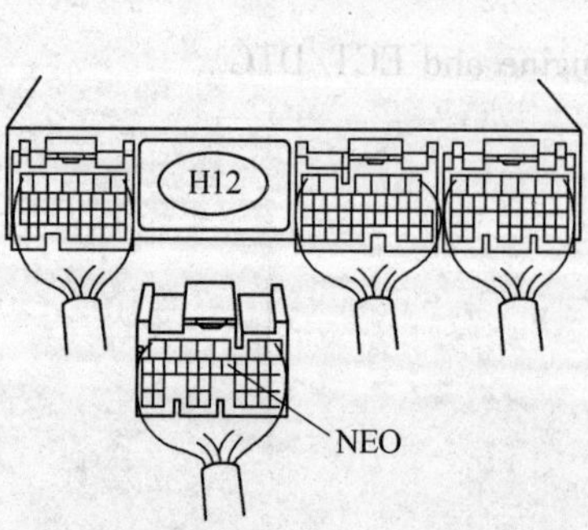

图 5-82 H12 HV ECU 插接器

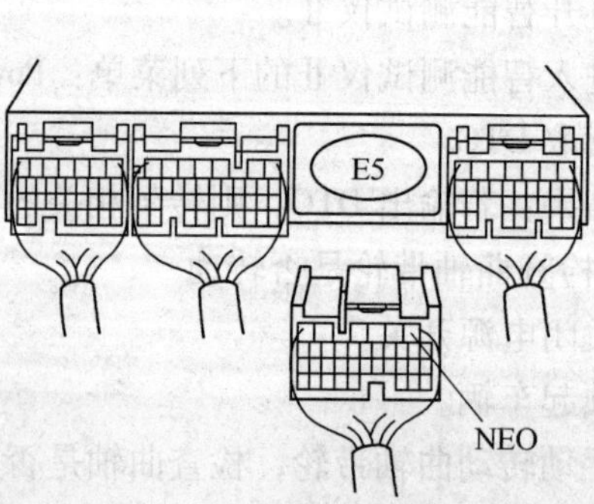

图 5-83 E5 ECM 插接器

3）检查线束侧插接器间的电阻。线束侧插接器间的电阻标准见表5-14和表5-15。

表5-14 线束侧插接器间的电阻标准（开路检查）

测试仪连接	规定条件
NEO（H12-12）—NEO（E5-1）	小于11Ω

表5-15 线束侧插接器间的电阻标准（短路检查）

测试仪连接	规定条件
NEO（H12-12）或NEO（E5-1）—车身搭铁	10kΩ或更大

4）重新连接ECM插接器。

5）重新连接HV ECU插接器。

若异常，则修理或更换线束或插接器。

（5）检查并清除DTC（混合动力控制）

1）将智能测试仪Ⅱ连接到DLC3。

2）打开电源开关（在IG位置）。

3）打开智能测试仪Ⅱ。

4）进入智能测试仪Ⅱ的下列菜单：Powertrain/Hybrid Control/DTC。

5）检查并记录DTC、定格数据和信息。

6）清除混合动力控制的DTC。

（6）检查READY灯是否闪亮

1）将智能测试仪Ⅱ连接到DLC3。

2）打开电源开关（在IG位置）。

3）打开智能测试仪Ⅱ。

4）进入智能测试仪Ⅱ的下列菜单：Powertrain/Hybrid Control/Data List。

5）读取发电机（MG_1）转速和发动机转速数据。

6）打开电源开关（READY）。

正常：READY灯闪亮。

若READY灯不亮，并且智能测试仪Ⅱ上的读数显示为DTC P0A90（INF239）[HV变速驱动桥输入故障（轴损坏）]。或发电机（MG_1）转动但发动机不运转，则更换混合动力汽车变速驱动桥总成。

（7）检查发动机转速是否增加

1）将智能测试仪Ⅱ连接至DLC3。

2）打开电源开关（在IG位置）。

3）打开智能测试仪Ⅱ。

4）进入智能测试仪Ⅱ的下列菜单：Powertrain/Hybrid Control/Data List。

5）读取发电机（MG_1）转速和发动机转速数据。

6）在READY灯闪亮的情况下，把档位置于P位的同时，踩下加速踏板10s。

正常：发动机转速加快。

如果发动机转速不增加，并且智能测试仪Ⅱ的读数显示为DTC P0A90（INF239）[HV变速驱动桥输入故障（轴损坏）]，或发电机（MG_1）转动但发动机不运转，则更换混合动力汽车变速驱动桥总成。

若异常，则更换混合动力汽车变速驱动桥总成。

（8）检查是否缓慢转动

1）将智能测试仪Ⅱ连接至 DLC3。

2）打开电源开关（READY 灯闪亮）。

3）顶起车辆。

4）踩下制动踏板，把变速杆移动到 D 位，然后松开制动踏板。

正常：车轮转动（缓慢转动）。

如果车轮不转动，并且智能测试仪Ⅱ的读数显示为 DTC P0A90（INF 602）（HV 变速驱动桥输出故障），则应更换混合动力汽车变速驱动桥总成。

若异常，则更换混合动力汽车变速驱动桥总成。

（9）检查发动机加速转速

1）将智能测试仪Ⅱ连接至 DLC3。

2）当以高于 10km/h（6mile/h）的速度行驶时，完全踩下加速踏板以提高发动机转速。

正常：发动机转速平稳增加。

如果发动机超过常速或智能测试仪Ⅱ的读数显示为 DTC P0A90（INF241）[HV 变速驱动桥输入故障（转矩限制器滑动）]，则应更换变速器的减振器。

若异常，则更换变速器输入减振器总成。

（10）检查阻力在旋转过程中增加的原因

检查导致变速驱动桥和发动机阻力在转动中变大的故障所在。

1）检查发动机润滑系统和变速驱动桥润滑系统。

2）检查发动机冷却液和变速驱动桥冷却液。

3）检查发动机本身和变速驱动桥本身是否有故障。

结果：没有故障。

若有故障，则修理故障零件和组件。

若无故障，则进行模拟试验。如果还没有症状产生，则更换发动机、HV 变速驱动桥和 HV ECU。

（11）检查前轮是否旋转

1）打开电源开关（在 IG 位置）。

2）踩下制动踏板，把变速杆移动到 N 位。

3）顶起车辆。

4）手动转动曲轴带轮检查前轮是否旋转。

正常：前轮旋转。

若异常，则修理或更换发动机总成。

若正常，则修理或更换混合动力汽车变速驱动桥总成。

第六章

燃料电池汽车

第一节　燃料电池概述

一、燃料电池的基本概念及特点

1. 燃料电池的定义

燃料电池是直接将燃料的化学能转换为电能的发电装置。将燃料和空气分别送入燃料电池后，就可从其正极和负极输出电能。从表面上看，燃料电池与蓄电池一样，有正、负极和电解质等，但燃料电池不能通过充电的方法“储电”，只是一个通过消耗燃料来输出电能的发电装置。

2. 燃料电池与蓄电池的区别

燃料电池实际上就是一个电化学反应器，虽然也是通过活性物质（燃料及氧化剂）的电化学反应产生电能，但是它与普通化学蓄电池存在不同之处：

1）燃料电池通过电化学反应转换为电能的活性物质不在其内部，而是从其外部输入。

2）燃料电池放电过程所消耗的活性物质无须通过充电来还原，只需要向电池内不断地输入燃料及氧化剂，并将电化学反应产物及时排出即可持续提供电能。

3）燃料电池本体只决定电池的输出功率，而燃料电池能量的大小则取决于外部可输入的燃料和氧化剂。因此，燃料电池的比能量可以很高，而续驶里程主要取决于燃料的储备容量。

4）燃料电池的内部结构和系统的控制比较复杂，尤其是放电控制不如普通化学电池方便。

3. 燃料电池与原动机辅助动力单元的区别

原动机辅助动力单元由燃油发动机和发电机组成。燃料的化学能通过燃烧转换为热能，再由热机转换为机械能，最后通过发电机转换为电能。燃料电池则是将燃料和氧化剂直接转换为电能。相比于原动机辅助动力单元，燃料电池具有以下特点：

1）燃料电池的燃料通过电化学反应直接转换为电能，没有燃烧转换为热能的过程，因而无燃料燃烧排放物，对环境污染很小。

2）燃料电池的氧化还原反应不在同一地点，而是在负极进行氧化反应，在正极进行还原反应；而发动机燃料燃烧所进行的氧化还原反应在同一地点，反应后释放热能。由于燃料电池的能量转换过程不受卡诺循环的限制，也无须通过机械能转换为电能，所以能量转换效率高。

3）燃料电池无热机的工作噪声，也无机械传动装置的工作噪声，因此，燃料电池本身的工作噪声很小。

4）燃料电池不能直接使用汽油、柴油等燃料，需用氢作为燃料，或以经过重整的富氢燃料气作为间接燃料。燃料电池对燃料的要求较高，燃料的成本也较高。

二、燃料电池的分类

目前，实用型燃料电池有多种类型，现以不同的分类方法加以概括。

1. 按工作温度分

按燃料电池工作温度的不同，可将其分为低温、中温和高温三种类型。

（1）低温燃料电池　低温燃料电池的工作温度低于200℃，可采用水溶液或其浓缩液为电解质，但需要采用铂催化剂才能达到实用的高电压及高电流密度，所用的燃料是氢或经纯化及重整的富氢燃料气。

（2）中温燃料电池　中温燃料电池的工作温度为200～750℃。中温固态燃料电池兼有高温固态氧化物燃料电池和低温质子交换膜燃料电池的优点，同时摒弃了它们的某些缺点。工作温度在200～750℃的中温燃料电池可大幅提高贵金属催化剂的一氧化碳耐受能力，并且使金属和合成树脂等材料用作电池（堆）的连接和密封材料成为可能，从而降低了燃料电池的成本，并延长了燃料电池的使用寿命。

（3）高温燃料电池　高温燃料电池的工作温度高于750℃。燃料电池必须采用熔融盐或固体氧化物电解质，可以在不采用特殊催化剂的情况下获得实用的高电压及高电流密度。高温燃料电池的燃料除氢外，还可采用煤制气、天然气、甲烷、沼气等。

2. 按燃料的来源分

按燃料电池燃料来源的不同，可将其分为直接式、间接式和再生式三种。

（1）直接式燃料电池　直接式燃料电池的燃料是液态或气态纯氢，不需要复杂的汽化产生氢气的过程，但需要铂、金、银等贵重金属作为催化剂。直接式甲醇燃料电池也无须预先重整，可直接将甲醇在阳极转换成二氧化碳和氢，但需要比纯氢燃料消耗更多的铂催化剂。

（2）间接式燃料电池　间接式燃料电池可将天然气、甲烷、汽油、LPG、二甲醚等作为燃料，经过重整和纯化后转换为氢或富氢燃料气再供给燃料电池。

（3）再生式燃料电池　再生式燃料电池可将燃料电池生成的水经适当的方法分解成氢及氧，再重新输送给燃料电池进行发电。

3. 按燃料电池采用的电解质分

按燃料电池所采用电解质的不同，可将其分为碱性燃料电池、磷酸燃料电池、质子交换膜燃料电池、熔融碳酸盐燃料电池和固态氧化物燃料电池等。

（1）碱性燃料电池　碱性燃料电池（Alkaline Fuel Cell，AFC）以石棉网作为电解质的载体，以氢氧化钾（KOH）水溶液作为电解质，工作温度为70～200℃。高温（约为200℃）时采用含量较高的氢化钾（质量分数为85%）作电解质，在较低温度（小于

120%）时用含量较低的氢化钾（质量分数为35%~50%）作电解质。AFC必须以纯氢作为阳极燃料气体，以纯氧作为阴极氧化剂，以铂、金、银等贵重金属或者镍、钴、锰等过渡金属作为催化剂。AFC电解质的腐蚀性较强，因而其使用寿命较短。与其他燃料电池相比，AFC的优点是起动快，功率密度较高，性能较为可靠，是目前技术最成熟的燃料电池之一。AFC的应用涉及航天、军事、电动汽车、发电等领域。

（2）磷酸燃料电池 磷酸燃料电池（Phosphoric Acid Fuel Cell，PAFC）以磷酸水溶液作为电解质，工作温度范围为150~200℃，电极上也需加铂催化剂来加速反应。在低温时，PAFC离子电导度较差，而且阳极铂容易受到CO毒化，目前的发电效率仅能达到40%~45%，燃料必须进行外重整改质，而且气体燃料中CO的体积分数必须小于0.5%。由于酸性电解质的腐蚀作用，使PAFC的使用寿命难以超过40 000h。PAFC技术已趋成熟，产品也进入商业化。PAFC的缺点之一是起动时间长，因此，不适用于轿车动力，但用作公共汽车的动力则已有成功的实例。PAFC较适合于用作特殊用户的分散式电源、现场可移动电源以及备用电源等。

（3）质子交换膜燃料电池 质子交换膜燃料电池（Proton Exchange Membrane Fuel Cell，PEMFC）的电解质为质子交换膜，工作温度约为80℃。在这样的低温下，需要通过电极上一层薄的铂进行催化，以确保电化学反应能正常缓慢地进行。PEMFC内唯一的液体为水，因此腐蚀程度较低，使用寿命较长。PEMFC即使在低温状态下也具有起动时间短的特性，可以在几分钟内达到满载运行，电流密度和功率密度较高，发电效率为45%~50%，而且运行可靠，因而是电动汽车动力电源的首选。此外，PEMFC也可用作移动电源、军用野外小型电力装置、便携式电器不间断电源等，但不适合用于大容量集中型电厂。

（4）熔融碳酸盐燃料电池 熔融碳酸盐燃料电池（Molten Carbonate Fuel Cell，MCFC）的电解质为分布在多孔陶瓷材料中的碱性碳酸盐，工作温度为600~800℃。碱性碳酸盐电解质在高温下呈现熔融状态，其离子传导度极佳，在高温下电极反应不需要贵重金属催化剂（如铂），可采用镍与氧化镍分别作为阳极与阴极的触媒，且具有内重整改质能力，可以直接将天然气和石油的碳氢化合物等作为燃料，发电效率较高。如果余热可以回收或与燃气轮机结合组成联合发电系统，则可使发电容量和发电效率进一步提高。由于在高温下工作，需要较长的时间才能达到工作温度，因此MCFC不能用于电动汽车。由于其电解质的温度和腐蚀特性，MCFC也不适合用作移动电源和便携式电器的不间断电源。由于MCFC所具有的技术特点及较高的发电效率，因此将其用于分散型电站和集中型电厂的大规模发电是一种较为理想的选择。

（5）固态氧化物燃料电池 固态氧化物燃料电池（Solid Oxide Fuel Cell，SOFC）的电解质是固态非多孔金属氧化物，工作温度为650~1 000℃。SOFC电极也无须铂等贵重金属作为催化剂，而且无电解质蒸发和电池材料腐蚀的问题，电池的使用寿命较长。目前，SOFC可以连续工作达70 000h。SOFC也可以将天然气和石油等碳氢化合物作为燃料。燃料在其内部可以进行重整改质。由于SOFC工作温度很高，金属与陶瓷材料之间不易密封，起动时间较长，所以其不适合作为紧急电源，但较适合于替代石油和煤等火电厂发电，既可用作中小容量的分散型电源（500kW~50MW），也可以用于大容量的集中型电厂（大于100MW）。

各种燃料电池的特点对比见表6-1。

表 6-1 各种燃料电池的特点对比

种类	碱性燃料电池	磷酸燃料电池	质子交换膜燃料电池	碳酸盐燃料电池	固态氧化物燃料电池
电解质	KOH 水溶液	磷酸水溶液	质子交换膜	碱性碳酸盐	氧化锆陶瓷
工作稳定/℃	70~200	150~200	80	600~800	650~1 000
燃料	H_2	H_2	H_2、甲醇、天然气等	CO、H_2	CO、H_2
氧化剂	O_2	空气	空气或 O_2	空气	空气
起动时间	几分钟	2~4h	几分钟	大于 10h	大于 10h
主要优点	起动快，效率高，可在室温下工作	对 CO 不敏感	起动快，比功率高，工作温度低，使用寿命长	效率高，无须贵重金属作为催化剂	效率高，无须贵重金属作为催化剂
主要缺点	需用纯氧化剂，有腐蚀	效率较低，有腐蚀	对 CO 敏感，成本较高	工作温度较高，控制复杂，有腐蚀	工作温度高，控制复杂，有腐蚀
主要应用领域	航天、军事	大客车、中小电厂	航天、军事、电动汽车	大型电厂	大型电厂

质子交换膜燃料电池由于工作温度低、起动时间短、效率较高，因此是电动汽车用燃料电池的最佳选择。

三、燃料电池的发电原理

1. 燃料电池的基本原理

燃料电池的核心部分是燃料（阳极）、电解质、氧化剂（阴极），其发电原理如图 6-1 所示。燃料电池工作时，向阳极供给燃料（氢），向阴极供给氧化剂（空气），在其内部产生电化学反应。

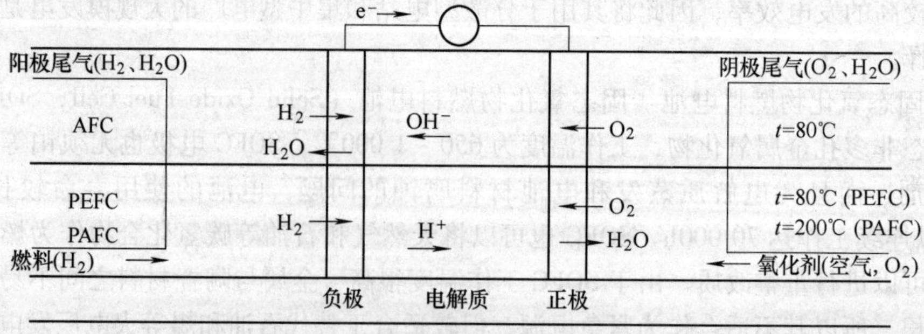

图 6-1 燃料电池的发电原理

（1）阳极进行氧化反应　进入阳极的氢（燃料）在催化剂的作用下分解成氢离子 H^+ 和

电子 e^-，H^+ 进入电解质中。其电化学反应为

$$H_2 \rightarrow 2H^+ + 2e^-$$

（2）阴极进行还原反应　在阴极，进入的空气（氧化剂）进行还原反应，空气中的氧与电解质中的氢离子吸收抵达阴极的电子而生成水。这正是水的电解反应的逆过程。其电化学反应为

$$\frac{1}{2}O_2 + 2H^+ + 2e^- \rightarrow H_2O$$

（3）外电路电子运动形成电流　当在正、负极之间连接外电路后，电子就沿外电路移向正极，形成电流，向连接在外部电路中的负载提供电能。

燃料电池的总反应为

$$H_2 + \frac{1}{2}O_2 \rightarrow H_2O$$

2. 燃料电池的电动势及工作电压

（1）燃料电池的电动势　燃料电池内部阳极和阴极的电化学反应使正极电位和负极电位发生改变，正、负电极之间产生电位差（电动势 E），即

$$E = \varphi_e^+ - \varphi_e^- \tag{6-1}$$

式中，φ_e^+ 为正极平衡电极电位；φ_e^- 为负极平衡电极电位。

无论是哪种电解质，氢氧燃料电池的电动势均为 1.229V。如果反应产物水为气态，则电动势为 1.18V。

（2）燃料电池的工作电压　工作时，燃料电池通过外电路形成放电电流，此时燃料电池正、负极之间的电位差（工作电压 U）为

$$U = E - \Delta\varphi^+ - \Delta\varphi^- - IR \tag{6-2}$$

式中，$\Delta\varphi^+$ 为正极极化电位差；$\Delta\varphi^-$ 为负极极化电位差；IR 为电池内电阻电压降。

电极产生的极化包括活化能极化和浓差极化。活化能极化是指由于电极反应必需的活化能所产生的极化；浓差极化是指因反应物的供应速度或生成物的排出速度缓慢而产生的极化。

燃料电池工作时，随着放电电流 I 的增大，正、负电极的极化电位差会加剧，电池内阻上的电压降也随之增加。燃料电池的放电特性如图 6-2 所示。

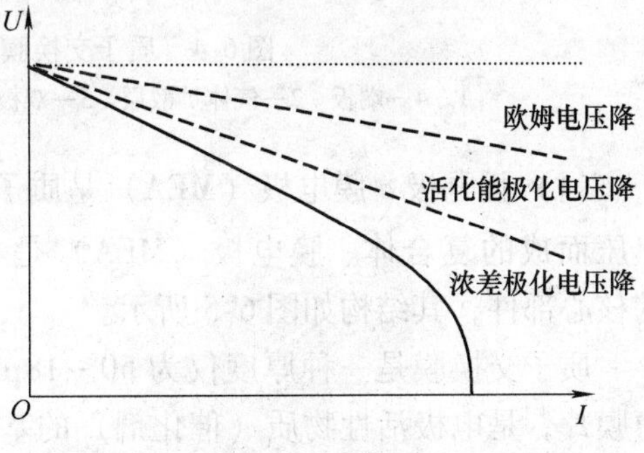

图 6-2　燃料电池的放电特性

第二节　质子交换膜燃料电池

一、质子交换膜燃料电池概述

1. 质子交换膜燃料电池的工作原理

质子交换膜燃料电池（PEMFC）主要由膜电极和集流板组成，其工作原理如图 6-3 所

示。经增湿后的 H_2 和 O_2 分别进入阳极室和阴极室，经电极扩散层扩散到催化层和质子交换膜的界面，在催化剂的作用下分别产生氧化反应和还原反应。阴极反应生成的质子（H^+）通过质子交换膜传导到阳极，阳极反应产生的电子则经外电路到达阴极，形成放电电流；生成的水（H_2O）以水蒸气或冷凝水的形式随着过剩的阴极反应气体从阴极室排出。

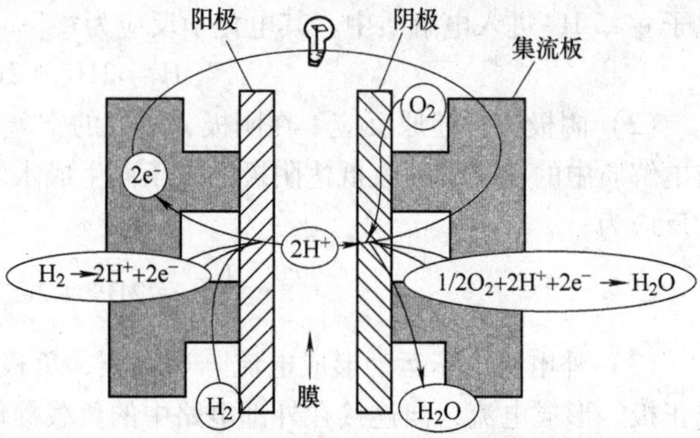

图 6-3 质子交换膜燃料电池的工作原理

2. 质子交换膜燃料电池单体的组成部件

质子交换膜燃料电池单体的主要组成部件如图 6-4 所示。

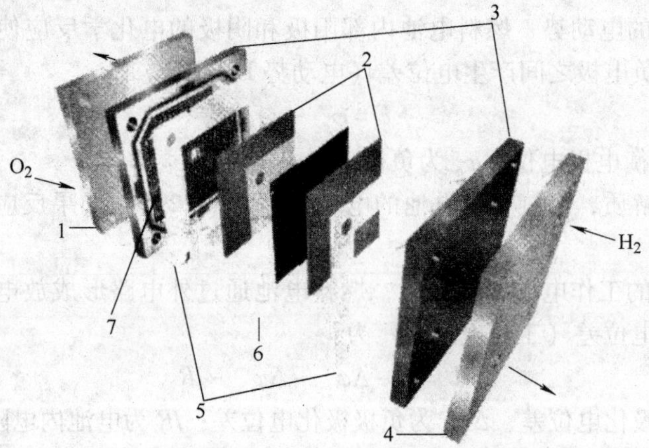

图 6-4 质子交换膜燃料电池单体的主要组成部件

1、4—端板 2—气体扩散层 3—双极板 5—密封垫片 6—质子交换膜 7—气体通道

（1）膜电极 膜电极（MEA）是质子交换膜与两侧的气体扩散层（阴、阳电极）通过热压而成的复合体。膜电极（MEA）是 PEMFC 的核心部件，其结构如图 6-5 所示。

质子交换膜是一种厚度仅为 50 ~ 18μm 的极薄膜片，是电极活性物质（催化剂）的基底。质子交换膜的特点是：在一定的温度和湿度下，可使 H^+（质子）通过，而不允许 H_2 及其他离子通过。质子交换膜是 PEMFC 的核心技术，其化学、物理性质对 PEMFC 性能的影响极大。对质子交换膜的要求如下：

1）具有良好的离子导电性能。

2）应有适度的含水率。

3）在电池工作时具有良好的化学稳定性。

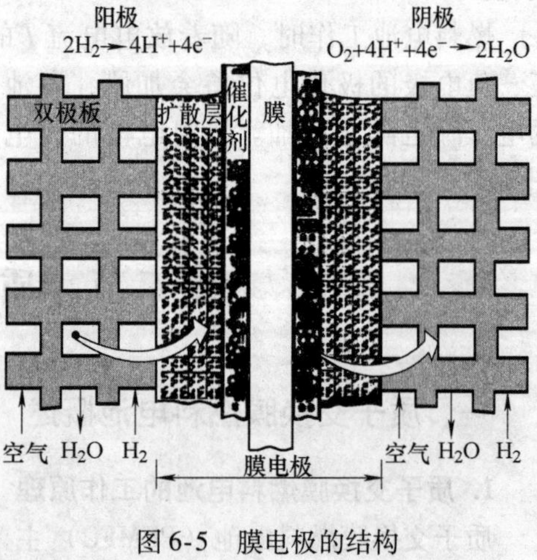

图 6-5 膜电极的结构

4）在极薄的结构尺寸下仍具有足够的机械强度。

5）膜表面与催化剂有良好的结合性能。

由于结构、工艺和生产批量等方面的原因，质子交换膜的成本很高。

催化剂是PEMFC的另一项核心技术。为加速正极氢的氧化反应和负极氧的还原反应，在气体扩散电极上都有一定量的催化剂。目前的催化剂采用金属铂（Pt）。铂是价格昂贵的稀缺资源。早期的膜电极是将铂直接热压到电解质膜的两侧。这种方法使铂的载量较高，导致燃料电池的成本过高。后来采用碳载铂技术，并先后开发出涂膏法、浇注法、滚压法、电化学催化法等制备工艺，使铂的利用率提高，单位面积铂的使用量下降，从而使燃料电池的成本得到了有效的控制。

气体扩散电极也是膜电极的重要组成部分。性能良好的气体扩散电极应同时具有适度的亲水性和疏水性，以确保催化剂发生作用的最佳湿化环境，同时又能让反应生成的水及时排出，以避免电极被水淹没。

（2）双极板　双极板又称为集流板，放置在膜电极的两侧，可将各电池单体串联起来。双极板的两侧分别与相邻两电池单体的阳极和阴极接触，这样，无需导线就可将各电池单体串联起来。集流板除了用作导电和串联各电池单体外，其表面的导流槽还起导流燃料、氧气及冷却水的作用。

双极板面向膜电极一侧的表面刻有沟槽（称为流道），用于导流燃料和氧气（空气），而双极板中间的沟槽则是冷却水的通道，用于带走反应生成的剩余热量。双极板的材质和结构设计主要考虑其有良好的导电性和密封性，反应气体能均匀分布于电极各处，使水与热的排出顺畅。目前制作双极板的材料主要有石墨、表面改性的金属、炭黑-聚合物合成材料等，通过精密铣床加工或直接模压成形制成双极板的沟槽网（流场）。有的双极板则由网状结构的流场板与极板组合而成。

3. 质子交换膜燃料电池系统

由燃料电池单体通过串联的方式组成的燃料电池电堆必须持续地供给燃料和氧化剂，并及时处理电化学反应产生的水和热才能正常工作。因此，一个能持续向外供电的燃料电池必须配备燃料供给与循环系统、氧化剂供给系统、水/热管理系统以及协调各系统工作的电子控制系统。

典型的质子交换膜燃料电池系统如图6-6所示。

（1）燃料电池电堆　燃料电池电堆由多个单体电池以串联方式层叠组合而成，如图6-7所示。将双极板与膜电极交替叠合，在各单体之间嵌入密封件，经前、后端板压紧后用螺杆紧固拴牢，即构成了质子交换膜燃料电池电堆。

当电堆工作时，氢气和氧气分别由进口引入，经电堆气体主通道分配至各单体电池的双极板，再经双极板流道的导

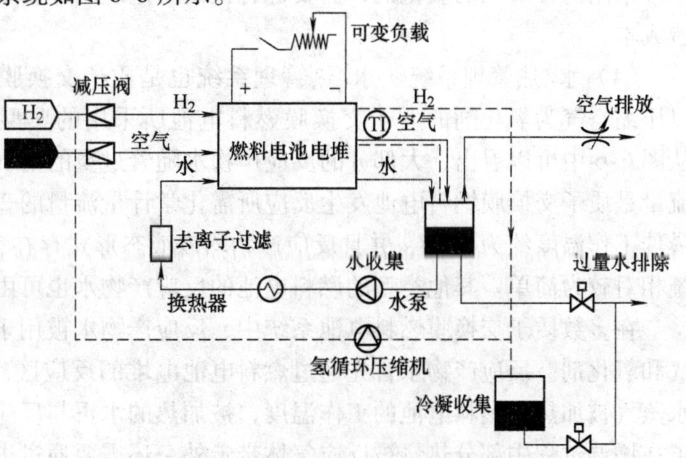

图6-6　典型的质子交换膜燃料电池系统

流均匀分配至电极，通过电极支撑体与催化剂接触进行电化学反应。

(2) 燃料及其循环系统　质子交换膜燃料电池可用纯氢作为燃料，也可用甲醇、天然气等碳氢化合物作为燃料。以纯氢作为燃料的循环系统，由氢源、稳压阀和循环回路组成。其中，氢源可以采用压缩氢气、液氢或金属氢化物储氢；稳压阀的作用是控制燃料氢气的压力；循环回路用以循环利用过量的燃料气，通常是用一个循环泵或喷射泵将过量的氢气送回到电池燃料气的入口处。因此，氢源所提供的氢几乎全部被用来发电。

图 6-7　燃料电池电堆的结构

如果质子交换膜燃料电池以碳氢化合物作为燃料，则其燃料循环系统至少还应包括一个燃料处理器，用来将燃料或燃料与水的混合物转换成蒸气。在由燃料转换而来的气体中，包括大部分氢、二氧化碳、水和微量的一氧化碳。转换气中的惰性气体和其他气体都将在不同程度上影响燃料电池的性能，而低温下 CO 很容易吸附在铂催化剂上，引起催化剂中毒，导致电池性能下降。为防止 CO 中毒，必须将转换气中 CO 的质量分数控制在 0.01% 以下，通常用一个转换器或一个选择氧化器来实现。

(3) 氧化剂及其循环系统　质子交换膜燃料电池的氧化剂采用纯氧或空气，如果用纯氧作为氧化剂，则其系统组成及控制与纯氢燃料循环系统类似。实际运用的质子交换膜燃料电池均采用空气作为氧化剂，并且根据不同的应用需要，有常压空气和压缩空气两种。

当采用常压空气作氧化剂时，燃料电池系统的结构较为简单。由于燃料电池性能随着氧压力的增大而提高，因而在获得同等电池性能的前提下，采用常压空气作为氧化剂的质子交换膜燃料电池系统的结构尺寸较大，制造成本也相对更高。此外，采用常压空气的循环系统增加了燃料电池系统水/热管理的难度。

采用压缩空气作为氧化剂的循环系统则要复杂一些，通常包含一个由质子交换膜燃料电池驱动的压缩机和一个可以从排放气中回收部分能量的涡轮热膨胀器。

采用何种形式的氧化剂，需要综合权衡特定应用场合下系统的效率、燃料电池重量及制造成本。

(4) 水/热管理系统　水/热管理系统也是质子交换膜燃料电池系统的重要组成部分。以压缩空气为氧化剂的质子交换膜燃料电池所采用的典型的水/热管理系统可参照图 6-6。从图 6-6 中可以看出，大部分的反应产物水随着过量的空气流从阴极排出。通常，氧化剂的流量是质子交换膜燃料电池发生反应所需化学计量流量的 2 倍。由于质子交换膜燃料电池的最佳工作温度约为 80℃，并且反应产物均以液态形式存在，易于收集，因而其水/热管理系统相对较为简单。其他类型的燃料电池的反应产物水也可由阳极排出。

在多数质子交换膜燃料电池系统中，反应产物水被用于系统的冷却和部分用来加湿燃料气和氧化剂。反应产物水首先通过燃料电池电堆的反应区冷却电堆本身。在冷却的过程中，水蒸气被加热至燃料电池的工作温度，被加热的水再与反应气体接触，起到增湿的效果。除了在增湿过程中部分热量被反应气体带走外，还需要通过进一步的热交换过程，以便将水中多余的热量带走，防止因质子交换膜燃料电池系统热量逐渐积累而造成电池温度上升、性能下降。这个热交换过程是通过水/空气热交换器来完成的。对于一些特殊的质子交换膜燃料电池系统，这部分过多的热量也可用作空调（加热）和饮用热水的热源来使用。

（5）控制系统 从图6-6可知，质子交换膜燃料电池系统由众多子系统组成。每个子系统既独立，又相互联系。因此，任何一个子系统工作失常都将直接影响燃料电池的性能。为确保整个系统可靠地运行，需要由控制系统对各子系统进行协调控制。控制系统由各种传感器、电子控制器及控制执行器（阀、泵、调节装置等）组成。随着燃料电池电堆技术的日趋成熟，控制系统已成为决定燃料电池系统性能和制造成本的关键因素之一。

二、质子交换膜燃料电池的工作特性及影响因素

反映质子交换膜燃料电池工作性能好坏的重要参数有工作电压、输出电流及输出功率等。在燃料电池工作过程中，影响其工作特性的因素主要有燃料电池电堆本身的技术状况、燃料电池的工作条件及燃料电池系统的水/热管理。

1. 燃料电池电堆本身技术状况的影响

燃料电池电堆的技术状况对质子交换膜燃料电池工作性能起着关键的作用，而影响电堆性能的主要因素有：

1）膜电极的结构、制备方式和条件。

2）质子交换膜的类型、厚度、预处理情况、传导质子的能力、机械强度、化学和热稳定性。

3）催化剂的含量和制备方法。

4）双极板的结构、流场的结构与布置。

2. 燃料电池工作条件的影响

（1）工作电压、功率密度及能量效率与输出电流的关系 质子交换膜燃料电池的电压、功率与输出电流之间的关系如图6-8所示。从图6-8中可知，燃料电池的工作电压随着输出电流的增大而下降，但其功率却增大。由于燃料电池的效率主要与其工作电压有关，因此，当燃料电池电压高而能量效率高时，其功率却较低。最优化的燃料电池电堆设计是使电堆在较大的输出电流时能有较高的电压，以使电堆既有高的功率输出又有高的能量效率。对于电动汽车用燃料电池，要求其具有高的功率密度和较低的成本。这在大电流输出的状态下才能实现。

（2）工作压力的影响 如图6-8所示，H_2与空气压力的比值为0.3MPa/0.3MPa时的工作电压及输出功率要高于0.1MPa/0.1MPa时的工作电压及输出功率。显然，质子交换膜燃料电池的反应气体的压力越高，其性能就越好，阴极反应物（氧气或空气）的压力对燃料电池性能的影响尤为明显。为了减少氢气通过交换膜互相扩散，以避免产生氢氧混合物而引发危险，应尽可能减少膜两侧的压力差。

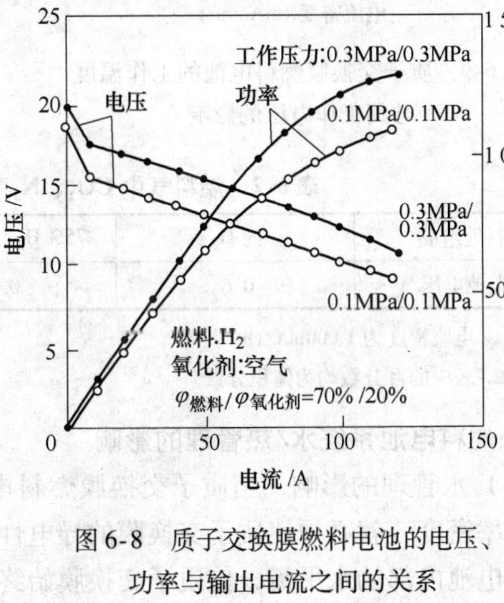

图6-8 质子交换膜燃料电池的电压、功率与输出电流之间的关系

（3）工作温度的影响　质子交换膜燃料电池的工作温度对其工作电压的影响如图 6-9 所示。从图 6-9 中可知，质子交换膜燃料电池的工作温度高时，在各种电流密度下的工作电压也高，这说明工作温度高时，燃料电池的输出功率也大，效率也有所提高；主要的原因是随着工作温度的升高，反应气体向催化剂层的扩散速度以及质子从阳极向阴极的运动速度均有提高。

当质子交换膜燃料电池工作时，其质子交换膜必须保持适当的湿润状态，以确保质子交换膜具有良好的质子传导性，这就需要反应生成的水应尽量为液态。因此，在常压下，质子交换膜燃料电池的工作温度不能超过 80℃，在 0.4～0.5MPa 压力下的工作温度不能高于 102℃。

（4）燃料气中杂质的影响　燃料气中的杂质主要有 CO、CO_2、N_2 等。其中，CO 对燃料电池性能的影响极大，如图 6-10 所示。燃料气中的 CO_2、N_2 等气体对燃料电池性能的影响见表 6-2。

从表 6-2 中可知，高含量的 CO_2 对燃料电池性能的影响很大。这是因为在阳极的催化剂 Pt 上吸附的 H_2 和 CO_2 互相作用会引起 CO 中毒。

（5）空气对燃料电池的影响　从图 6-9 中可看出，用空气作为氧化剂时，燃料电池的工作电压下降了，并在低电流密度时出现了电压-电流线性区的偏离。这主要是由氮障碍层效应和空气中氧分压较低造成的。

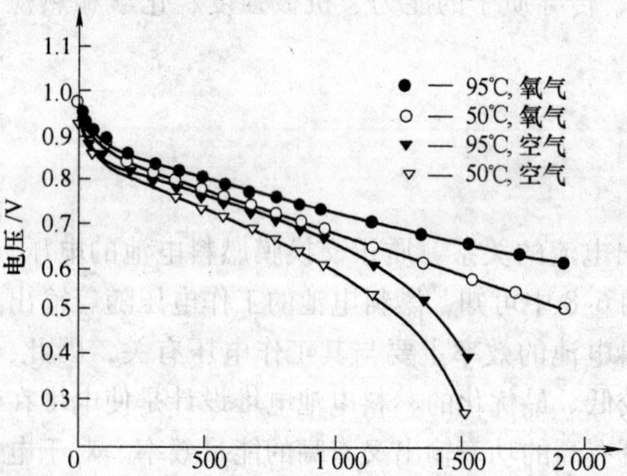

图 6-9　质子交换膜燃料电池的工作温度对其工作电压的影响

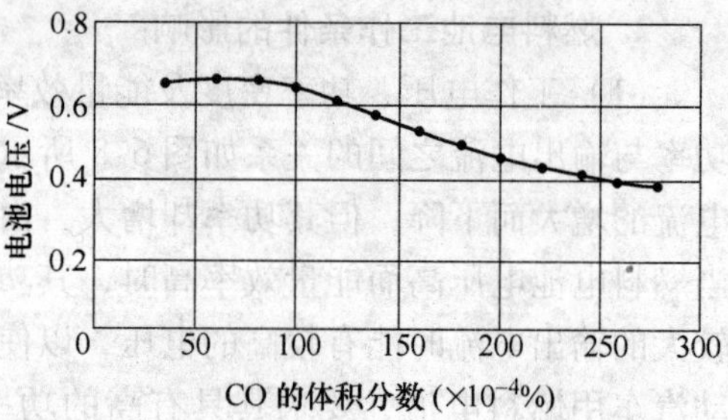

图 6-10　燃料气中 CO 对燃料电池性能的影响

表 6-2　燃料气中 CO_2、N_2 等气体对燃料电池性能的影响

燃料气组成	纯 H_2	75% H_2，25% CO_2	75% H_2，25% N_2	98% H_2，2% CO_2
单体电池电压/V	0.6	0.31	0.58	0.51

注：1. 电流密度为 1 000mA/cm^3。
2. 表中的百分数均为体积分数。

3. 燃料电池系统水/热管理的影响

（1）水管理的影响　当质子交换膜燃料电池工作时，为了能同时获得高的能量转换效率及功率密度，就必须使质子交换膜的导电性能保持在最佳状态，而这需要通过水管理来维持燃料电池内部的水平衡，使质子交换膜始终保持在适宜的湿润状态的同时阴极又不会被水淹渍。影响水管理的主要因素有电流密度、进入燃料气的增湿程度、工作温度、气室压力及气体流速等。

对于如何实现最佳的水管理，国内外均开展了大量的研究与试验工作，并提出了实现有效水管理的各种途径，例如：

1）膜电极和电堆结构的优化设计。

2）对质子交换膜燃料电池的电流密度、反应气体湿度、反应气体流速以及压力、工作温度等工作参数进行综合调控。

3）选择合适的质子交换膜及炭纸或炭布。

（2）热管理的影响　热管理的作用是控制燃料电池的工作温度。质子交换膜燃料电池是低温型燃料电池，但其工作温度仍然高于环境温度。质子交换膜燃料电池工作时，会产生大量的热，需要采取适当的冷却措施，并通过适当的控制使其保持在适宜的温度。质子交换膜燃料电池的工作温度不能高于100℃（由质子交换膜的特性决定）。如果工作温度过高，则会影响质子交换膜的热稳定性和其他性能；如果温度过低，则会导致各种极化增大，使质子交换膜燃料电池的性能恶化。

第三节　燃料电池汽车概述

一、燃料电池汽车的发展概况

燃料电池汽车（Fuel Cell Electric Vehicle，FCEV）采用燃料电池作为动力源。相比于内燃机汽车，燃料电池汽车主要有以下优点：

1）因燃料直接通过电化学反应产生电能，无热能转换过程，故不受卡诺循环的限制，能量转换效率高，实际能量转换效率高达50%~70%。

2）当燃料电池使用氢燃料时，其排放的是水，无污染；当使用甲醇、汽油等其他燃料时，排放的CO_2比汽油机少1/2。

3）燃料电池电堆可由若干个单元电池串联或并联而成，可根据质量分配均衡和空间有效利用的原则，机动灵活地进行配置。

4）燃料电池无运动部件，振动小，噪声低，零部件对机械加工精度要求不高。

二、燃料电池汽车的类型

虽然燃料电池汽车的历史不长，但与纯电动汽车相比，燃料电池汽车无须依赖蓄电池技术性能的完善，与内燃机汽车相比，则具有环保、节能的优势。因此，燃料电池汽车已成为世界范围内新能源汽车开发的热点，且不断地涌现出不同结构的燃料电池汽车。

1. 按有无蓄能装置分

根据燃料电池汽车是否配备蓄能装置，可将燃料电池汽车分为纯燃料电池汽车和混合型燃料电池汽车两大类。

（1）纯燃料电池汽车　纯燃料电池汽车的燃料电池是电动汽车上电能的唯一来源。这种类型的燃料电池汽车，要求燃料电池的功率大，并且无法回收汽车制动能量。因此，纯燃料电池汽车目前应用较少。

（2）混合型燃料电池汽车　混合型燃料电池汽车上除燃料电池外，同时配备了蓄能装置（如蓄电池、超级电容和飞轮电池等）。由于蓄能装置可协助供电，因而可适当减小燃料电池的功率，而且蓄能装置还可用于汽车制动时的能量回收，所以可提高燃料电池汽车的能量利用率。因此，燃料电池汽车多采用混合型结构。

2. 按燃料电池与蓄电池的结构关系分

根据混合型燃料电池汽车中燃料电池和蓄电池的电路结构，可将混合型燃料电池汽车分为串联式和并联式两种，如图 6-11 所示。

（1）串联式燃料电池汽车　串联式燃料电池汽车动力系统的构成如图 6-11a 所示。其燃料电池相当于车载发电装置，通过 DC-DC 转换器进行电压转换后对蓄电池充电，再由蓄电池向电动机提供驱动车辆的全部电力。串联式燃料电池汽车的特点与普通的串联式混合动力电动汽车相似，其优点是可采用小功率的燃料电池，但要求蓄电池的容量和功率足够大，而且燃料电池发出的电能需要经过蓄电池的电化学转换过程，从中有能量的转换损失。目前，串联式燃料电池汽车较为少见。

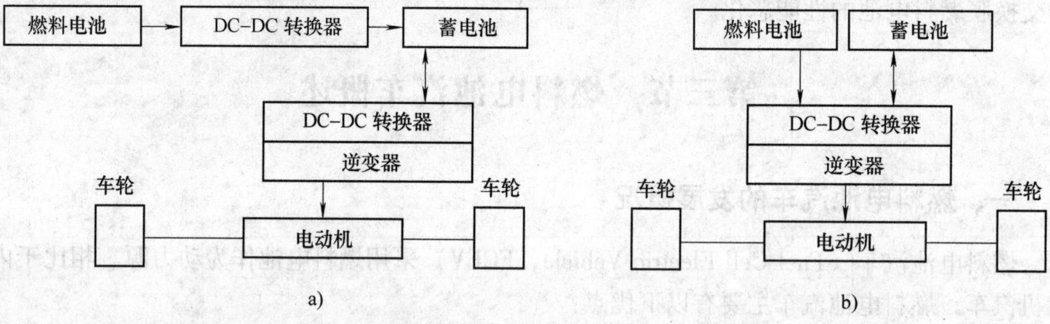

图 6-11　串联式和并联式混合型燃料电池汽车动力系统示意图

a）串联式　b）并联式

（2）并联式燃料电池汽车　并联式燃料电池汽车动力系统的构成如图 6-11b 所示。它由燃料电池和蓄电池共同向电动机提供电力。根据燃料电池与蓄电池能量大小配置的不同，可将其分为大燃料电池型和小燃料电池型两种。大燃料电池型主要由燃料电池提供电力，蓄电池的容量较小，只是在电动汽车起步、加速、爬坡等行驶工况时协助供电，并且在车辆减速与制动时进行能量回收；小燃料电池型则必须采用大容量的蓄电池，由蓄电池提供主要的电力，而燃料电池只是协助供电。并联式是目前燃料电池汽车采用较多的形式。

3. 按提供的燃料分

根据燃料电池所提供燃料的不同，燃料电池汽车分为直接燃料电池汽车和重整燃料电池汽车两大类。

（1）直接燃料电池汽车　直接燃料电池汽车的燃料主要是纯氢，也可以用甲醇等作为燃料。采用纯氢作为燃料的燃料电池汽车，氢燃料的储存方式有压缩氢气、液态氢和合金（碳纳米管）吸附氢等几种。

（2）重整燃料电池汽车　重整燃料电池汽车的燃料主要有汽油、天然气、甲醇、甲烷、液化石油气等。重整燃料电池汽车的结构要比氢燃料电池汽车复杂得多。例如，甲醇重整燃料电池汽车需要对甲醇进行200℃左右的加热以分解出氢，汽油重整燃料电池汽车也需要对汽油进行1 000℃左右的加热以分解出氢。无论采用什么燃料，重整燃料电池汽车均需设置重整装置，将其他燃料转化为燃料电池所需的氢。

第四节　燃料电池汽车的结构与原理

燃料电池汽车与普通燃油汽车相比，其外形和内部空间几乎没有什么区别，不同之处在于动力系统。燃料电池汽车动力系统的基本组成部分如图6-12所示。

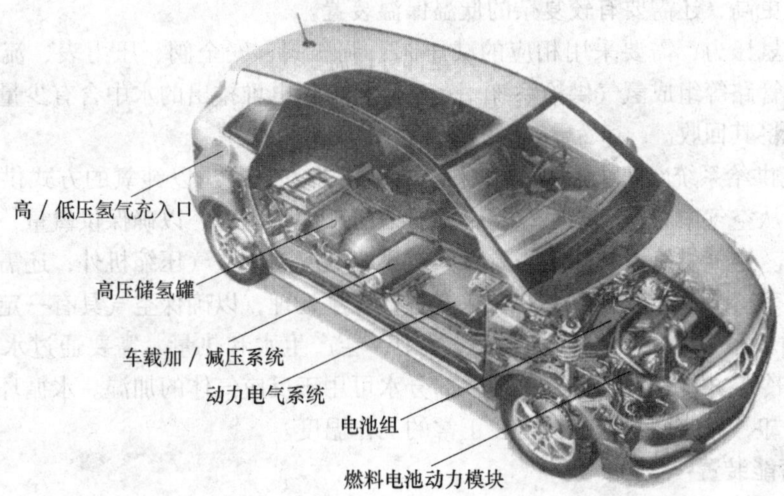

图6-12　燃料电池汽车动力系统的基木组成部分

一、直接燃料电池汽车

典型直接燃料电池汽车动力系统的基本构成如图6-13所示。

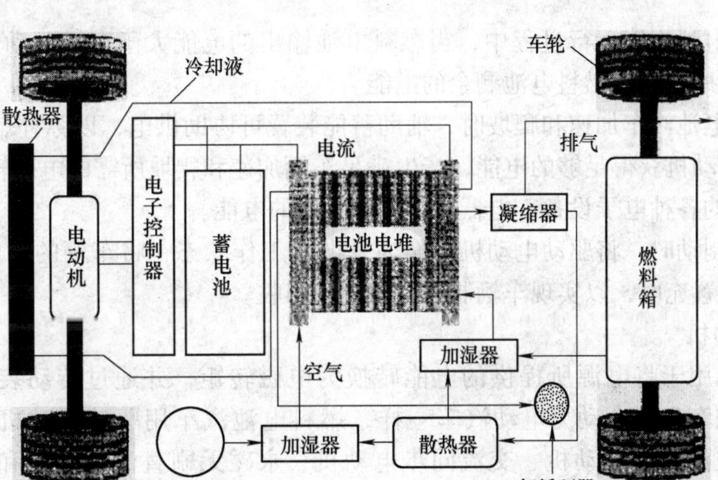

图6-13　典型直接燃料电池汽车动力系统的基本构成

1. 燃料电池系统

燃料电池系统的核心是燃料电池电堆，此外，还配备了氢气供给系统、氧气供给系统、气体加湿系统、水循环及反应物生成处理系统等，用以确保燃料电池电堆正常工作。

（1）氢气供给系统　氢气供给系统的功能包括氢的储存、管理和回收。由于气态氢需要采用高压的方式储存，因此，储氢气瓶必须具有较高的品质。储氢气瓶的容量决定了一次充氢的行驶里程。轿车一般采用2~4个高压储氢气瓶，大客车上通常采用5~10个高压储氢气瓶来储存所需的氢气。

液态氢比气态氢需要更高的压力进行储存，而且要保持低温，因此在使用液态氢时对储氢气瓶的要求更高，还需要有较复杂的低温保温装置。

不同的储氢压力，需要采用相应的减压阀、调压阀、安全阀、压力表、流量表、换热器、传感器及管路等组成氢气供给系统。在从燃料电池电堆排出的水中含有少量的氢，可通过氢气循环器将其回收。

（2）氧气供给系统　氧气有纯氧和空气两种供给方式。当以纯氧的方式供给时，需要用氧气罐；当从空气中获得氧气时，需要用压缩机来提高压力，以确保供氧量，增加燃料电池反应的速度。空气供给系统除了需要有体积小、效率高的空气压缩机外，还需配备相应的空气阀、压力表、流量表及管路，并对空气进行加湿处理，以确保空气具有一定的湿度。

（3）水循环系统　在燃料电池反应过程中，会产生水和热量，需要通过水循环系统中的凝缩器加以冷凝并进行气水分离处理，部分水可用于反应气体的加湿。水循环系统还用于燃料电池的冷却，以使燃料电池保持在正常的工作温度。

2. 辅助蓄能装置

混合式燃料电池汽车还配备了辅助蓄能装置。辅助蓄能装置可采用蓄电池、超级电容和飞轮电池中的一种，与燃料电池组成双电源的混合动力系统，或采用蓄电池+超级电容、蓄电池+飞轮电池与燃料电池组成三电源系统。

燃料电池汽车配备辅助蓄能装置的作用如下：

1）在燃料电池汽车起动时，由辅助蓄能装置提供电能，带动燃料电池起动或带动车辆起步。

2）在燃料电池汽车运行过程中，当燃料电池输出的电能大于车辆驱动所需的能量时，辅助蓄能装置可用于储存燃料电池剩余的电能。

3）在燃料电池汽车加速和爬坡时，辅助蓄能装置可协助供电，以弥补燃料电池输出功率的不足，使电动机获得足够的电能，产生满足车辆加速和爬坡所需的电磁转矩。

4）向车辆的各种电子设备、电器提供工作所需的电能。

5）在车辆制动时，将驱动电动机转换为发电机工作状态，将车辆的动能转换为电能，并向辅助蓄能装置充电，以实现车辆制动时的能量回收。

3. 驱动电动机

驱动电动机用于将电源所提供的电能转换为电磁转矩，并通过传动装置驱动车辆行驶。与纯电动汽车和混合动力电动汽车一样，燃料电池汽车用驱动电动机也可采用直流有刷电动机、交流异步电动机、交流同步电动机、永磁无刷直流电动机和开关磁阻电动机等。

不同类型的电动机具有不同的性能特点。燃料电池汽车通常是结合整车的开发目标，综合考虑各种电动机的结构与性能特点以及电动机的驱动控制方式及控制器结构特点等，选择适宜的驱动电动机。

4. 电子控制系统

直接燃料电池汽车的电子控制系统包括燃料电池系统控制、DC-DC转换器控制、辅助蓄能装置能量管理、电动机驱动控制以及整车协调控制等控制功能模块，各控制功能模块通过总线连接在一起，如图6-14所示。

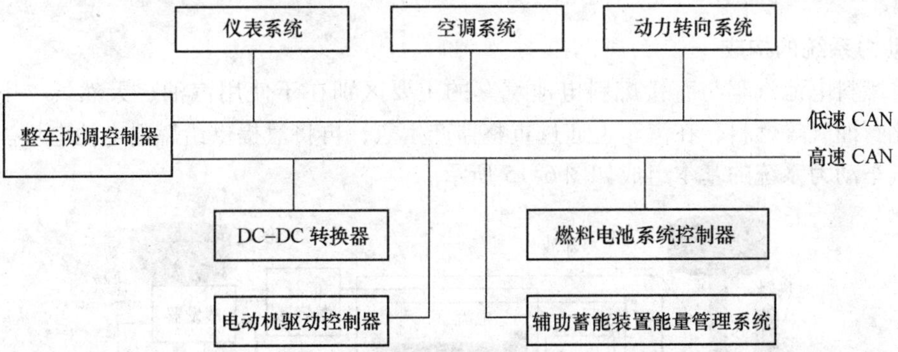

图6-14 燃料电池汽车电子控制系统的构成

（1）燃料电池系统控制 燃料电池系统控制器用来控制燃料电池的燃料供给与循环系统、氧化剂供给系统、水/热管理系统，并协调各系统工作，以使燃料电池系统能持续向外供电。

（2）DC-DC转换器控制 DC-DC转换器用于改变燃料电池的直流电压，由电子控制器控制。电子控制器的作用是通过调节DC-DC转换器的输出电压，将燃料电池电堆较低的电压上升至电动机所需的电压。DC-DC转换器的作用不仅仅是升压和稳压，在工作时，通过控制器的实时调节可使其输出电压与蓄电池的电压相匹配，协调燃料电池和蓄电池负荷，起限制燃料电池最大输出电流和最大功率的作用，以避免燃料电池因过载而损坏。

（3）辅助蓄能装置能量管理 辅助蓄能装置能量管理系统对蓄电池的充电状态、放电状态、存电状态等进行监控，使辅助蓄能装置能正常起作用，实现车辆在起动、加速、爬坡等工况下的协助供电，并且在车辆运行时储存燃料电池剩余电能，实现汽车制动时的能量回馈。蓄电池能量管理系统通过对蓄电池电压、电流、温度等参数的监测，还可实现蓄电池的过充电、过放电控制，进行蓄电池荷电状态的估计与显示。

（4）电动机驱动控制 电动机的类型不同，其控制系统的电路结构与工作原理也有所不同。总体上，电动机驱动控制系统的主要控制功能有电动机的转速与转矩调节、电动机工作模式控制（设有制动能量回馈的电动汽车）、电动机过载保护控制等。

（5）整车协调控制 整车协调控制系统基于设定的控制策略对各控制功能模块进行协调控制。一方面，控制器根据加速踏板位置传感器、制动踏板传感器、档位开关送入的电信号判断驾驶人的驾车意图并输出控制信号，通过相关的控制功能模块实现车辆的行驶工况控制；另一方面，控制器根据相关传感器和开关输入的电信号，获取车速、电动机转速、是否制动、蓄电池和燃料电池的电压和电流等信息，判断车辆的实际行驶工况和动力系统的状况，并按设定的多电源控制策略输出相应的控制信号，通过相应的功能模块实现能量分配调节控制。此外，整车协调控制还包括整车故障自诊断功能。

直接以纯氢作为燃料的电动汽车对储氢装置的要求较高。但与重整燃料电池汽车相比，直接燃料电池汽车的结构简单、重量轻、能量效率高、成本低。因此，目前的燃料电池汽车大部分以纯氢作为车载氢源。

二、重整燃料电池汽车

1. 动力系统的构成

重整燃料电池汽车与直接燃料电池汽车的主要区别在于使用汽油、天然气、甲醇、甲烷、液化石油气等燃料，在汽车上通过重整器产生氢，再将氢提供给燃料电池电堆。重整燃料电池汽车动力系统的基本组成如图 6-15 所示。

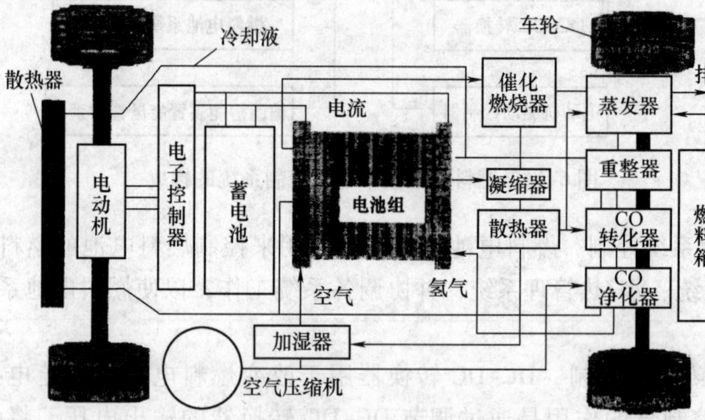

图 6-15　重整燃料电池汽车动力系统的基本组成

重整燃料电池系统中的氧气供给及管理系统、反应生成的水/热量处理系统及电力管理系统等与直接燃料电池系统基本相同，只是增加了重整器、加热器、CO 转换与净化器等装置，用以将汽油、天然气、甲醇、甲烷、液化石油气等燃料转换为纯氢。

2. 重整燃料电池氢气产生的过程

重整燃料电池汽车采用的燃料不同，其制氢过程（重整技术）也会有所不同。

（1）车载醇类制氢过程　醇类燃料（甲醇、乙醇、二甲醚等）的车载制氢过程大体相同，均需经重整、变换、CO 脱除等几个步骤。以甲醇作为燃料的车载制氢过程如图 6-16 所示。

储存在普通容器中的甲醇在进入重整器之前，通过加热器加热使甲醇和纯水的混合物在高温（621℃）下变成混合气，然后进入重整器分离出氢。由于重整器产生的氢气中含有少量 CO，因此，需要通过转换器中的催化剂将 CO 转换为 CO_2 后排出，使之最终进入燃料电池的 H_2 中。CO 的含量不能超过规定的低限值（0.001%）。

（2）车载烃类制氢过程　烃类燃料（汽油、柴油、LPG 及天然气等）制氢通常包括氧化重整、高温变换、脱硫、低温变换、CO 净化及燃烧等过程。以汽油作为燃料的车载制氢过程如图 6-17 所示。

烃类车载制氢需要高温和脱硫，因此，其重整过程比醇类难度大。由于天然气是气体燃

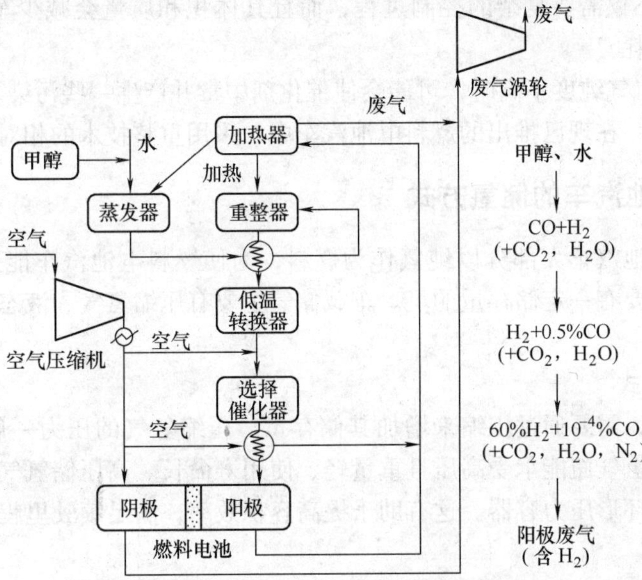

图 6-16　以甲醇作为燃料的车载制氢过程

（图中的百分数为体积分数）

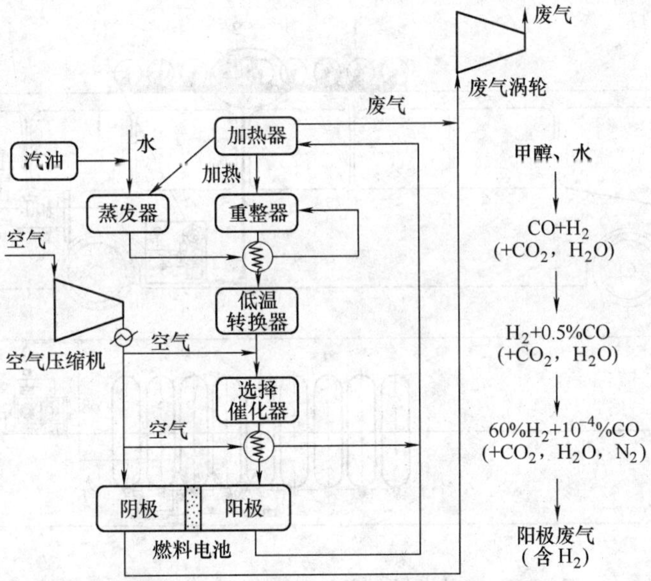

图 6-17　以汽油作为燃料的车载制氢过程

料，车载储运较为困难，因而很少用作燃料电池汽车的燃料。

3. 重整燃料电池汽车的优、缺点

使用车载重整器制氢的燃料电池汽车，其主要优点是燃料储存方便，只需要普通的容器，不需要加压或冷藏。但是，车载重整器制氢也存在着一些问题，主要有：

1）燃料电池系统起动时间较长，动态响应较慢。当然，对于配备辅助蓄能装置的重整燃料电池汽车来说，辅助蓄能装置可很好地解决这一问题。

2）重整装置不仅需要复杂的控制过程，而且其体积和质量会减少车辆可利用的空间，增加更多的能量消耗。

3）当制取的氢气纯度不高时，可能会使催化剂中毒并产生一些污染。

由于上述不足，在现已推出的燃料电池汽车中，采用重整技术的相对较少。

三、燃料电池汽车的储氢方式

目前的燃料电池汽车大部分以纯氢作为燃料，为使燃料电池汽车能达到所需的续驶里程，在汽车上就需要有一定储存量的氢。车载储氢主要有压缩氢气、液态氢和金属储氢三种形式。

1. 压缩氢气形式

氢气的密度小，需要通过压缩来增加其储存量。压缩氢气的压力一般在 20～30MPa 或更高，因而要求储氢气瓶能承受高压且重量轻、使用寿命长。高压储氢气瓶的材料用铝或石墨材料，通常制成环形压力容器。这有助于提高容积效率，满足续驶里程的要求，而且便于在汽车上安装。

不同类型的燃料电池汽车，高压储氢气瓶的布置形式也有所不同。燃料电池轿车的高压储氢气瓶通常安装在后座椅下或行李箱下，而大客车的储氢气瓶通常安装在车辆的顶部或裙部。图 6-18 所示为某种燃料电池大客车储氢气瓶的布置方式。

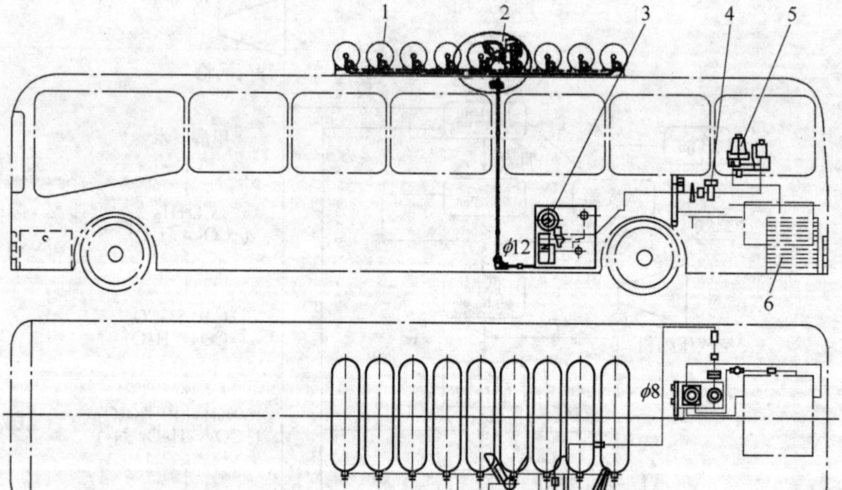

图 6-18　某种燃料电池大客车储氢气瓶的布置方式

1—储氢气瓶　2—车顶控制气路　3—压力表　4—滤清器　5—减压阀　6—燃料电池

2. 液态氢形式

相对于气态氢，液态氢具有较高的能量密度，可显著提高单位容积氢的质量，有利于降低运输成本，提高燃料电池汽车的续驶里程。但是，液态氢需要将气态氢冷却到 －253℃ 才能得到，氢气的液化过程时间较长，而且需要消耗大量的能量。另一个问题是，液态氢难于较长时间储存，只能储存在供应站，而在运输时也需要专用运输车辆。

车载液态氢储存罐如图 6-19 所示。液态氢储存罐需要有良好的绝热性能，因此，其外壳通常用绝热材料包裹，其内部设有液位计和压力调节（控制）装置。

液态氢需要转换为氢气才能提供给燃料电池，而液态氢汽化过程需要吸收热量，因此，在供氢系统中还需要设置换热器和压力调节系统。

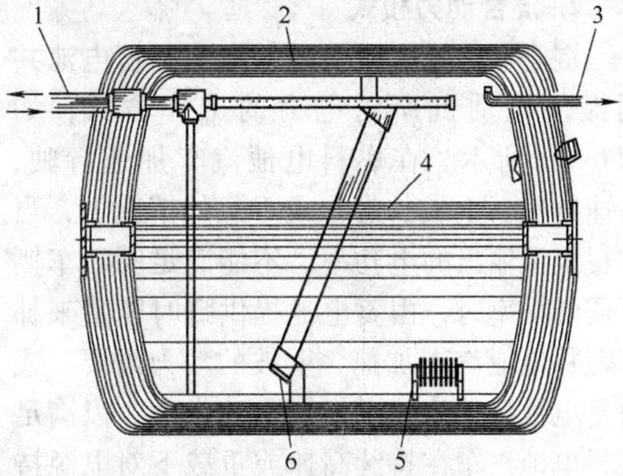

图 6-19　车载液态氢储存罐

1—液氢进出口　2—绝热材料　3—安全排气口　4—液态氢　5—压力仪表　6—液位计

3. 金属储氢形式

利用金属氢化物储氢，就是将氢气加压至 3～6MPa，使进入容器的氢在高压下附在金属小颗粒上，完成氢与金属的结合，同时释放出热量。由于从金属小颗粒中释放出氢时，需要吸收外部的热量。因此，金属储氢容器不仅需要有一定的耐压强度，还要有足够的换热面积，以满足充氢和放氢时的热量传递。为了尽可能多地储存氢，需要储氢金属表面呈小颗粒状，并且在适当的温度范围和压力范围内能够储存或释放氢气。

金属储氢通常被认为是最安全的储氢方式。相比于高压储氢罐储氢方式，金属储氢的特点如下：

1）单位体积的储氢容量有所提高，但单位质量的储氢量并不高。金属储氢罐包括容器和储氢材料，其单位质量的储氢量要低于高性能材料制成的高压储氢气瓶。

2）储氢的压力较低（1～2MPa），远低于压缩储氢气瓶的压力，因而其安全性较高，降低了充氢设备的要求，充氢的能耗也较小。

3）金属氢化物对氢气中少量杂质（如 O_2、H_2O、CO 等）的敏感度高于燃料电池电极催化剂的敏感度，因此，对氢的纯度要求就更高了。

4）金属氢化物的机械强度较低，反复充、放氢后会出现粉碎现象。目前的金属储氢装置的金属氢化物反复充放的次数不多，而且价格较高。

总体上看，燃料电池汽车采用金属储氢方式的运行成本很高，因此，目前采用这种车载储氢方式的燃料电池汽车较少。

四、燃料电池汽车的工作方式

目前燃料电池汽车多采用燃料电池 + 蓄电池的混合动力模式。在电动汽车起步、加速、匀速、滑行、减速、制动等不同的行驶工况下，燃料电池的工作模式是不同的，大体可分为燃料电池模式、混合动力模式、蓄电池模式和能量回馈模式等，如图 6-20 所示。

1. 燃料电池模式

当燃料电池汽车工作在燃料电池模式时，电动机的电力全部由燃料电池提供。当蓄电池在非充足电状态（SOC <1），而且燃料电池的电能供给电动机后尚有剩余时，燃料电池还可向蓄电池充电，如图 6-20a 所示。燃料电池汽车在低负荷、匀速、滑行等行驶工况时，通常工作在燃料电池模式。

2. 混合动力模式

混合动力模式是指燃料电池和蓄电池共同提供电动机所需电力的工作方式，如图6-20b所示。在燃料电池汽车加速行驶、高速行驶、上坡、超车或重载的情况下，当燃料电池输出的电功率已不能满足驱动车辆所需的功率时，由蓄电池提供瞬时能量来补充燃料电池汽车加速、上坡的动力需要，或由蓄电池持续地协助燃料电池供电，以满足燃料电池汽车在持续高速或重载下对电源持续电功率输出的需求。

3. 蓄电池模式

蓄电池模式是指燃料电池停止输出电能，车辆单独由蓄电池提供电力的工作方式，如图6-20c所示。当燃料电池还未起动，而蓄电池的SOC值大于最小临界值时，由蓄电池提供电动汽车起步时所需的电能。此外，当燃料耗尽或燃料电池电堆发生故障时，若蓄电池的SOC值大于最小临界值，则也可由蓄电池短时间内独立供电。工作在蓄电池模式的燃料电池汽车，对蓄电池容量和输出功率的要求相对较高。

4. 能量回馈模式

能量回馈模式是指电动机工作在发电机状态，将车辆的动能转换为电能并向蓄电池充电的工作方式，如图6-20d所示。在燃料电池汽车下坡、遇红灯减速及非紧急制动等情况下，当蓄电池又处于非充足电状态（SOC值在最大临界值以下）时，控制器就将电动机转换为发电机工作方式，将车辆的动能转换为电能，通过向蓄电池充电来实现能量回馈。

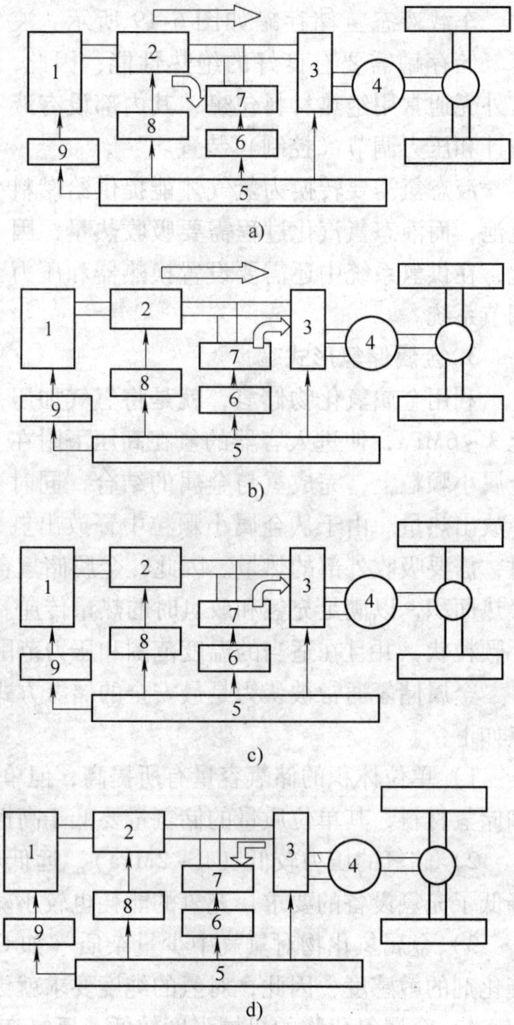

图6-20 燃料电池汽车的工作模式

a）燃料电池模式 b）混合动力模式

c）蓄电池模式 d）能量回馈模式

1—燃料电池 2—DC-DC转换器 3—电动机控制器

4—电动机 5—整车控制器 6—蓄电池能量管理

7—蓄电池 8—DC-DC电子控制器 9—燃料电池控制器

五、燃料电池汽车动力系统参数的匹配

燃料电池汽车动力系统的最佳匹配，就是要在确保车辆有良好动力性的前提下，具有最优的燃料经济性。

1. 燃料电池汽车动力系统参数匹配的基本思路

燃料电池汽车动力驱动系统的构型方式、各系统参数的匹配、整车的控制策略均是影响燃料电池汽车动力性和燃料经济性的重要因素，而且三者之间相互关联、互相影响。当燃料电池汽车采用不同的构型方式、控制策略和参数匹配时，整车的动力性和燃料经济性将会有明显的差异。燃料电池汽车动力系统参数匹配的基本思路和步骤如下：

1）选定燃料电池汽车动力系统构型方式。

2）针对选定的构型方式，选定某种能量分配策略。

3）动力系统参数匹配。以已知的整车参数、目标工况、基本能量分配策略作为条件，以满足车辆动力性作为前提，以最佳经济性作为目标，进行动力系统的参数匹配。

按照上述步骤，通过改变构型方式，就可得到不同构型方式下的动力系统参数匹配，最终得到理想的系统选型设计的方案。

2. 实用的动力系统参数优化匹配方法

可将燃料电池汽车的动力系统分为动力源和动力驱动系统两部分，如图6-21所示。

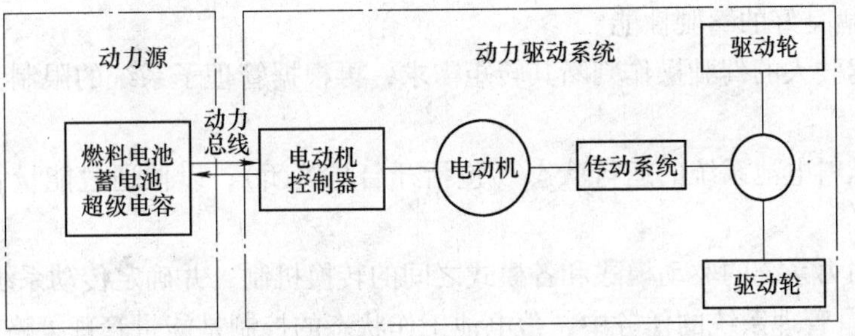

图6-21 燃料电池汽车动力系统的组成

动力驱动系统的参数匹配需要考虑的主要因素有驱动电动机的相关参数（额定功率与最大功率、最大转矩、最高转速等）、变速器的传动比、主减速器的传动比及直流总线电压等。其主要目标是满足车辆动力性和工作可靠性要求。

混合型燃料电池汽车的动力源包括燃料电池系统、蓄电池及超级电容等。动力源参数的匹配涉及各动力源的混合方式和混合比。动力源的参数优化匹配目标主要是整车的燃料经济性最优和制造成本最低，主要考虑的因素有燃料电池的额定功率、蓄电池的容量、蓄电池的串联数量及蓄电池的初始SOC值等。

实现燃料电池汽车动力系统参数匹配过程的具体方法有：

（1）理论计算法 理论计算法是根据给定的整车参数和动力性指标要求，运用汽车理论相关的公式进行计算，得到动力系统各动力总成的参数。

（2）工况分析法 工况分析法的主要目的是获取车辆的动力和功率需求信息，从而得到整车对各动力总成的动力性能和系统能量的最低需求。工况分析主要包括典型工况分析、特征工况分析及工况适应性分析。典型工况分析是指针对所设计车辆的典型使用循环工况进行分析，例如作为城市公交车，其典型工况可选为城区公交、城郊公交等循环工况；特征工况分析包括最高车速、最大爬坡度、起步及加速等工况分析；工况适应性分析是指设计车辆对除典型工况之外的其他要求的适应性分析，以判断该车辆是否具有更广泛的用途。

（3）仿真分析法 仿真分析法是借助于Advisor、Matlab/Simulink等仿真软件，针对车辆的整体设计要求与部件信息，搭建整车及各部件的仿真模型，并编制相应的程序和输入数据文件，通过仿真来确定各部件参数对整车性能的影响，从而进行各总成参数的设计与匹配。仿真分析法在程序运行时需要输入的信息中包括了目标工况信息，工况选择时可参照工况分析法。

3. 能量管理策略与优化

对于具有两个或两个以上能量源的混合型燃料电池汽车，能量管理策略对车辆能量的消耗和能量源的使用寿命均有着重要的影响。能量管理策略主要包括功率分配策略、传动比控制策略、制动能量回馈策略三部分。其核心是功率分配。只有三者有机配合并实现最优化管理，才能在有效降低能量消耗的同时，延长燃料电池和蓄电池的使用寿命。

（1）能量管理系统的主要任务　对于燃料电池 + 蓄电池的混合型燃料电池汽车，如何协调这两个动力源的功率输出比例，对提高能量的利用率及整车的燃料经济性至关重要。能量管理系统的主要任务可归结为以下几点：

1）在不损害蓄电池且蓄电池处于合理工作状态的情况下，满足车辆动力性的设计要求，以确保车辆良好的驾驶性能。

2）根据驾驶人的驾驶操作判断其转矩需求，再根据管理子系统的限制条件来确定转矩控制指令。

3）确定燃料电池系统的运行状态（包括开启与关闭），以便通过能量管理获得最大的燃料经济性。

4）确定动力系统的驱动模式和各模式之间的转换机制，并确定传动系统的传动比。

在上述能量管理系统的任务中，蓄电池工作状态的控制是能量管理策略所要解决的基本问题，需要考虑以下几个因素：

1）蓄电池的充放电效率与其本身的内阻密切相关，且是 SOC 的函数。因此，能量管理必须考虑选择蓄电池的最佳工作区域，以降低蓄电池充放电损失，同时保留额外的吸收峰值功率的空间。

2）蓄电池所储存的能量在整个循环工况下要达到平衡。

3）蓄电池的充放电深度会影响其循环寿命，因此，能量管理必须控制蓄电池的充放电深度。

（2）能量管理系统的构成　燃料电池汽车能量管理系统的基本结构如图 6-22 所示。能量管理系统通过相关的传感器、开关、电压信号获取当前的状态（包括车速、蓄电池的 SOC 等）及驾驶人的转矩需求信息，进行汽车最佳档位、燃料电池开启/关闭、制动能量回馈、功率分配等控制。

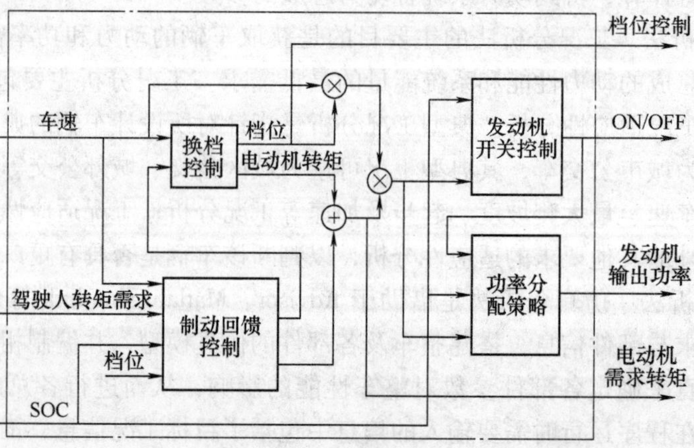

图 6-22　燃料电池汽车能量管理系统的基本结构

六、燃料电池汽车的安全系统

由于目前的燃料电池汽车大部分采用氢气作为燃料，而氢气的泄漏将会造成危险，因此，燃料电池汽车必须考虑针对氢气的安全措施。通常采用两种措施：一是储氢装置和输送管路选用不易造成泄漏的材料和结构；二是实时监测燃料电池系统中氢的泄漏情况。

1. 燃料电池系统的安全保护措施

（1）氢气源切断保护装置 当汽车发生碰撞时，氢气的泄漏将会引发严重的安全事故。为此，一些燃料电池汽车设置了相应的保护装置。当汽车发生碰撞事故时，保护装置会根据碰撞传感器所发出的信号及时切断电源和气源，以避免因氢气泄漏而造成更为严重的事故。

（2）用吸能车架保护燃料电池系统 一些燃料电池汽车的车身、车架采取了特殊的结构措施，以保护燃料电池系统在汽车发生碰撞时不易受损。本田燃料电池汽车 FCX 的纵梁结构如图 6-23 所示。

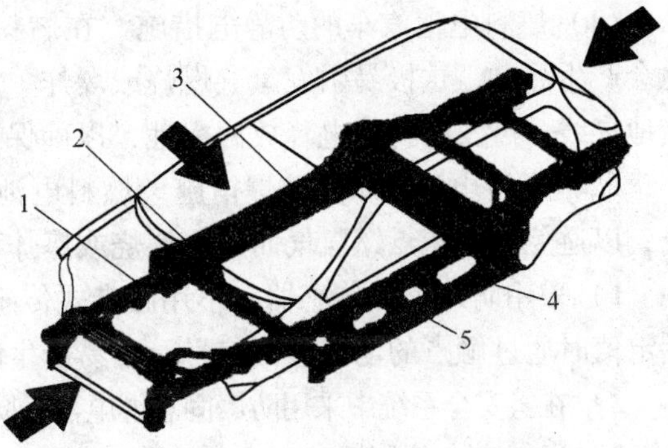

图 6-23 本田燃料电池汽车 FCX 的纵梁结构
1—前纵梁 2—横梁 3—地板梁 4—侧门框 5—横悬梁

该车架的结构特点是：当从前面碰撞时，前纵梁可吸收冲击能量，可减少驾驶室的变形；如果侧面发生了碰撞，则地板梁可吸收能量，也可减少驾驶室的变形和对燃料电池系统的影响。

（3）储氢气瓶的安全措施 储氢气瓶压力高达 25～35MPa。当汽车发生碰撞时，如果高压储氢气瓶受损破裂，则后果将不堪设想。为此，除了选用高强度的储氢气瓶外，在汽车的结构上还要考虑尽可能减小汽车碰撞时对储氢气瓶的冲击。

2. 燃料电池汽车氢气监测系统

燃料电池汽车氢气监测系统通常由氢传感器、控制器、报警及安全处理装置等组成，如图 6-24 所示。氢传感器将周围氢气含量参数转换为电信号，并输送给控制器，然后控制器根据氢传感器的信号判断是否有氢气泄漏及泄漏的严重程度，并输出相应的控制信号，使危险报警装置发出危险警报，或使安全保险电路工作（切断高压电路或关闭氢气源），及时排除安全隐患。

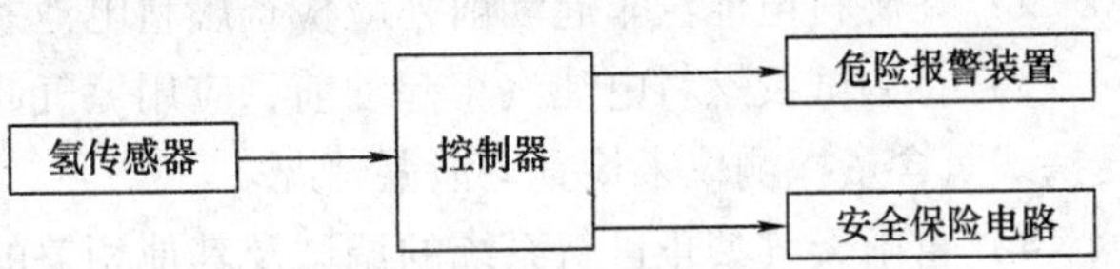

图 6-24 燃料电池汽车氢气监测系统

（1）车上氢安全控制系统 一些燃料电池汽车的氢安全控制系统配备有多个氢传感器。例如，某燃料电池电动客车在车顶部的储氢气瓶舱、乘客舱、燃料电池舱和散热器附近各安装了一个氢传感器，以监测周围空气中氢气的含量。当任何一个传感器检测到氢气含量达到爆炸下限（体积分数为 4%）的 10%、30% 和 50% 时，控制器就会发出Ⅰ级、Ⅱ级或Ⅲ级报警控制信号，使危险报警装置工作（声光报警继电器线圈通电，触点吸合），发出相应的声光报警信号。驾驶人可通过手动开关立即使燃料电池停止工作，并关闭储氢气瓶出口电磁阀，以避免造成安全事故。

对于装有自动安全保险装置的车载氢安全控制系统，其控制器在启动危险报警装置的同时，也使安全保险控制电路通电工作，自动关闭燃料电池及氢源出口，以确保安全。

（2）车库氢安全控制系统　存放燃料电池汽车的车库也存在氢泄漏的安全隐患，因而安装车库氢安全控制系统也十分必要。

车库氢安全控制系统通常由氢传感器、控制器、报警装置及排/送风装置等组成。氢传感器安装在车库的顶部。当任何一个氢传感器监测到周围空气中氢的体积分数超过了爆炸下限的10%、30%或50%时，氢监测系统就会发出Ⅰ级、Ⅱ级或Ⅲ级报警信号，启动车库外报警装置，同时，自动开启排风扇或打开换气窗，以避免因车库内氢气的含量过高而引发安全事故。

3. 燃料电池汽车其他安全措施

燃料电池汽车通常还采取防静电和防爆措施，并制定严格的氢操作规程，以确保安全。

（1）燃料电池汽车的防静电措施　在燃料电池汽车加氢时或在行车过程中，不可避免地会产生静电，这极易引发氢气燃烧或爆炸。为此，一些燃料电池汽车的车体底部通常设有接地导线，可及时将静电释放回大地，以确保燃料电池汽车的安全。

（2）燃料电池汽车的防爆措施　燃料电池汽车的防爆措施主要是防止电路中产生电火花，以避免电火花点燃氢气而产生燃烧或爆炸事故。防爆措施主要有：

1）采用防爆型氢传感器，不用触点式传感器。这是因为触点式传感器在氢气含量达到设定值时通过触点的动作输出信号，容易产生触点火花而引发事故。

2）在氢安全系统中采用防爆固态继电器，防止继电器触点动作时产生电弧放电而点燃氢气。

3）当氢安全控制系统发出警告时，禁止进行开关电气设备的操作，以避免相关的电源插座、接触器、继电器及开关触点产生电火花而点燃氢气。

4）当燃料电池汽车储氢气瓶内存有氢气时，严禁在车上进行电焊等会产生电弧的相关操作。

（3）燃料电池汽车氢安全操作规程　为确保安全，燃料电池汽车在调试、起动、进库、出库过程中均应严格执行氢安全操作规程。燃料电池汽车氢安全操作规程主要有：

1）严禁在车库内进行大规模的加氢操作。

2）在燃料电池汽车起动前，应检查燃料电池系统管路的气密性，确保无泄漏。

3）在调试及燃料电池汽车起动前，应用氮气吹扫管路，并且在调试时必须由专人配备便携式氢含量探测仪来检查氢泄漏情况。

4）雷雨天气禁止进行系统的调试及其他相关的操作。

5）当发现安全问题时，必须立即停止调试。

第五节　燃料电池汽车实例

一、丰田燃料电池汽车

1. 丰田 FCHV-4 型燃料电池汽车的结构

丰田 FCHV-4 型燃料电池汽车如图 6-25 所示。燃料电池组、功率控制单元（PCU）和电动机安装在汽车前部，而四个高压储氢罐安装在后部地板下面，辅助电池放在行李箱地板下面（各部件位置见图 6-26）。

图 6-25　丰田 FCHV-4 型燃料电池汽车

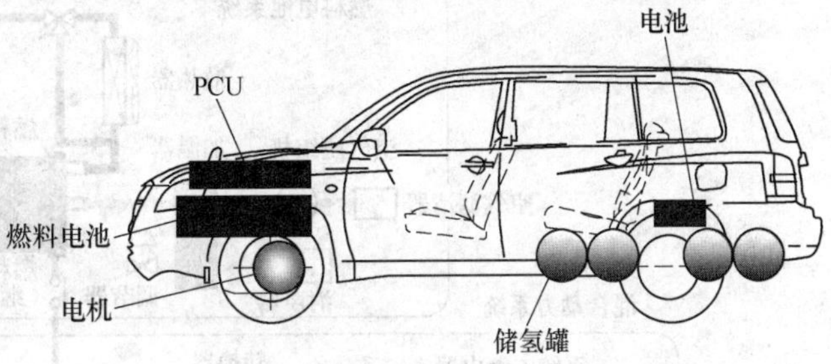

图 6-26　各部件在车上的位置

燃料电池系统的主要部件包括：

（1）燃料电池　燃料电池（PEFC）采用聚合物电解质，用氢作为燃料，最大功率为 90kW。

（2）辅助电池　辅助电池为密封式镍氢蓄电池，容量是 6.5A·h，冷却方式为强制风冷式。

（3）DC-DC 转换器　DC-DC 转换器由于采用了三相斩波器，因此降低了波动电压。为提高转换率，感应芯片采用铁损低的多孔合金。最大输出功率为 20kW，载波频率为三相 10kHz，冷却方式为水冷式和风冷式。

（4）空气压缩机　空气压缩机采用涡旋式压缩机，最大流量（自由空气的体积流量）为 3 500NL（6 000r/min）。用永磁电动机作为驱动电动机，具有较大的传动比。

（5）功率控制单元（PCU）　高压部件和控制器装配在一起，从而简化了冷却系统和控制系统。逆变器最大电流为 44A，转换方式为 PWM，冷却方式为水冷式。

（6）电动机　燃料电池汽车的电动机采用永磁电动机，最大功率为 80kW，冷却方式为水冷式。

丰田 FCHV-4 型燃料电池汽车的电源是混合式结构，由燃料电池和辅助电池组成。根据汽车的工作状态，精确地控制燃料电池输出功率和辅助电池的充、放电。镍氢电池具有良好的储能性能，单独使用时，汽车成为纯电动汽车（PEV），因此能够降低汽车轻负荷的燃油消耗。

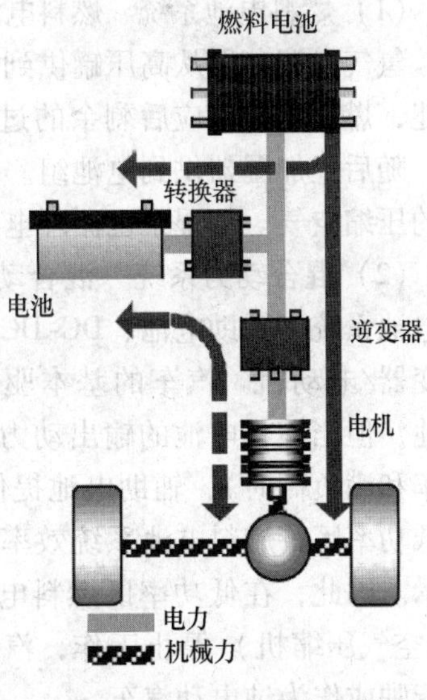

图 6-27　燃料电池系统原理图

如图 6-27 所示，燃料电池与逆变器/电动机的连接方式为串联，以便在汽车运行的大部分时间具有较高的效率。辅助电池的功率比较低，与燃料电池串联通过 DC-DC 逆变器互联，用来在燃料电池响应迟缓或汽车满负荷时提供辅助动力。辅助电池也吸收制动再生能量和在小负荷时用作纯电动汽车的动力源。通过控制 DC-DC 转换器的输出电压来调节燃料电池和辅助电池之间的能量转换。

2. 丰田 FCHV-4 型燃料电池汽车的动力系统

丰田 FCHV-4 型燃料电池汽车的动力系统如图 6-28 所示，按功能可分为两部分：燃料电池系统和混合动力系统。燃料电池系统是使汽车行驶的动力源，而混合动力系统则高效地运用燃料电池系统的输出动力。

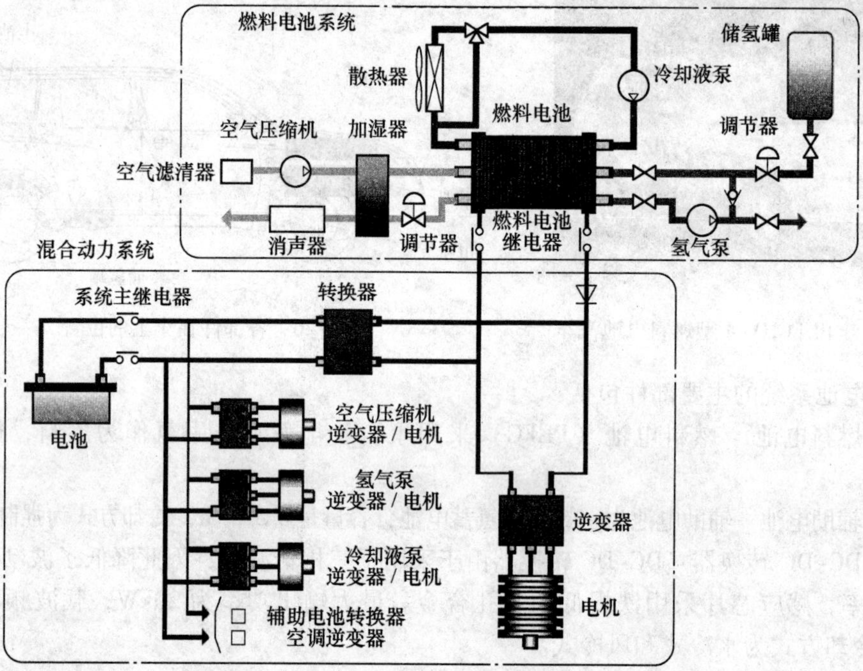

图 6-28 丰田 FCHV-4 型燃料电池汽车的动力系统

（1）燃料电池系统 燃料电池系统包括燃料电池组、燃料供给系统部件和冷却系统部件。

氢气经调节器从高压罐供到燃料电池组，氢气的最大压力为 25MPa。为提高燃料电池的性能，燃料电池反应后剩余的过多氢气由循环泵送到燃料电池供给一侧。空气由压缩机加压，随后经加湿器供到电池组。加湿器将从电池组排出的空气中的水蒸气吸出，然后加湿进入的压缩空气。加湿泵也循环电池组与散热器之间的冷却水。

（2）混合动力系统 混合动力系统包括燃料电池系统、辅助电池、DC-DC 转换器和牵引逆变器/电动机。汽车的基本驱动力来自燃料电池，但当燃料电池的输出动力不充分时（如超车和满负荷时），辅助电池提供额外的动力。在低功率区，燃料电池系统效率低，如图 6-29 所示。因此，在低功率区燃料电池和附属设备（如空气压缩机）停止工作，汽车只靠辅助电池行驶或作为纯电动汽车。

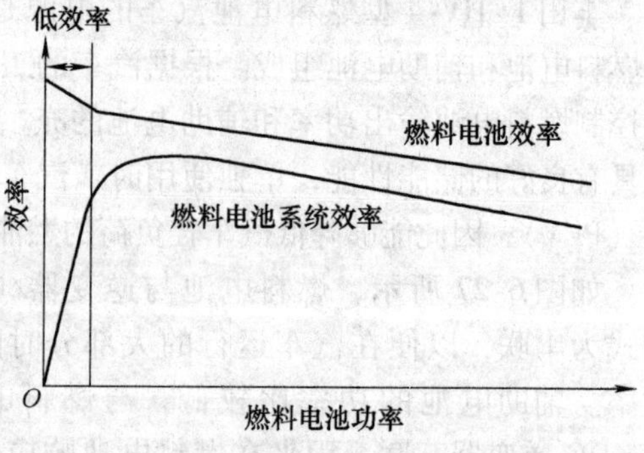

图 6-29 燃料电池系统的效率特性

（3）动力传动过程 图 6-30 ~ 图 6-33 表示各种行驶方式和动力流程。

1）低功率模式（见图 6-30）。在低功率模式下，燃料电池不工作，汽车依靠辅助电池运转。

2）中等功率模式（见图 6-31）。在中等功率模式下，汽车依靠辅助电池运转。

3）大功率模式（见图 6-32）。在大功率模式下，辅助电池和燃料电池同时发挥作用。若燃料电池的能量不充足，辅助电池提供辅助动力。

4）再生制动模式（见图 6-33）。在再生制动模式下，燃料电池停止输出动力，再生能量送至辅助电池。

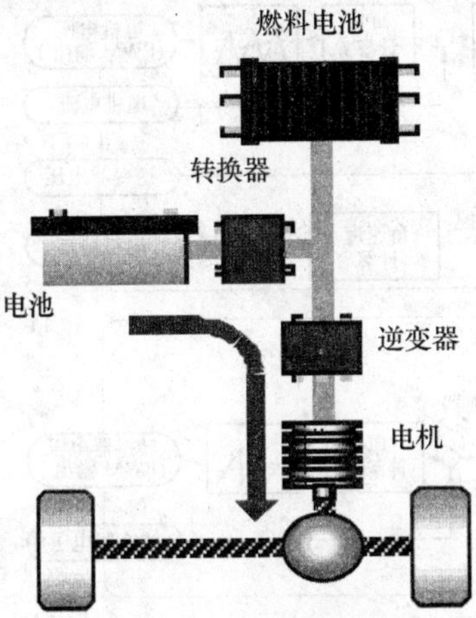

图 6-30 低功率模式

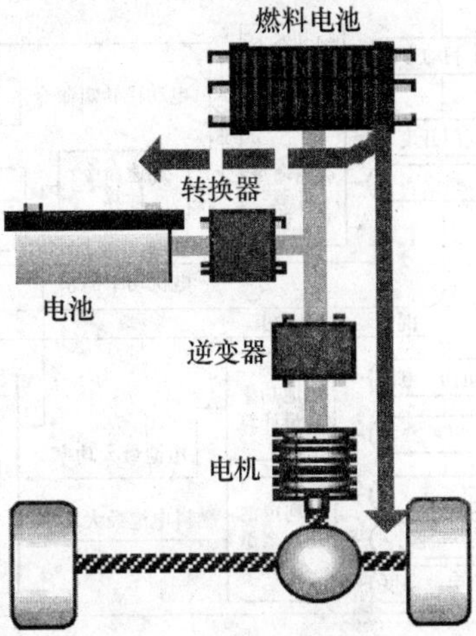

图 6-31 中等功率模式

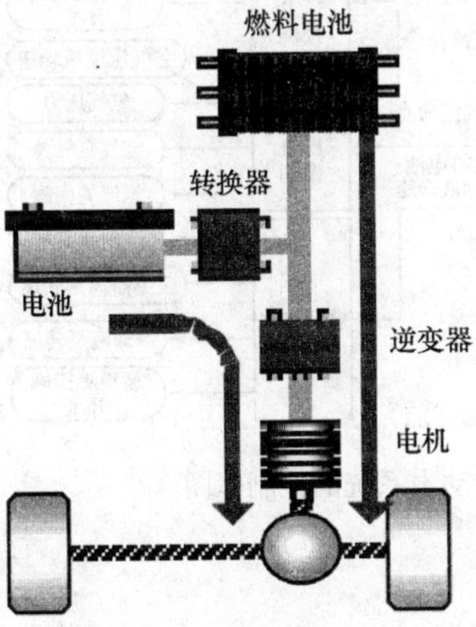

图 6-32 大功率模式

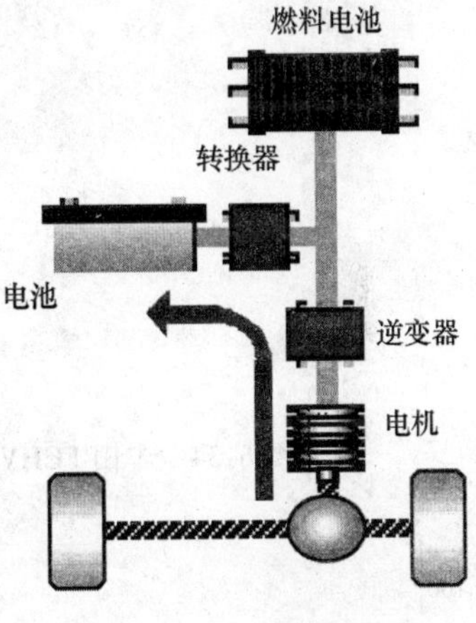

图 6-33 再生制动模式

在上述各种行驶方式下，若辅助电池的电量过低，则将由燃料电池提供电力。

3. 丰田 FCHV-4 型燃料电池汽车动力系统的控制

图 6-34 所示为丰田 FCHV-4 型燃料电池汽车混合动力系统的控制框图。

整个框图分为三部分：电动汽车控制单元、混合动力控制单元和燃料电池控制单元。在电动汽车控制单元，所需要的动力大小由加速踏板、传动器等决定，并且随后将此信息送到混合控制单元。从混合控制单元得到电动机功率余量信息，并且在一定范围驱动电动机。混合动力控制单元计算出这一时刻可供利用的燃料电池最大功率和辅助电池的最大功率，即为总的电动机功率容量。混合单元将目标电流送到燃料电池控制单元。根据电动机的需求和燃料电池的特性确定目标电流。同时，燃料电池的工作点由 DC-DC 转换器控制。燃料电池的辅助系统由燃料电池控制单元根据燃料电池目标电流控制。

燃料电池的工作点取决于系统的控制方法。图 6-35 和图 6-36 所示为混合控制单元所用的功率与电流（P-I）特性图和电流与电压（I-U）特性图。

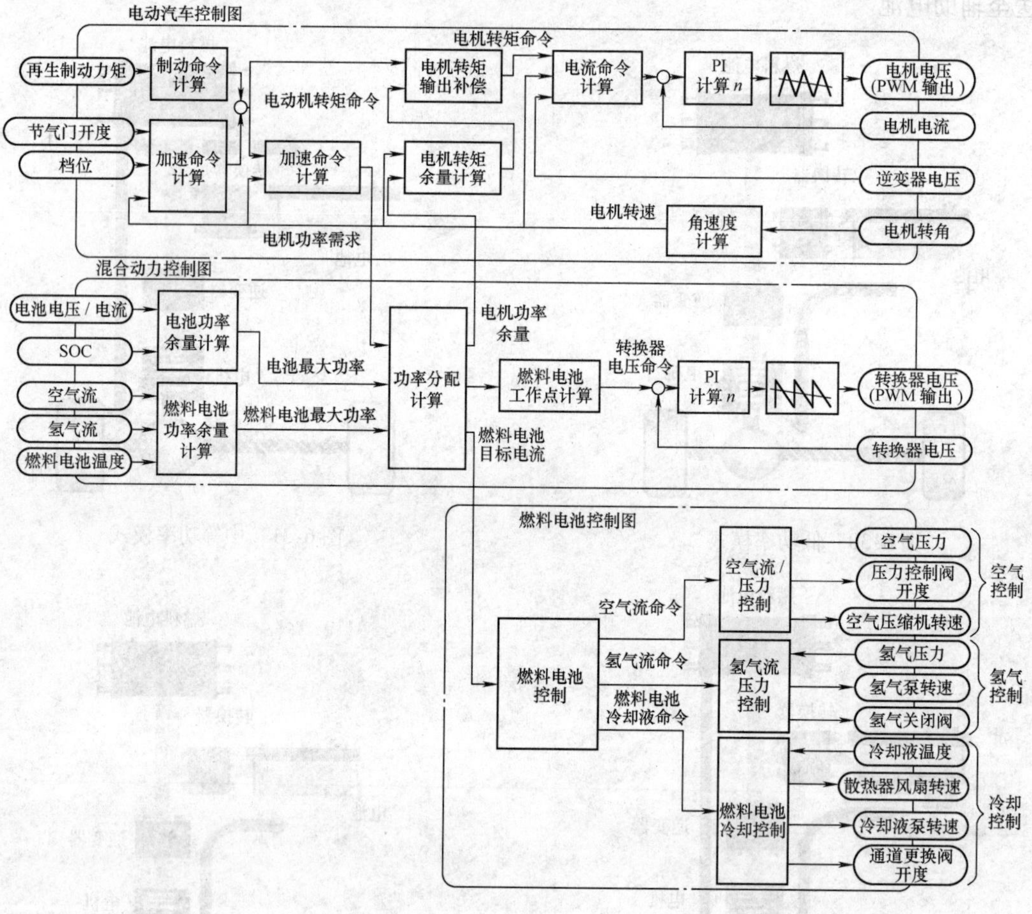

图 6-34 丰田 FCHV-4 型燃料电池汽车混合动力系统的控制框图

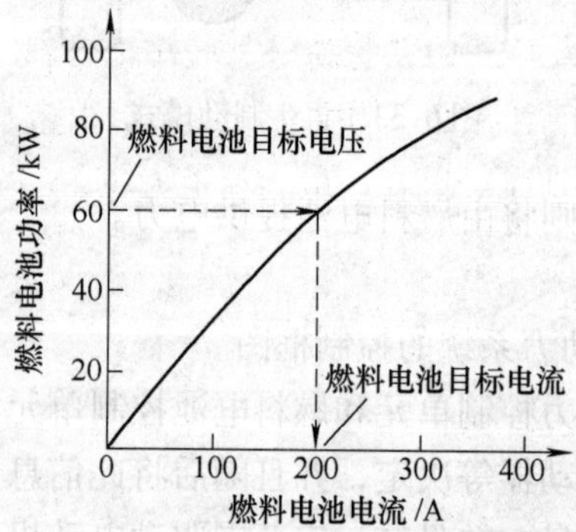

图 6-35 功率与电流（P-I）特性图

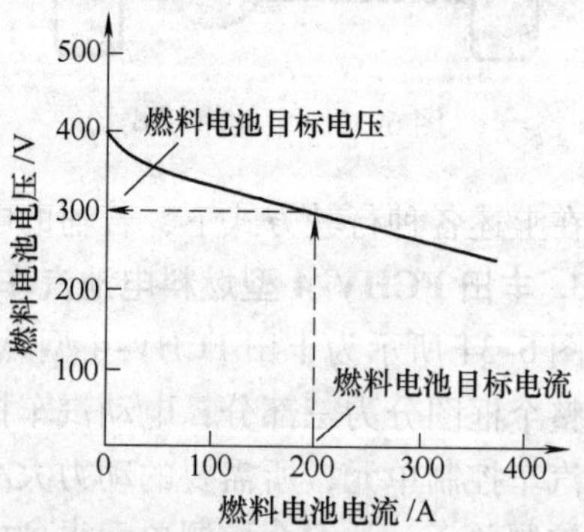

图 6-36 电流与电压（I-U）特性图

一旦确定燃料电池必须提供多少输出能量，则由 *P-I* 特性图确定电流，随后根据 *I-U* 特性图决定与电流对应的电压。燃料电池工作点通过 DC-DC 转换器由电池的输出电压控制。*P-I* 特性图和 *I-P* 特性图受燃料的温度和供给量影响，需要定期调整，以提高特性图的准确性。若燃料电池组的温度、压力等发生变化，需要定期修正 *P-I* 和 *I-U* 的特性。

二、本田汽车公司的 FCX 系列燃料电池汽车

本田汽车公司的 FCX 系列燃料电池汽车经过几代研发，已有多款车型。本田汽车公司的 FCX 突出以超级电容器作为辅助电源的结构，在研发过程中燃料电池汽车的性能不断地得到提高。

1. 本田汽车公司的 FCX1 型燃料电池汽车

本田汽车公司的 FCX1 型燃料电池汽车只能乘坐 2 人，采用金属氢化物吸附的氢气作为燃料，装置 Ballard 公司研发的 60kW 的质子交换膜燃料电池，采用镍氢动力电池组作为辅助电源，驱动电动机的功率为 49kW。

2. 本田汽车公司的 FCX2 型燃料电池汽车

本田公司的 FCX2 型燃料电池汽车只能乘坐 2 人，采用甲醇经过改质产生的氢气作为燃料，装置本田公司自行研发的 60kW 的质子交换膜燃料电池，采用镍氢动力电池组作为辅助电源，驱动电动机的功率为 49kW。

3. 本田汽车公司的 FCX3 型燃料电池汽车

本田公司的 FCX3 型燃料电池汽车可乘坐 4 人，总质量为 1 750kg，最高车速为 130km/h，续驶里程为 180km，采用 25MPa、100L 的氢气作为燃料，装置 Ballard 公司研发的 62kW 的质子交换膜燃料电池，质子交换膜燃料电池的最大功率为 70kW，采用超级电容器组作为辅助电源，驱动电动机的功率为 49kW。

4. 本田汽车公司的 FCX4 型燃料电池汽车

本田公司的 FCX4 型燃料电池汽车可乘坐 4 人，总质量为 1 740kg，最高车速为 140km/h，续驶里程为 315km，采用 137L、35MPa 的高压氢气作为燃料，装置 Ballard 公司研发的 78kW 的质子交换膜燃料电池，采用超级电容器组作为辅助电源，驱动电动机的功率为 60kW。

5. 本田汽车公司的 FCX 型燃料电池汽车

本田汽车公司的 FCX 型燃料电池汽车如图 6-37 所示，可乘坐 4 人，总质量为 1 680kg，最高车速为 150km/h，续驶里程为 395km，采用 156.6L、38kg、35MPa 的高压氢气作为燃料，装置本田公司研发的 78kW 高效率和高性能的质子交换膜燃料电池，采用大容量的超级电容器组作为辅助电源，永磁同步电动机的功率为 60kW，最大功率达到 80kW，最大转矩为 272N · m。

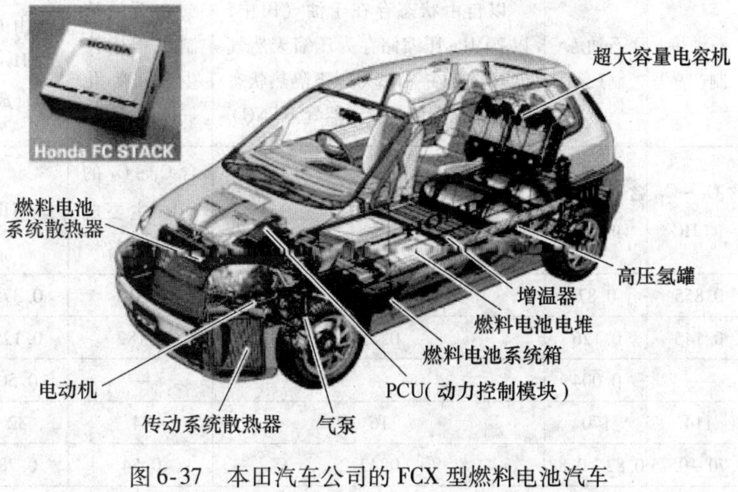

图 6-37 本田汽车公司的 FCX 型燃料电池汽车

第七章

燃气汽车

第一节 概　　述

燃气汽车主要包括压缩天然气汽车（CNGV）和液化石油气汽车（LPGV）。天然气是从天然气田直接开采出来的，其主要成分是甲烷，极难液化。因此，目前一般是将天然气压缩到20MPa的高压，然后充入车用气瓶中储存以及供汽车使用，即所谓的压缩天然气（CNG）。石油气是石油催化裂化过程和油田伴生气回收轻烃过程中的产品。石油气在常温下加压到1.6MPa即可液化成液化石油气（LPG）。从油田气制得的LPG，其主要成分为丙烷、丁烷和少量的乙烷和戊烷，不含稀烃，适于用作车用燃料。从炼油厂得到的LPG，除含丙烷、丁烷外，还含有较多的烯烃，不宜用作车用燃料。因为烯烃在常温下的化学安定性差，所以在储运过程中容易生成胶质，燃烧后容易积炭。

天然气、液化石油气及若干其他燃料的理化性质见表7-1。

表7-1　天然气、液化石油气及若干其他燃料的理化性质

项目 \ 种类		汽油	轻柴油	天然气（NG）	液化石油气（LPG）	甲醇	乙醇
来源		石油炼制产品	石油炼制产品	以自由状态存在于油气田中，以20MPa压缩储存为压缩天然气（CNG），在-162℃以下隔热状态呈液态保存为液化天然气（LNG）	在石油炼制过程中产生的液化气体	由CO和H_2化学合成	植物淀粉物质发酵蒸馏
分子式		含$C_5 \sim C_{11}$的HC	含$C_{15} \sim C_{23}$的HC	含$C_1 \sim C_3$的HC，主要成分是CH_4	含$C_3 \sim C_4$的HC，主要成分是C_3H_8	CH_3OH	C_2H_5OH
质量分数	ω_C	0.855	0.87	0.75	0.818	0.375	0.522
	ω_H	0.145	0.126	0.25	0.182	0.125	0.130
	ω_O	—	0.004	—	—	0.50	0.348
相对分子质量		114	170	16	44	32	46
液态密度/(kg/L)		0.70~0.75	0.82~0.88	0.42	0.54	0.78	0.80

（续）

项目 \ 种类		汽油	轻柴油	天然气（NG）	液化石油气（LPG）	甲醇	乙醇
沸点/℃		25～220	160～360	-161.5	-42.1	64.4	78.3
蒸发热/(kJ/kg)		334	—	510	426	1 100	862
理论空气量	kg/kg	14.9	14.5	17.4	15.8	6.52	9.05
	m^3/kg	11.54	11.22	13.33	12.12	5	6.93
	kmol/kg	0.515	0.50	0.595	0.541	0.223	0.310
自燃温度/℃		220～250	—	632	504	500	420
闪点/℃		-45	50～65	-162	-73.3	10～11	9～32
燃料低热值/(kJ/kg)		44 000	42 500	50 050	46 390	20 260	27 000
混合气热值/(kJ/m^3)		3 750	3 750	3 230	3 490	3 557	3 660
辛烷值	RON	90～106	—	130	96～111	110	106
	MON	80～83	—	120～130	89～96	92	89
蒸气压（kPa）		49～83	—	不能测定	1 274	30.4	15.3

CNG 和 LPG 的主要优点有：

1）天然气和液化石油气在常温下为气态，容易与空气混合形成均匀的可燃混合气，燃烧完全，可以大幅度减少 CO、HC 和微粒的排放。另外，天然气和液化石油气的火焰温度低，因此 NO_x 的排放量也相应减少。

2）天然气辛烷值高达 130，液化石油气的辛烷值也在 100 左右，因此，燃用天然气或液化石油气可提高发动机的压缩比，从而获得较高的发动机热效率。

3）冷起动性和低温运转性能良好，在暖机期间无须加浓混合气。

4）燃烧界限宽，稀燃特性优越。燃烧稀混合气可以减少 NO_x 的生成和改善燃料经济性。

5）不稀释润滑油，可以延长润滑油的更换周期和发动机的使用寿命。

LNG 和 LPG 的缺点是：

1）因为天然气在常温、常压下是气体，所以其储运性能差。目前广泛采用将压缩天然气充入车用气瓶内储运的办法，这些气瓶既增加了汽车自重，又减少了载货空间。虽然可以通过深冷液化技术制成液化天然气（LNG），但技术复杂，生产成本高。

2）一次充气的续驶里程短。

3）CNG 或 LPG 均呈气态进入气缸，使发动机充量系数降低；另外，与汽油或柴油相比，CNG 或 LPG 的理论混合气热值小，因此，燃用 CNG 或 LPG 将使发动机功率下降。

第二节 燃气汽车的结构与原理

一、汽油/CNG 两用燃料发动机

将汽油机改装为汽油/CNG 两用燃料发动机之后，当燃用天然气时，发动机的功率和转

矩都会明显下降。有研究表明，适当提高改装机的压缩比不仅可以减小功率损失，还能改善发动机的燃料经济性。

1. CNG 供给系统的组成及原理

目前，汽油/CNG 两用燃料发动机的 CNG 供给系统有多种类型。国产 CYTZ-100 型混合器式闭环控制 CNG 供给系统（见图 7-1）是采用步进电动机伺服阀和比例调节式混合器的闭环控制系统。

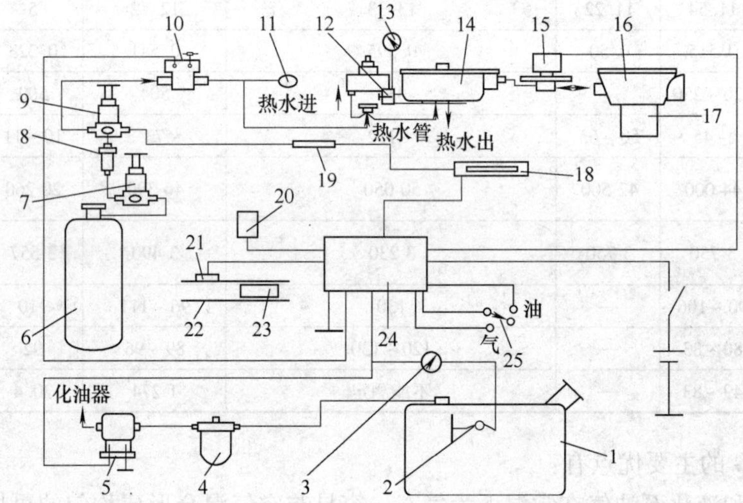

图 7-1　CYTZ-100 型混合器式闭环控制 CNG 供给系统

1—汽油箱　2—油位传感器　3—汽油表　4—汽油滤清器　5—电动汽油泵　6—车用气瓶　7—充气阀　8—过滤器　9—手动截止阀　10—CNG 电磁阀　11—高压表　12—安全阀　13—低压表　14—减压调节器　15—步进电动机　16—混合器　17—化油器　18—压力显示器　19—压力传感器　20—发动机转速传感器　21—氧传感器　22—发动机排气管　23—三元催化转化器　24—电控单元（ECU）　25—汽油/CNG 转换开关

车用气瓶的容量为 50L，压力为 20MPa，通过安装在每个气瓶上的连通阀及高压管路将数个气瓶连通。当驾驶人将汽油/CNG 转换开关 25 置于“气”位置时，电控单元（ECU）24 向 CNG 电磁阀 10 通电，电磁阀开启。车用气瓶 6 内的 CNG 经充气阀 7、过滤器 8、手动截止阀 9 和电磁阀进入减压调节器 14。CNG 在减压调节器内降压，低压的天然气经步进电动机 15 控制的低压通道进入混合器 16。在混合器中天然气与空气混合后进入气缸。ECU 根据氧传感器 21 和发动机转速传感器 20 的信号，通过调节步进电动机伺服阀的行程来改变减压调节器至混合器之间的低压通道通过面积，以控制天然气的流量。

2. 减压调节器

由于车用气瓶内的 CNG 压力随着燃料的消耗不断变化，因此要想保持稳定的天然气与空气的混合比例，则需要安装减压调节器。减压调节器可以保证在车用气瓶内的压力发生变化时进入混合器的天然气压力基本恒定。减压调节器将车用气瓶内 CNG 的压力由 20MPa 降至常压一般要经过三级减压。CYTZ-100 型三级减压调节器的结构如图 7-2 所示。

减压调节器的工作原理为：当发动机不工作或不燃用 CNG（即没有 CNG 进入减压调节器）时，一级阀口、二级阀口和三级阀口均处于常开状态。当发动机工作时，CNG 经进气口进入减压调节器，并通过一级阀芯和密封片之间的一级阀口进入减压调节器 *A* 腔，进行一级减压，压力由 20MPa 降至 0.8MPa 左右。若压力超过 0.8MPa，则一级膜片在 CNG 的压

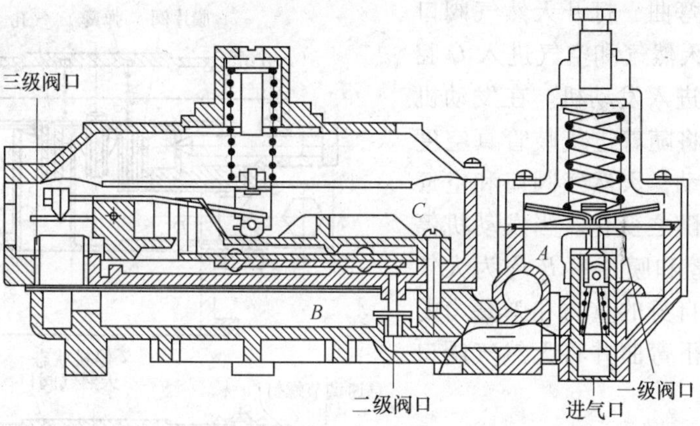

图 7-2 CYTZ-100 型三级减压调节器的结构

力作用下克服主弹簧的预压力而向上弯曲，并带动一级阀芯向上将一级阀口关闭。*A* 腔内的 CNG 经二级阀口进入 *B* 腔，进行二级减压，压力降至 0.02kPa。随着 CNG 进入 *B* 腔，*A* 腔内的压力逐渐降低，若压力低于 0.8MPa，则一级膜片在主弹簧预压力的作用下向下弯曲，并带动一级阀芯向下使一级阀口开启。进入 *B* 腔的 CNG 经三级阀口进入 *C* 腔，进行三级减压，压力降至 3.0MPa，然后经步进电动机伺服阀进入混合器。若 *B* 腔内的 CNG 压力超过 0.02MPa，则 CNG 压力经通气孔作用到二级膜片，使其向上压缩二级弹簧，同时压迫二级顶杆将二级阀口关闭。若由于 *B* 腔内的 CNG 不断流入 *C* 腔而使 *B* 腔内的压力下降至 0.02MPa 以下，则二级膜片在二级弹簧的作用下放松二级顶杆及二级阀片将二级阀口开启。

减压调节器上装有一级调压螺栓和三级调压螺栓，分别用来调节一级减压压力和三级减压压力。CNG 流过减压调节器时，压力大幅度降低，温度也随之急剧下降，CNG 中的水分可能结冰，造成阀口和管道堵塞。因此，减压调节器设有加热用循环水套，利用发动机的冷却液对 CNG 加热，以防止其减压后温度降至冰点以下。

车用气瓶的容量为 50L，压力为 20MPa，通过安装在每个车用气瓶上的连通阀及高压管路将数个车用气瓶连通。当驾驶人将汽油/CNG 转换开关置于“气”位置时，电控单元（ECU）向 CNG 电磁阀通电，电磁阀开启。车用气瓶内的 CNG 经充气阀、过滤器、手动截止阀和电磁阀进入减压调节器。CNG 在减压调节器内降压，低压的天然气经步进电动机控制的低压通道进入混合器。在混合器中天然气与空气混合后进入气缸。电控单元（ECU）根据氧传感器和发动机转速传感器的信号，通过调节步进电动机伺服阀的行程来改变减压调节器至混合器之间的低压通道通过面积，以控制天然气的流量。

3. 比例调节式混合器

混合器的作用是将空气和天然气按一定比例混合，形成一定浓度的可燃混合气。比例调节式混合器的工作原理是利用进气歧管真空度同时控制空气和天然气通道的通过面积，以控制混合气的空燃比。CYTZ-100 型比例调节式混合器的结构及其工作原理如图 7-3 所示。

混合器安装在化油器的进气口上。混合器的 *C* 腔经化油器与进气歧管连通，*A* 腔与发动机的空气滤清器相连，*D* 腔则通天然气低压通道，膜片室 *B* 通过气孔与 *C* 腔相通。当发动机工作时，进气歧管真空度传至 *C* 腔，并通过气孔传入膜片室 *B*，使膜片室产生真空。由于 *A* 腔接近于大气压力，因此膜片在 *A* 腔与膜片室的压力差作用下，克服膜片自身的重力和弹簧的弹簧力向上弯曲，打开天然气阀口和空气入口，使天然气和空气进入 *C* 腔并在其中混合后进入发动机。在发动机工作期间，膜片将随着进气歧管真空度的变化而上下运动，天然气阀口和空气入口的开度也就随之变化。当发动机停机时，*A* 腔、*C* 腔和膜片室 *B* 均为大气压力，膜片在其自身的重力和弹簧力的共同作用下，向下弯曲并将天然气阀口和空气入口关闭。

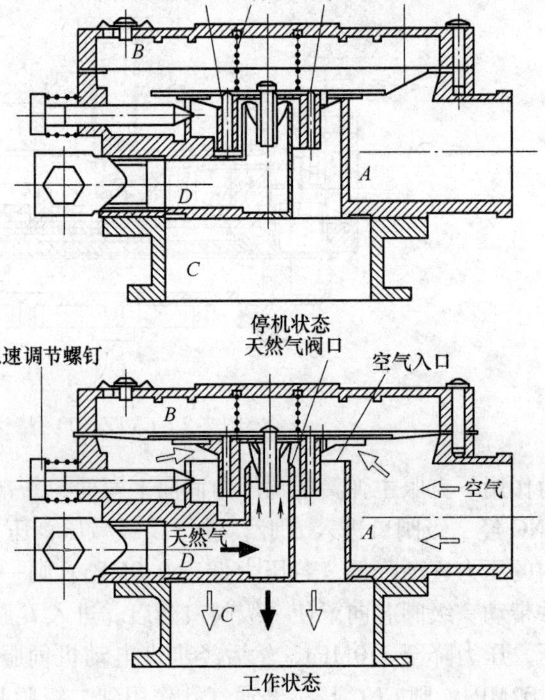

图 7-3　CYTZ-100 型比例调节式混合器的结构及其工作原理

4. 手动截止阀

我国汽车行业标准 QC/T 245—2002 和国家标准 GB/T 19240—2003 规定天然气汽车应安装手动截止阀（见图 7-4），当 CNGV 在充气、修理或入库停车时，用手动截止阀截断气瓶到减压调节器之间的 CNG 通路。

在截止阀阀体内装有柱阀，柱阀左端面嵌有密封垫，弹簧的预压力作用在柱阀的右端，保持柱阀常开，CNG 从车用气瓶经柱阀流出截止阀。当转动手轮时，心轴向左压迫膜片并推动柱阀左移压在阀座上，使截止阀关闭。膜片由薄钢片或黄铜片制造，其作用是防止 CNG 通过心轴向外泄漏。在心轴上接一根加长轴，目的是把手轮装入驾驶室，以便驾驶人能在驾驶室内操纵截止阀的开、闭。

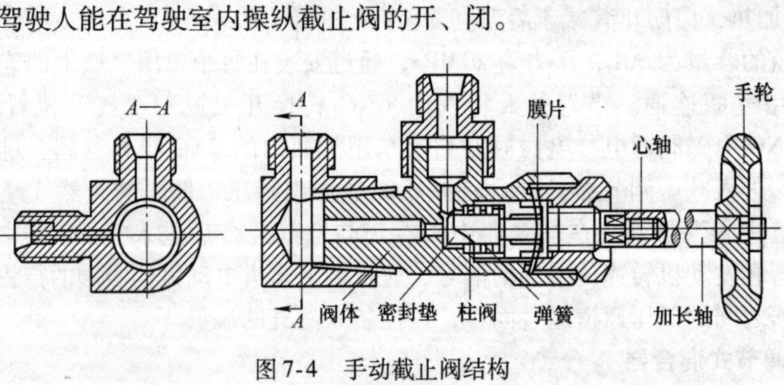

图 7-4　手动截止阀结构

5. 汽油/CNG 转换开关

汽油/CNG 转换开关有三个位置：当转换开关置于“油”位置时，接通电动汽油泵电路，同时切断 CNG 电磁阀电路；当转换开关置于“气”位置时，接通 CNG 电磁阀电路，同时切断电动汽油泵电路；转换开关置于“中间”位置时，不接通任何一个电路。

6. 电控 CNG 喷射系统

虽然利用步进电动机伺服阀和比例调节式混合器的电控 CNG 闭环控制系统能够改善空

燃比的控制精度，但是小气量工况的空燃比仍然难以准确、稳定地控制。因此，近年来电控CNG喷射系统得到了快速发展。图7-5所示为电控汽油/CNG两用燃料发动机的燃料供给系统组成示意图，CNG和汽油的供给都采用电控喷射方式。

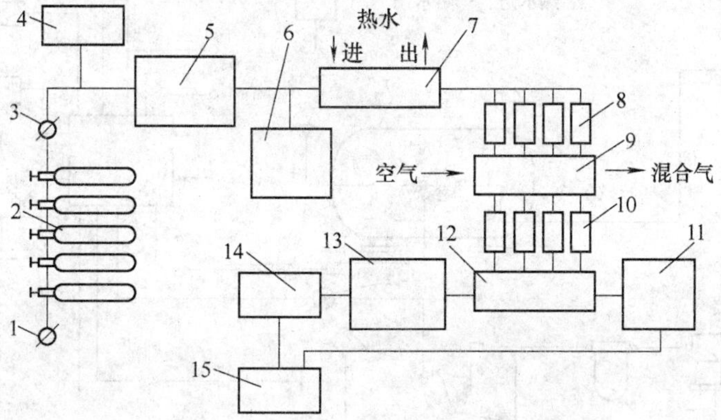

图7-5　电控汽油/CNG两用燃料发动机的燃料供给系统组成示意图

1—充装阀　2—车用气瓶　3—输出阀　4—压力表　5—CNG电磁阀　6—气量显示器　7—两级减压调节器　8—天然气喷射器　9—进气歧管　10—喷油器　11—油压调节器　12—燃烧分配管　13—汽油电磁阀　14—汽油泵　15—汽油箱

电控单元（ECU）根据来自各种传感器和各种开关（包括曲轴位置传感器、节气门开度传感器、进气压力传感器、进气温度传感器、汽油/CNG转换开关、减压调节器后的天然气压力传感器、天然气温度传感器和氧传感器等）的信号，利用其内的软件进行运算、判断和处理后，向天然气喷射器发出适时启闭的指令。天然气喷射器的结构及工作原理与电控汽油喷射系统的喷油器类似。在减压调节器后的天然气压力稳定的条件下，喷气量与喷射器开启的持续时间成正比，而后者由电控单元（ECU）控制。电控CNG喷射系统要求减压调节器出口压力保持在0.6MPa左右，其变化范围不能超过平均值的±3%。一般采用两级减压调节器，第一级减压到1.2MPa左右，第二级减压到0.6MPa左右。对于汽油/CNG两用燃料发动机来说，通常是利用原有电控汽油喷射系统的控制系统，只增加几个传感器、执行器（如减压调节器后的天然器压力传感器和温度传感器、天然气喷射器、汽油电磁阀等）和一个供气控制模块。原有的三元催化转化器和氧传感器仍可继续使用。

二、汽油/LPG两用燃料发动机

1. LPG供给系统的组成及原理

LPG供给系统与CNG供给系统有很多相同之处。目前，国内外大多数厂家生产的车用LPG供给装置与CNG供给装置的基本部件都可以通用，但LPG供给系统的车用气瓶及其附件、管阀件有些特殊的要求。CYTZ-100型混合器式闭环控制LPG供给系统如图7-6所示。

当汽油/LPG转换开关13置于LPG位置时，LPG电磁阀9开启，LPG从车用气瓶7流入蒸发调压器10，并在其中蒸发减压，然后进入混合器11，在混合器中与空气混合后进入发动机气缸。电控单元（ECU）16根据氧传感器17和发动机转速传感器15的信号，通过改变通向真空电磁阀12的脉冲信号占空比来调节蒸发调压器10膜片室的压力，以控制蒸发调压器的输出压力和供气量，从而实现供气量的闭环控制。

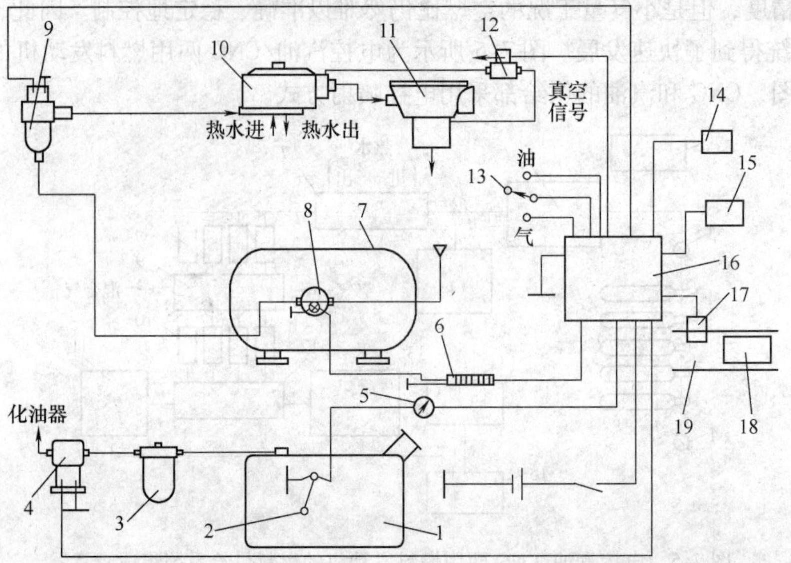

图 7-6 CYTZ-100 型混合器式闭环控制 LPG 供给系统

1—汽油箱 2—油位传感器 3—汽油滤清器 4—电动汽油泵 5—汽油表 6—辅助液面显示器 7—车用气瓶 8—集成阀 9—LPG 电磁阀 10—蒸发调压器 11—混合器 12—真空电磁阀 13—汽油/LPG 转换开关 14—节气门位置传感器 15—发动机转速传感器 16—电控单元（ECU） 17—氧传感器 18—三元催化转换器 19—发动机排气管

充装液化石油气的充装口设在车用气瓶上方，充液时车用气瓶不能充满，当充装到车用气瓶容积的 80% 时，限量充装阀自动关闭充装口。限量充装阀、手动截止阀、液位计、安全阀以及出液限流阀等附件全部集成在一个集成阀 8 中。出液口设在车用气瓶的下方。车用气瓶内液面上方是 LPG 蒸气，借助饱和蒸气压将液化石油气从出液口压出。不从车用气瓶上方直接输出 LPG 蒸气原因有两个：一是 LPG 蒸发需要吸收大量的热，如果直接从车用气瓶输出 LPG 蒸气，则即使在夏天通过车用气瓶由大气传来的热量也不足以使 LPG 大量蒸发，如果车用气瓶外壁结冰，则传热更差，将导致车用气瓶内的蒸气压力低到不能维持供给的程度；二是 LPG 是由物化特性不同的多种组分构成的混合物，各组分的蒸发速度不同，先后蒸发出来的气体各有不同的化学当量比，因此，从车用气瓶上方直接输出 LPG 蒸气就意味着在同一混合器的调整下，相同工况的空燃比在不断变化，这将使发动机不能稳定工作。

2. 蒸发调压器

蒸发调压器的作用是使 LPG 蒸发和减压。由于 LPG 的饱和蒸气压最大不超过 1.43MPa（气温为 38℃时的表压力），比 CNG 气瓶内的压力低得多，一般只需要一级减压或二级减压。CYTZ-100 型 LPG 蒸发调压器的结构示意图如图 7-7 所示。

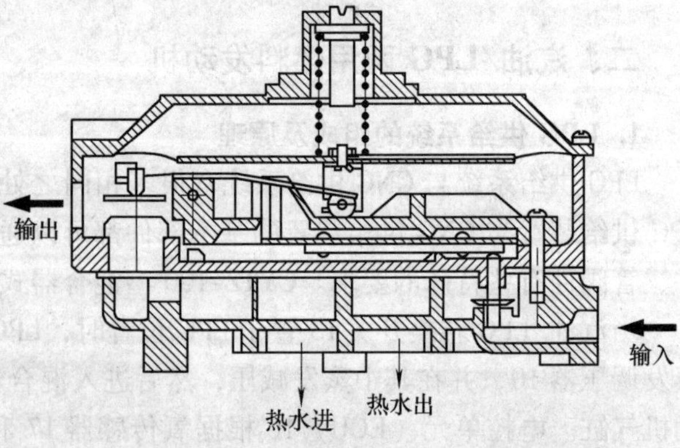

图 7-7 CYTZ-100 型 LPG 蒸发调压器的结构示意图

这是一个二级减压装置，它与 CYTZ-100 型 CNG 减压调节器的二级减压和三级减压部分的结构相同，零部件可以互换，工作原理也相同，只是参数调整不同。在蒸发调压器的一级底盖的下方设有水套，发动机的冷却液在其中循环，对 LPG 加热以使其蒸发汽化。

3. 混合器

LPG 供给系统混合器的结构及工作原理与 CNG 供给系统混合器的相同。

4. 气瓶附件

气瓶附件包括各种阀门和液面计等。在轿车用气瓶上，多将这些附件集成一体构成集成阀，它具有限量充装、储量显示、出液、手动截止和安全防护等多项功能。在车用气瓶充液时，当 LPG 达到车用气瓶容积的 80% 时，集成阀内的限量充装阀自动关闭，停止充液。集成阀内的液面计指示气瓶内 LPG 的储存量。集成阀上装有安全阀，该阀能在 2.5MPa ± 0.2MPa 的压力下自动开启放气。另外，在出液口还装有一个安全阀，当发生供气管路破裂而有大量 LPG 泄漏时，只要该阀两侧的压力差超过 0.1MPa，该阀就自动关闭出液口。

5. 电控 LPG 喷射系统

如果取消混合器式闭环控制 LPG 供给系统中的混合器，代之以气体喷射器，再将蒸发调压器的出口压力调节到 0.5MPa，就构成了电控 LPG 喷射系统。

三、柴油/CNG 双燃料发动机

柴油/CNG 双燃料发动机的燃料供给系统（见图 7-8）是在原柴油机燃油系统之外增加了一套 CNG 供给装置而构成的。

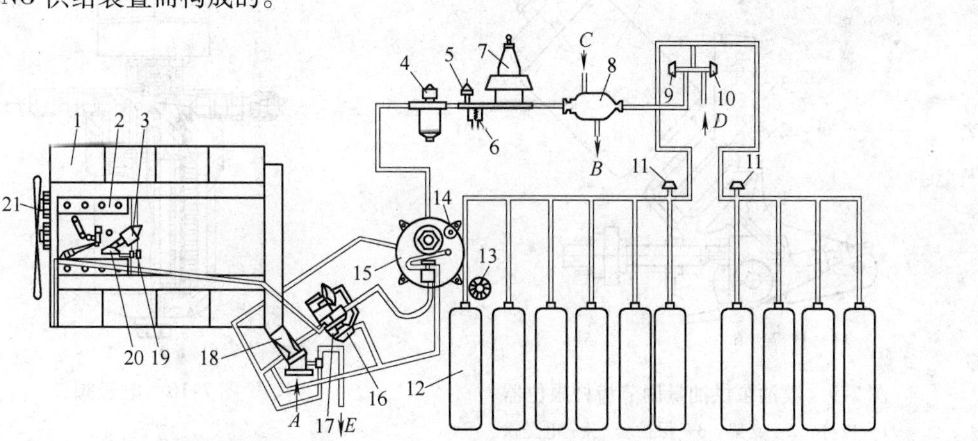

图 7-8 柴油/CNG 双燃料发动机的燃料供给系统

1—柴油机 2—喷油泵 3—喷油泵供油量调节齿杆限位器 4—电磁阀 5—气体压力异常信号发生器 6—安全阀 7—高压减压器 8—预热器 9—供气阀 10—充气阀 11—总阀 12—车用气瓶 13—压力表 14—气体压力传感器 15—低压减压器 16—三通阀 17—计量器 18—混合器 19—联锁传感器 20—活动挡铁 21—曲轴转速传感器

A—来自空气滤清器 *B*—通向柴油机冷却系统 *C*—来自柴油机冷却系统 *D*—充气 *E* 通向堵塞显示器

由于天然气的自燃温度比柴油高一倍以上，不容易自燃，因此，柴油/CNG 发动机每一个工作循环均由喷油泵经喷油器向气缸内喷入少量柴油作为“引燃燃料”，待柴油着火燃烧后再将天然气点燃。CNG 储存在车用气瓶 12 内，压力为 20MPa，打开供气阀 9，CNG 沿管道进入预热器 8，由发动机的循环冷却液对 CNG 加热。升温后的 CNG 进入高压减压器 7，将压力降至 0.95 ~ 0.10MPa。在高压减压器之后设有气体压力异常信号发生器 5 和安全阀

6。当高压减压器失灵并造成管道内气体压力过高时，信号发生器将发出信号报警，同时安全阀开启放出部分天然气，以避免由于气体压力过高而损坏系统内的其他部件。如果因为密封失效，天然气外泄而引起管道内气体压力过低时，信号发生器也将发出信号报警，这时驾驶人应关闭供气阀，停止向发动机供气，检查管路，排除故障。CNG 流经电磁阀 4 并进入低压减压器 15，在其中经二级降压后压力降到 0.1～0.15MPa。随后天然气经计量器 17 进入混合器 18，并在其中与空气混合后进入气缸，在压缩行程结束之前被已经着火燃烧的柴油点燃。

当发动机按柴油/CNG 双燃料工作时，作为引燃燃料的柴油，其每循环供油量较少且不随发动机工变化。为此特设置喷油泵供油量调节齿杆限位器（见图 7-9），用来限定喷油泵供油量调节齿杆的位置。支架 2 固定在喷油泵盖上。当电磁铁 4 通电时，电磁铁推动拉杆 1，拉杆推动挡铁 7，使喷油泵供油量调节齿杆保持在作为引燃燃料的供油量位置不动。若电磁铁失灵，则联锁传感器 5 将自动切断电磁铁 4 的电源电路，使电磁阀关闭停止供气。

电磁阀（见图 7-10）的上部是电磁阀体，下部是过滤器。CNG 在 0.95～1.10MPa 的压力下首先经过过滤器滤除其中的机械杂质，然后进入电磁阀，并经过带橡胶衬垫的平面阀通向低压减压器。

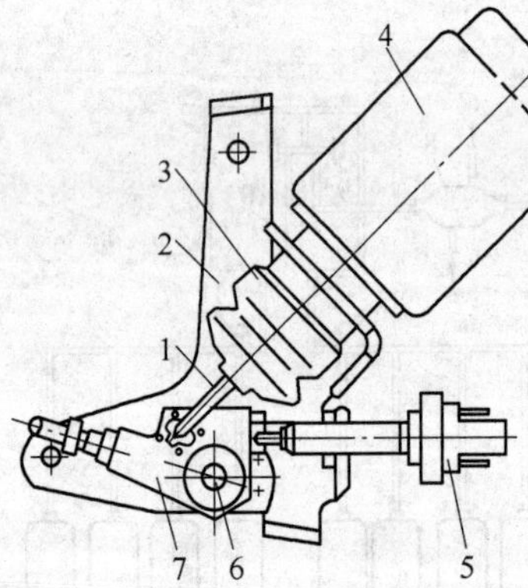

图 7-9 喷油泵供油量调节齿杆限位器

1—拉杆 2—支架 3—保护套 4—电磁铁

5—联锁传感器 6—挡铁轴 7—挡铁

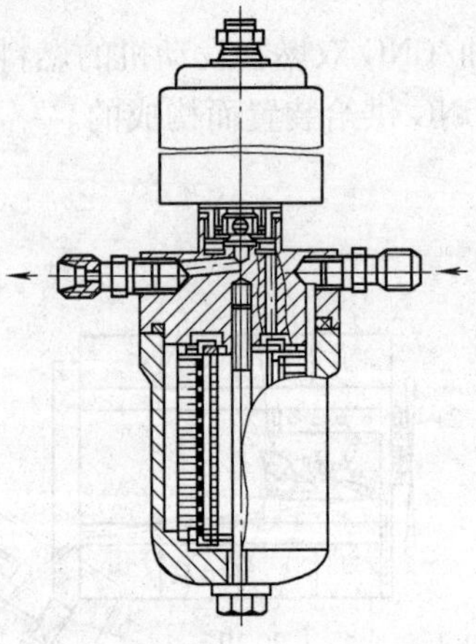

图 7-10 电磁阀

计量器（见图 7-11）是控制供给发动机天然气量的装置，实际上就是一个节流阀，由驾驶人直接操纵。节流阀开大，供气量增多，发动机的功率增加。通常计量器与限速器制成一体。限速器用来限制发动机的转速不使其超速。当发动机转速超过允许的转速时，混合器喉管处的真空度经三通阀传入限速器膜片的下方并吸引膜片向下弯曲，膜片带动膜片拉杆向下移动；同时，推动节流阀轴朝关闭节流阀的方向转动。由于节流阀关小，供气量减少，从而限制了发动机转速的升高。当发动机恢复正常转速之后，三通阀使限速器膜片下方与大气相通，膜片恢复到原来的位置，限速器不起作用。

高压减压器如图 7-12 所示。进入高压减压器的天然气先经滤芯滤除其中的杂质，然后进入高压腔，再经过减压阀与减压器体之间的缝隙以及减压阀与减压阀座之间的通道进入工作压力腔，最后经减压器出口恒压输出。在此过程中，天然气由于在工作压力腔内膨胀而降压。在减压器内，作用于膜片上方的压力调节弹簧的弹簧力与作用在膜片下方的天然气压力和平衡弹簧的弹簧力保持相对平衡。当天然气输出量增多时，工作压力腔压力下降，上述平衡被破坏。这时膜片在压力调节弹簧的作用下向下弯曲，带动推杆下移，使减压阀开大，进入工作压力腔的天然气增多，工作压力腔的压力复原。如果天然气的输出量减少，则情形相反，工作压力腔的压力将会升高，使膜片向上弯曲并带动推杆上移，减压阀关小，进入工作压力腔的天然气减少，工作压力腔内的压力降回到原来的大小。这样，减压器出口的天然气压力可以保持恒定。

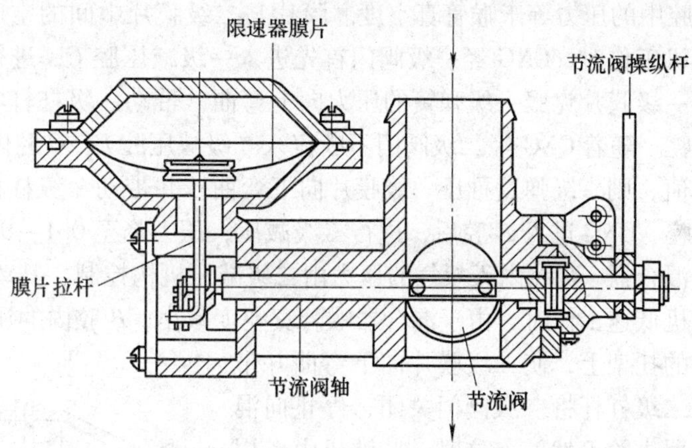

图 7-11　计量器

减压器出口压力可以根据需要进行调节。当旋入压力调整螺钉时，减压器出口压力增高，反之亦然。低压减压器是一个二级减压器（见图 7-13），其一级减压机构由一级弹簧 1、一级膜片 2、一级杠杆 3 和一级阀门 4 等组成；二级减压机构由二级弹簧 6、二级膜片 7、二级杠杆 11 和二级阀门 12 等组成。

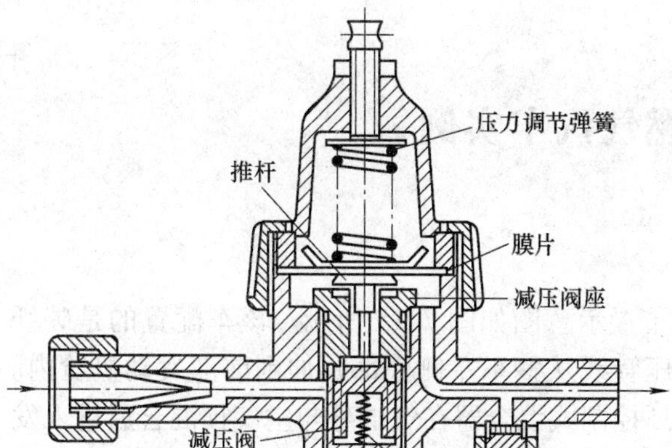

图 7-12　高压减压器

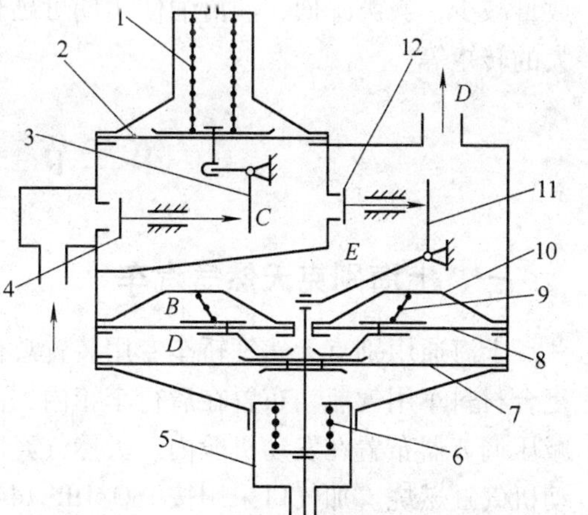

图 7-13　低压减压器示意图

1—一级弹簧　2—一级膜片　3—一级杠杆　4—一级阀门　5—滑套　6—二级弹簧　7—二级膜片　8—膜片　9—弹簧　10—减压器壳体　11—二级杠杆　12—二级阀门

此外，还有一个膜片与减压器壳体之间形成空腔 B，B 腔有孔通到混合器的喉管，因此

B 腔中的压力等于喉管真空度。膜片与二级膜片中间的空腔 D 与二级减压腔 E 相通。当发动机工作时，CNG 经一级阀门首先进入一级减压腔 C，进行一级减压。若压力超过设定值，则一级膜片克服一级弹簧的压力向上弯曲，带动一级杠杆将一级阀门关闭，中止 CNG 流入 C 腔。随着 CNG 经二级阀门不断流入二级减压腔 E，C 腔内的压力逐渐下降，若压力低于设定值，则一级弹簧推压一级膜片向下弯曲，并带动一级杠杆将一级阀门开启，使 CNG 充入 C 腔。CNG 进入 E 腔后，进行二级减压，压力降至 0.1～0.15MPa，然后经减压器出口被吸入混合器。E 腔内天然气的压力由二级减压机构控制，其动作与一级减压的情况类似。在发动机低速工作时，由于混合器喉管真空度减小，B 腔内的压力增大，膜片被弹簧压在二级膜片的托架上，使二级膜片向下弯曲并带动二级杠杆将二级阀门关闭，停止向混合器供给天然气。这时，柴油机由燃用双燃料转换为全部燃用燃油的工作状态。当转速升高时，混合器喉管真空度增大，膜片被吸向上弯曲，解除对二级膜片的限制，二级减压机构恢复正常的减压供气，如图 7-14 所示。

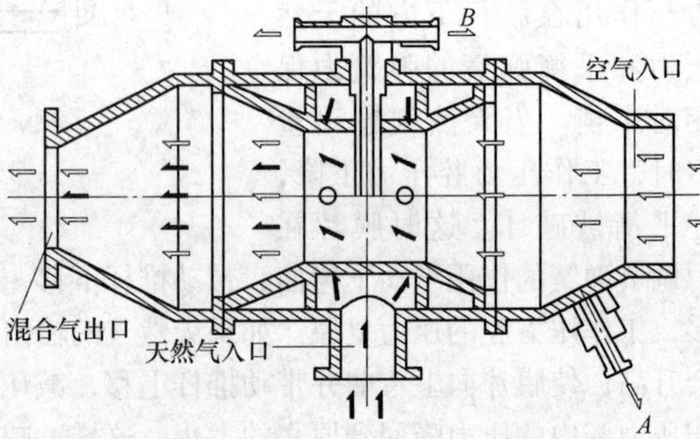

图 7-14　混合器结构示意图

二级弹簧座滑套可在减压器壳体中上、下调节位置以改变二级弹簧的预紧力，从而可以在一定范围内改变二级减压后的天然气压力。滑套上的孔与混合器喉管前的孔相通，其作用是减缓由于空气滤清器阻力增大而引起的空燃比变化。

实践证明，柴油/CNG 双燃料发动机与柴油机相比有许多优点：排气烟色减轻，微粒排放量减少，噪声降低，润滑油使用期可延长一倍以上，活塞磨损小，在低转速时也可获得较大的转矩等。

第三节　燃气汽车实例

一、上海别克天然气汽车

上海通用别克天然气轿车专用装置总体布置示意图如图 7-15 所示。该车配置的是碳纤复合材料车用气瓶，布置在后行李箱内，高压管线从整车左侧底部延伸到前部发动机舱内。减压调节器布置在发动机舱内。天然气经闭环控制式混合器在气缸外与空气预混合后进入发动机气缸燃烧。加气口采用按 ISO/DIS 14469 规定的快换式充气插口，安装在发动机舱内前部。天然气/汽油转换开关布置在仪表台左手侧。车用气瓶用钢带固定在固定架上成一体。如果发生撞车时，车用气瓶及管口阀件将随固定架一起移动，从而降低管道拉动破裂的危险性。

二、天津夏利改装天然气汽车

天津夏利轿车采用 CYTZ-100 型调压减压器改装为天然气汽车，其平面布置示意图如图 7-16 所示。车用气瓶安装在后部行李箱内。由于夏利轿车的行李箱与乘客舱是连通的，故

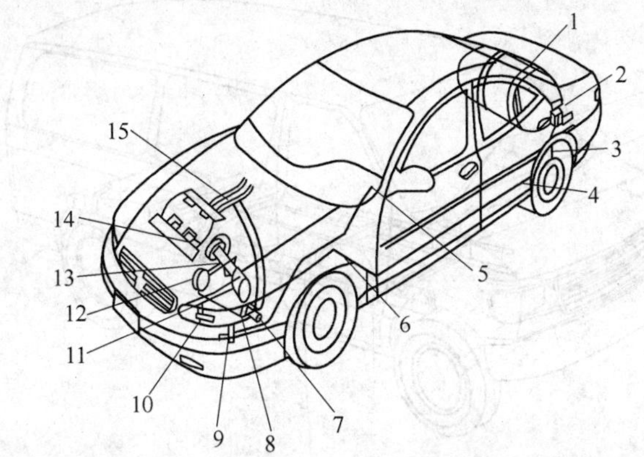

图 7-15　上海通用别克天然气轿车专用装置总体布置示意图

1—车用气瓶　2—车用气瓶手动截止阀　3—安全阀　4—高压管线　5—油气转换开关　6—手动截止阀　7—高压截止阀　8—低压截止阀　9—电控单元（ECU）　10—加气口　11—空气过滤器　12—减压调节器　13—空气质量传感器　14—混合器　15—冷却水管

应特别注意防止天然气泄漏进入乘客舱。在气瓶阀座上加装了橡胶密封罩，同时两侧安装导气管直通行李箱地板下面，形成通风导走气瓶阀的微弱漏气。

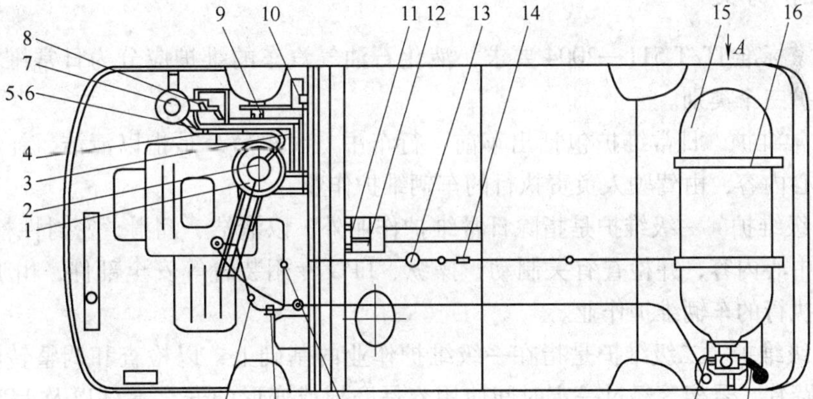

图 7-16　天津夏利改装天然气汽车平面布置示意图

1—空气过滤器　2—混合器　3、4—水管　5—低压胶管　6—动力调节阀　7—减压阀总成　8—钢管（CNG 管路）　9—充气阀　10—高压电磁阀　11—气量显示器　12—油气转换开关　13—主气阀　14—过滤器　15—车用气瓶　16—气瓶座　17—导气胶管　18—导气大胶管（气密盒）　19—油管　20—汽油电磁阀　21—油管

三、中巴车改装天然气汽车

美国福特公司改装的压缩天然气中巴汽车燃气专用装置布置示意图如图 7-17 所示。该车安装了三个车用气瓶，两个较短的横置安装在后部，一个较长的纵向安装在前、后桥之间，使改装后轴荷分配变化不大，保持了原车的操纵稳定性。

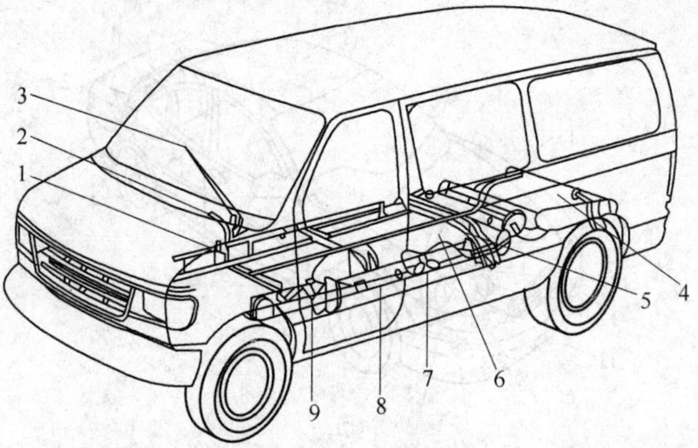

图 7-17 美国福特公司改装的压缩天然气中巴汽车燃气专用装置布置示意图
1—前端连通管组件 2—前端燃料管道 3—燃料压力调节器冷却液管道 4—中端燃料箱 5—燃料箱后置组件 6—燃料充气口 7—手动截止阀 8—后端燃料管道 9—燃料压力调节器

第四节 燃气汽车维护

一、维护分类

按照国家标准 JT/T 511—2004 要求，液化石油气汽车的维护应分为日常维护、一级维护、二级维护三个类别。

（1）日常维护 日常维护包括出车前、行车中、收车后，是指以清洁、补给和安全检视为作业中心内容，由驾驶人负责执行的车辆维护作业。

（2）一级维护 一级维护是指除日常维护作业外，以清洁、润滑、密封性检查、调整、紧固为作业中心内容，并检查有关制动、操纵、LPG 专用装置等安全部件，由 LPG 汽车维修企业负责执行的车辆维护作业。

（3）二级维护 二级维护是指在一级维护作业的基础上，以检查和调整转向节、转向摇臂、制动蹄片、悬架等经过一定时间使用容易磨损或变形的安全部件以及 LPG 专用装置的紧固、密封及其性能保持为主，并拆检轮胎，进行轮胎换位，检查和调整发动机工作状况、排气污染控制装置以及影响车辆使用与行驶安全的相关装置等，由 LPG 汽车维修企业负责执行的车辆维护作业。

二、维护作业的安全要求

1）LPG 汽车维护作业前，应首先进行 LPG 专用装置的密封性检查，如果有泄漏，应先排除故障，在确认系统密封性良好后再进行维护作业。

2）维护作业中应先进行涉及 LPG 使用的检查、维护等作业，然后关闭车用气瓶手动截止阀并使管路内的 LPG 耗尽，再进行其他项目的维护。

3）当需要进行焊割等有明火的作业时，应拆掉蓄电池及重要总成的电控元件。应安全拆卸车用气瓶并放入专用库房妥善保管，或在专用的符合安全防护要求的场地将 LPG 供气系统（包括车用气瓶）卸压，确保供气系统内无 LPG。

4）需在车用气瓶附近打磨或切割时，应先将其拆掉或有效隔离。应由具备认可资格的单位、人员从事车用气瓶的维护与检测，不得在车用气瓶上进行挖补、焊割等作业。

5）LPG 汽车如果发生漏气，应立即关闭电源和车用气瓶手动截止阀，然后在专用场地进行处理。如果高压管路破裂或脱落导致气体大量泄漏而无法关闭车用气瓶手动截止阀，应立即进行现场隔离，不允许人、车入内，隔离火源，待液化石油气散尽后再作处理。

6）如果发生火情，除立即关闭电源和车用气瓶手动截止阀外，应隔离现场，立即采取有效的灭火与救援措施。

第八章

醇类燃料汽车

第一节 概 述

一、醇类燃料的来源及分类

在众多的清洁代用燃料中，醇类燃料来源广泛、丰富，抗爆性好，与石油燃料的理化性能相近，因而受到更多的重视。

1. 醇类燃料的来源

甲醇（木醇或木酒精）可以由一氧化碳和氢气合成，为无色透明的液体，高挥发性，易燃。它主要从天然气（占78%）、重油（占10%）、石脑油（占7%）、液化石油气（占3%）、煤炭（占2%）、油页岩、木材和垃圾等物质中提炼。

乙醇俗称酒精，其工业生产方法主要有发酵法、乙烯水合法等方法，我国一直以发酵法为主，其生产原料有三类：第一类是含糖作物与副产物，如甘蔗、甜菜、甜高粱和糖蜜等；第二类是淀粉质作物，如玉米、高粱、小麦、红薯和马铃薯等；第三类是纤维素原料，如木材、木屑和谷物秸秆等。目前主要是利用发酵法生产乙醇，其所用的原料基本上是属第一、第二类。这些原料不仅储量较大，而且大都可以再生，这就保证了醇类燃料的稳定生产。值得指出的是从大多数植物中提取乙醇时消耗的能量过大，如由土豆、小麦、玉米、甜菜中提取乙醇时所消耗的能量与获得的能量之比分别为1.32、1.28、1.15、0.96，并且在乙醇的制造过程还要消耗大量的水，增加水污染。每生产1L乙醇要消耗水11L左右，可见廉价的、对水污染低的乙醇的制造技术并未成熟。

2. 醇类燃料的分类

（1）按组成成分和性质分类　按组成成分和性质的不同，醇类燃料主要有甲醇（CH_3OH）和乙醇（C_2H_5OH），它们都是相对分子质量较小的单质，燃烧产物中基本没有炭烟，NO_x 的排放浓度也很低，是一种低污染性燃料。醇类燃料汽车是指以甲醇汽油、乙醇汽油、甲醇、乙醇作为燃料的汽车，以甲醇作为燃料的汽车称为甲醇汽车，以乙醇作为燃料的汽车称为乙醇汽车。醇类燃料可以与汽油或柴油按一定比例配制成混合燃料，也可以直接采用醇类燃料作为发动机的燃料。醇类燃料汽车与电动汽车、天然气汽车一样，都是新能源和清洁代用燃料汽车。

（2）按在汽车上的应用分类　按在汽车上应用的不同，醇类燃料主要有三种类型：掺烧、纯烧和改质。

1）掺烧类型是醇类燃料在汽车上的主要应用方式。为使内燃机燃用甲醇时能有良好的效果，可采用不同的掺烧方式，调整混合燃料的性质，改进内燃机结构及设计良好的掺烧及控制装置。掺烧主要是指醇类燃料（甲醇或乙醇）以不同的体积比例掺入汽油（柴油）中。

掺烧的主要方法有三种：混合燃料法、熏蒸法和双供油系统法，前两种方法既可用在柴油机上，又可用在汽油机上，而双供油系统法仅用在柴油机上。醇类燃料易于自然吸水且相对密度小于柴油，故与柴油的互溶性较差，一般情况主要针对醇类燃料与汽油的掺烧。

最常用的方法是混合燃料法，甲醇（或乙醇）与汽油的混合燃料称为甲醇（或乙醇）汽油或称汽醇。甲醇、乙醇与汽油的混合燃料分别用 MX 和 EX 表示，X 表示醇类燃料在燃料中的含量（体积分数）。例如，甲醇汽油混合燃料有 M5（含甲醇 5%）、M10（含甲醇 10%）、M85（含甲醇 85%），纯甲醇燃料用 M100 表示。实际甲醇的含量最多为 85%~90%，其他都是添加剂。通常掺烧 3%~5% 甲醇发动机无须作出任何变化。乙醇汽油混合燃料有 E10（含乙醇 10%，现在我国主要推广）、E20（含乙醇 20%），纯乙醇燃料用 E100 表示。研究表明，如果掺烧的乙醇少于 10%，则发动机不必进行改造，只要作适当的调整，汽车性能即可与燃烧汽油时相当。掺烧比例加大时，可通过适当增大压缩比增加发动机预热装置来保证汽车的各种使用性能。同时，在混合燃料中添加助溶剂，以防止醇类燃料与汽油分层。

2）纯烧类型是指单纯燃烧甲醇或乙醇燃料，主要方式有六种：裂解法、蒸气法、火花塞法、电热塞法、炽热表面法、加入着火改善剂法。其中，后三种方法仅用在柴油机上，其他方法既可用在柴油机上，又可用在汽油机上。

这种类型的优点是发动机可以根据燃料的特点进行改造，如按醇类燃料的理论空燃比设计和调整供油系统，加装发动机预热装置，加大油泵的供油量，改善零部件的耐腐蚀性等。通过改造发动机，纯烧类型汽车的动力性和燃料经济性可比烧汽油时有较大的提高。

3）改质类型现在主要是指醇类燃料的改质。甲醇利用发动机的余热将甲醇生成为 H_2 和 CO，然后输送到发动机内燃烧。采用甲醇改质需要对发动机进行较大的改造，最好重新设计发动机。变性燃料乙醇是指乙醇脱水后再添加变性剂而生成的以乙醇为主的燃料。

二、醇类燃料主要特性

甲醇和乙醇均是无色透明、易挥发的可燃液体。甲醇和乙醇与汽油相比，热值低、蒸发热大、抗爆性好、含氧量高。甲醇略带酒精味，有毒，进入人体会引起胃痛、肌肉痉挛、头昏、乏力等症状，严重时可导致失明甚至死亡。乙醇又称酒精，有强烈的气味，对人体的大脑神经有麻痹作用。甲醇和乙醇性质类似之处很多，与汽油相比，它们的优、缺点几乎相同，只是在程度上略有差别。另外，醇类燃料吸水性强、化学活性高、容易发生早燃。甲醇和乙醇与汽油和柴油的理化性质的比较见表 8-1。

表 8-1 甲醇和乙醇与汽油和柴油的理化性质比较

项目	汽油	轻柴油	甲醇	乙醇
分子式	$C_4 \sim C_{12}$烃化合物类	$C_{16} \sim C_{23}$烃化合物类	CH_3OH	C_2H_5OH
相对分子质量 M	100~115	226	32	46
物理状态	液态	液态	液态	液态
车上的存储状态	液态	液态	液态	液态
液态下的密度（20℃）/(g/cm^3)	0.72~0.75	0.82~0.88	0.7914	0.7843
沸点（常压）/℃	30~220	18~370	64.8	78.3
饱和蒸气压/kPa	62.0~82.7		30.997	17.332
低热值/(MJ/kg)	44.52	43	20.26	27.20
混合气热值/(kJ/m^3)	3750	3750	3557	3660
汽化热/(kJ/kg)	297		1101	862
辛烷值（RON）	90~106		112	111
辛烷值（MON）	81~89		92	80
十六烷值	27	40~60	3	8
闪点/℃	-43	60	11	21
自燃点/℃	260		470	420
理论空气量/(kg/kg)	14.9	14.5	6.52	9.05
最低点火能量/mL	0.25~0.3			
在空气中的可燃范围体积比（%）	1.3~7.6			

醇类燃料在汽车上应用的特点主要有：

1）醇类燃料中含氧量大、热值低，所需要的理论空气量比汽油或柴油少，从而保证发动机的动力性能不降低。

2）醇类燃料的辛烷值比汽油高，是点燃发动机好的替代燃料，作为提高汽油辛烷值的优良添加剂，采用高压缩比提高热效率。普通汽油与15%~20%的醇类燃料混合，辛烷值可以达到优质汽油的水平，但是醇类燃料的抗爆性敏感度大，中、高速时的抗爆性不如低速时好。

3）常温下为液体，操作容易，储运方便。

4）可燃界限宽，汽油的着火极限为1.4~7.6；甲醇的着火极限为6.7~36，燃烧速度快，火焰传播速度比汽油快，可以实现稀薄燃烧，利于排气净化和空燃比控制。

5）与传统的发动机技术有继承性，特别是使用汽油-醇类混合燃料时，发动机结构变化不太大，减少了燃烧室表面的燃烧沉积物，改善了发动机的排放性能。

6）由于十六烷值低，着火性差，着火延迟期长，在压燃式发动机中采用醇类燃料要困难得多，在点燃式发动机中应用较广。

7）蒸发热大，使得醇类燃料低温起动和低温运行性能恶化。但在汽油中混合低比例的醇，由燃烧室壁面给液体醇以蒸发热，这一特点可成为提高发动机热效率和冷却发动机的有利因素。

8）热值低，甲醇的热值只有汽油的48%，乙醇的热值只有汽油的64%。因此，与燃用汽油相比，在同等的热效率下，醇的燃料经济性低。

9）沸点低，蒸气压高，容易产生气阻。

10）腐蚀性大。醇具有较强的化学活性，能腐蚀锌、铝等金属。甲醇混合燃料的腐蚀性随甲醇含量的增加而增加。另外，醇与汽油的混合燃料对橡胶、塑料的溶胀作用比单独的醇或汽油都强，混合20%的醇时对橡胶的溶胀最大。

11）醇混合燃料容易发生分层。醇的吸水性强，混合燃料中进入水分后易分离为两相。因此，醇混合燃料要加助溶剂。

12）甲醇有毒，会刺激眼结膜，也会通过呼吸道、消化道和皮肤进入人体，刺激神经，造成头晕、乏力、气短等症状。

第二节 醇类燃料汽车的结构与原理

巴西为世界上唯一不使用纯汽油作为汽车燃料的国家，其发动机结构专门为醇类燃料设计，而在我国发动机专为汽油或柴油而设计，混合比低于10%的醇类混合燃料可以直接使用，发动机的基本结构与传统燃料发动机基本相同。我国现在主要采用混合比为10%的醇类混合燃料。但由于醇类燃料本身特性和与传统燃料有所不同（见表8-1）以及混合比不同，所以在结构上需要有所改进或变化。

一、掺烧式车用醇类燃料发动机结构

掺烧是醇类燃料在汽车上的主要应用方式，为使内燃机燃用醇类燃料时能有良好的效果，可采用不同的掺烧方式，调整混合燃料的性质，改进内燃机结构、设计良好的掺烧及控制装置。

1. 混合燃料法的醇类燃料汽车发动机结构

（1）在点燃式内燃机上掺烧甲醇　在点燃式内燃机中掺烧甲醇不仅可以以醇代油，而且与燃用纯汽油相比，还具有如下优点：辛烷值提高，可以在无铅汽油中加甲醇，达到含铅汽油所具备的抗爆能力；可以扩大混合气的着火界限，燃用稀混合气，提高燃油经济性；可以提高压缩比，从而提高内燃机的动力性和燃油经济性；减少燃烧室表面的燃烧沉积物；改善排放性能等。

汽油发动机使用低比例（M3 ~ M5）甲醇汽油，不需使用任何添加剂，发动机不作任何改动，车辆可以正常使用。汽油机使用M15甲醇汽油，发动机不作大变动，使用技术成熟，气阻、腐蚀、溶胀、互溶等技术故障可解决。

我国在点燃式内燃机中掺烧15%的甲醇（M15）的试验研究工作进行得较多，因为M15是内燃机稍作变动的最高可接受的掺烧比极限。国外正式成为商品的是M3，使用这类混合燃料，内燃机结构不需要改变，材料也是相容的。我国M15甲醇汽油已生产20万t，加注车辆超过1 000万辆次。

（2）在压燃式发动机中掺烧甲醇　醇类燃料易于自然吸水且相对密度小于柴油，故与柴油的互溶性较差。醇类燃料的十六烷值很低，着火性能差，使得醇类燃料用作压燃式发动机燃料比用作点燃式发动机燃料困难，不是醇类燃料应用的主渠道。现在发动机主要采用的改进方法有：加入点火促进剂，改善点火性能；高压缩比及废气再循环；电热塞法；柴油引

燃法；高能电火塞法；乳化甲醇柴油。使用较多的是前两种方法。柴油机燃用甲醇应用较多的国家有美国、德国、日本等，使用的汽车多为城市公交客车和载货汽车。但因点火促进剂或发动机制造成本较高，未能使甲醇燃料在柴油机上普遍使用，同样乙醇柴油也存在类似问题，因此研究工作及应用较慢。

（3）车用掺烧乙醇汽油发动机结构　掺烧是乙醇燃料在汽车上的主要应用方式。掺烧后的乙醇汽油的辛烷值比汽油高，燃用乙醇汽油发动机的压缩比可以提高。我国主要应用的掺烧比例比较小时（小于10%），发动机的结构基本不变。

2. 熏蒸法的醇类燃料汽车发动机结构

熏蒸法是利用醇燃料表面张力及粘度低的特点，通过不同方式将醇类燃料雾化、汽化后从进气管送入燃烧室。可利用流动的空气流、机械部件等使醇类燃料雾化，或者利用冷却水或排气的热量加热醇类燃料，使其汽化。采用熏蒸法掺烧醇类燃料都要在发动机上增加一些零部件。尽管目前在汽车上实际应用的并不多，但在将含水醇类燃料用作内燃机燃料又不采用价格贵的助溶剂时，掺烧方法更有参考的价值，主要方法有两种：低压喷嘴法和甲醇蒸气法。

（1）低压喷嘴法的醇类燃料汽车发动机结构改进　在气缸盖进气道上安装喷油器，如图8-1所示，在进气行程将甲醇喷入进气道，与空气雾化混合后进入气缸。也可对着气流的方向喷入甲醇，增加甲醇油束与空气流动的相对速度，促进甲醇颗粒的细微化及雾化。这种方法可掺烧70%的甲醇，每缸要安装一个喷油器，而且需要有控制喷甲醇的时间及喷醇量的装置。

（2）甲醇蒸气法的醇类燃料汽车发动机结构改进　利用内燃机排气或冷却循环水的热量，将醇类燃料变成气体后送入燃烧室，这种方法可以掺烧不同比例以及100%的醇类燃料。甲醇蒸气可用于汽油机及柴油机，可以掺烧甲醇或者纯醇燃料燃烧。

利用废气热量使甲醇变成蒸气的装置如图8-2所示。其工作原理是：电动泵将甲醇送到加热器，使甲醇温度升高，而后送入蒸发器，使甲醇变成稍微过热的气体，送入与空气混合的混合器，形成混合气进入气缸。通过阀门调节流入蒸发器的废气量，从而改变甲醇的蒸发量。当蒸发器离发动机进气管较远时，布置中间加热器，使甲醇蒸气不会在与空气混合流入气缸前部分冷凝成液态。

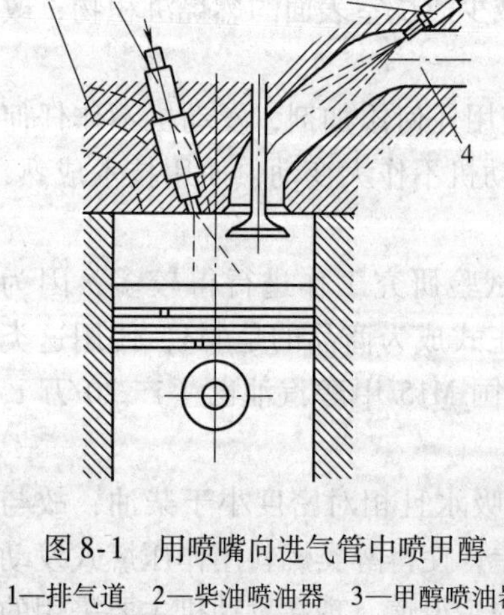

图8-1　用喷嘴向进气管中喷甲醇

1—排气道　2—柴油喷油器　3—甲醇喷油器　4—进气道

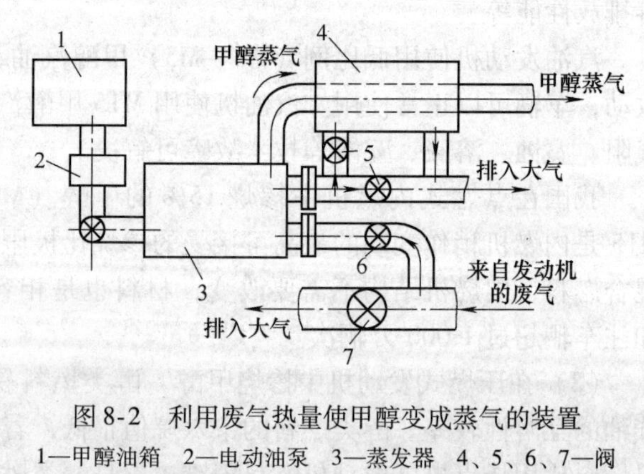

图8-2　利用废气热量使甲醇变成蒸气的装置

1—甲醇油箱　2—电动油泵　3—蒸发器　4、5、6、7—阀利用循环水热量的甲醇蒸发器示意图如图8-3所示。其工作原理是：甲醇的沸点为65℃，而冷却水的温度一般都在70～90℃，因此可以用冷却水的热量使甲醇变成气态。蒸发器中蒸气表压达到两个大气压，乙醇也可使用。当真空压力管处的真空度较大时，膜片在弹簧作用下向上移动，从而通过压力调节杆的移动使阀门关闭。这样通过甲醇蒸气出口处输出的醇蒸气量减少。当真空压力管处的真空度小时，则通过压力调节杆的移动使阀门打开，于是输出的甲醇蒸气量增加。这样可以改变混合气中的甲醇蒸气量，即改变混合气的空燃比，实现了质的调节。如有需要，还可以向进气管中喷入液态甲醇。当蒸发器中输出甲醇蒸气的阀门开度一定时，则通过发动机进气总管中的阀门，调节进入发动机燃烧室中的混合气数量，实现量的调节。在高负荷时，通过与点火提前调节机构一起的真空度控制机构减少膜片上的真空度，从而向进气管提供浓混合气。在低负荷时，则增加膜片上的真空度，向发动机提供稀混合气。

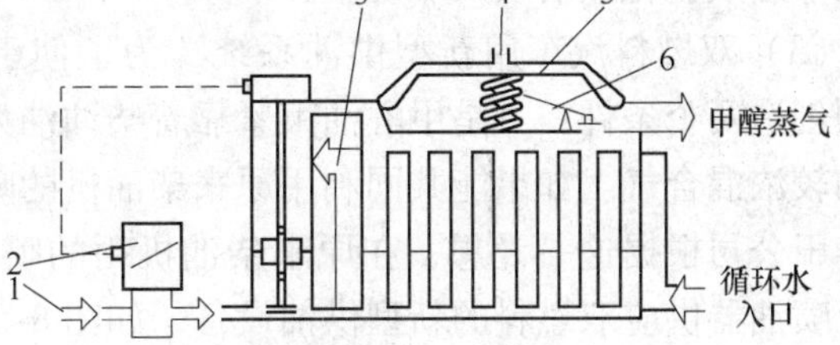

图8-3 利用循环水热量的甲醇蒸发器示意图

1—甲醇燃料入口 2—控制甲醇液面阀门 3—循环水出口 4—真空压力管 5—膜片 6—压力调节杆

在暖机期间冷却水的温度上升得较慢，升高后与甲醇沸点之间的温差较低，但可以控制得较为稳定，而排气温度却随着负荷的变化而变化，不太稳定。利用冷却水的热量使甲醇汽化，可以使冷却系统设计得容量稍小，较为紧凑，并减小风扇消耗功。在有的甲醇蒸发装置中，使用排气热量加热水，再利用冷却水的热量使甲醇变成气态。发动机起动时，可以用丙烷或甲醇燃烧器来加热蒸发器，使蒸发器达到一定温度后才使发动机起动。这个过程只需几分钟。在发动机冷态运转时，还可以向进气管喷射补充的甲醇。

3. 双燃料喷射系统的醇类燃料汽车发动机结构

双燃料喷射是指柴油机具有两套分开的喷油泵-喷油器系统、或者一套喷油泵-喷油器系统，但能向气缸内喷射两种不同的燃料。采用双燃料喷射系统的目的是能在柴油机上燃用大比例的醇与柴油的混合燃料或者用少量的柴油引燃大量的醇类燃料。

(1) 两套喷油泵-喷油器系统 其中一套喷射醇类燃料，而另一套则喷射引燃柴油。在U形和ω形两种燃烧室上，喷油器布置方案之一如图8-4所示。全负荷时甲醇喷射量（体积比）达到90%，而引燃柴油为10%。

影响双燃料喷射系统柴油机性能的主要因素有引燃油束的喷射角度、喷射定时和引燃油量。

(2) 供油管及喷油器的结构 将现有的喷油器前的高压油管稍加改装，利

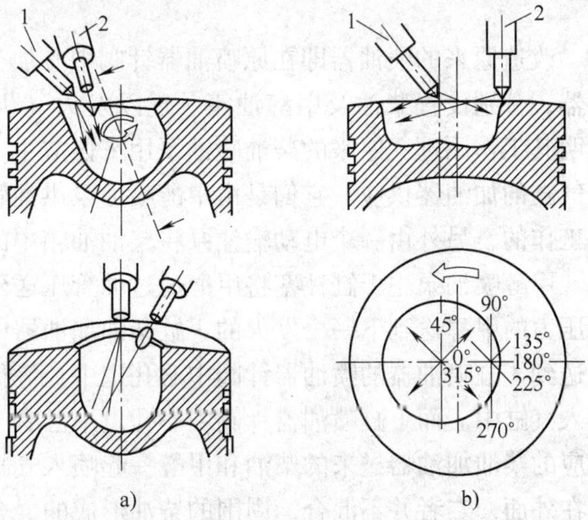

图8-4 双喷油布置示意图

a) U形 b) ω形

1—甲醇喷油器 2—柴油喷油器

用喷油泵出油阀回位时，在出油阀上部至喷油器之间的高压油管内产生负压，醇类燃料或其他替代燃料在此负压作用下，通过单向阀被吸入喷油器。被吸入的替代燃料在高压柴油紊流作用下形成乳化液后喷入燃烧室。

（3）双燃料汽车用新型供油系统　为了使引燃柴油可靠着火，同时又能将甲醇点燃，必须创造两个条件：一是甲醇油束紧靠着柴油油束；二是引燃柴油必须集中，形成能可靠着火的较浓混合气。如果能共同利用原来柴油机的喷油泵及喷油器系统，那就更为理想了。日本丰田公司根据这一设想，在原来柴油机用的喷油泵、喷油器的基础上开发了单一的喷油泵、喷油器供应双燃料的新型供油设备，如图 8-5 所示。

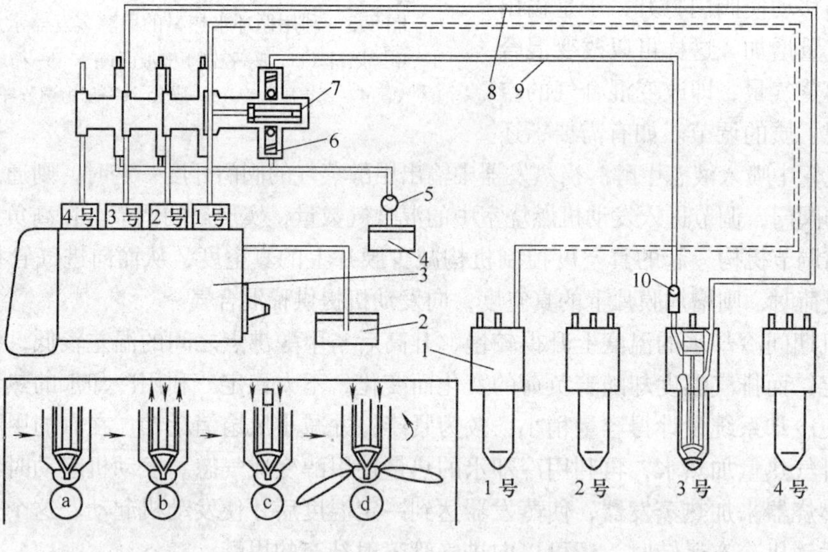

图 8-5　双燃料汽车用新型供油系统

1—喷油器　2—甲醇油箱　3—喷油泵　4—柴油油箱　5—电动输油泵
6、10—止回阀　7—加油器　8—甲醇油管　9—柴油油管

改造原来的喷油器即在原喷油器针阀中心加工出供应柴油的孔道，另外增加一个柴油加油器，分别设置柴油及甲醇油箱。现以发火（供油）次序为 1-3-4-2 的四缸发动机为例，说明其工作原理：原来的柴油喷油泵用来供应主要的燃料——甲醇，而引燃柴油则由对应四个气缸的加油器供应。它们是由甲醇喷油泵供油管分支油管中的甲醇压力推动其中小柱塞进行工作的，另外由一个电动输油泵将柴油油箱中的柴油供应到各个加油器中。

甲醇喷油泵中 1 缸柱塞将甲醇通过油管压送到 1 缸的喷油器时，油管分支管路将一部分有压力的甲醇送到下一个发火的 3 缸柴油加油器中，推动其中小柱塞。将一定量的引燃柴油压送到 3 缸喷油器的喷油器针阀中心孔道中，等待下一次 3 缸喷油器喷甲醇时，和甲醇一起喷入气缸中。而 1 缸喷油器针阀中心孔道中已有上一次发火的 2 缸喷油泵的高压甲醇，通过对应的柴油加油器送来的柴油和甲醇一起喷入气缸。甲醇油束处于中心部位，而柴油油束包围在外面，二者并不混合，周围的柴油形成的混合气首先被压燃，然后引燃甲醇混合气。

柴油集聚及甲醇柴油喷射的情况如图 8-5 中左下角的小图所示。柴油是通过喷油器针阀中间孔道流入的，中间孔道上方设有一个单向的球形止回阀。图 8-5 中左下角 a 表示紧接着刚喷过油后的情况，此时在剩余压力作用下柴油与甲醇处于压力平衡状态，中间孔道中的柴油被周围油路中剩余的甲醇包围着；图中 b 表示由柴油加油器送来的柴油将周围油路中的甲醇稍许向上压去；图中 c 表示由喷油泵送来的甲醇，将柴油向上压，使单向球形止回阀关闭，使柴油留在止回阀与针阀座空腔之间；图中 d 表示喷油泵供应甲醇，针阀抬起，甲醇及柴油一起喷入气缸，形成了外面是柴油、中间是甲醇的油束喷雾。

二、车用高比例和纯醇类燃料发动机结构

1. 甲醇点燃式发动机结构

这种发动主要指甲醇（M85～M100）点燃式内燃机。当燃用甲醇含量超过容积的85%时，内燃机需进行一系列设计修改。

1）提高电动汽油泵的供油压力，以避免产生气阻、影响供油。例如，有的汽油泵采用大于3.0MPa 的压力。

2）混合气的形成装置必须与甲醇较低的热值以及较少的空气需要量相适应。

3）采用高压缩比以充分利用甲醇高辛烷值的特性，压缩比可提高到9～11。

4）采用更合适的混合气形成装置。对混合气形成装置进行改进设计。

5）选择合适的火花塞和火花塞间隙。压缩比提高后，宜采用冷型火花塞。

6）解决冷起动不利的因素。例如：辅助汽油喷射、电加热、火焰起动装置、热分解燃油、催化分解燃油、增加点火能量、燃油雾化、燃油中添加低沸点的添加剂。

7）改善有关零件的抗腐蚀性和抗溶胀性等，尤其是提高供油管路的金属件、橡胶件和塑料的性能，如油压调节器的膜片。

8）加大燃料箱，以保证必要续驶里程；或采用双油箱结构。

9）提高发动机的压缩比，为充分利用醇类燃料高辛烷值的特点，应加大点火提前角调整2°～5°。

2. 车用纯乙醇汽油发动机结构

用纯乙醇作为燃料应对发动机进行必要的改动。以提高压缩比（9～11），充分发挥乙醇辛烷值高的优势。压缩比提高后，宜采用冷型火花塞；加大输油泵的供油能力，以避免气阻；用附加供油系统及加强预热等措施，改善冷起动；加大燃料箱，以保证必要续驶里程；改善有关零件的抗腐蚀性和抗溶胀性等。

3. 车用纯醇类燃料柴油机结构

在柴油机中燃烧纯醇类燃料，首先要解决能稳定着火及实现较好工作过程的问题。应用和研究的方案有：火花塞法、电热塞法、高温表面着火法、裂解甲醇法、醇燃料蒸气法、醇燃料加着火改善剂法、大幅度提高压缩比。

除醇燃料加着火改善剂法外，每种方法都要改动柴油机的结构，或者增加一些零部件。原则上这些方法都适用于甲醇及乙醇，由于乙醇产量少，价格偏高，过去主要在柴油机上采用这些方法进行甲醇试验研究。

（1）火花塞法　在汽油机上本来就有火花塞，因此实现纯醇燃料奥托循环较方便。在柴油机上安装火花塞及点火系统，用火花能量点燃纯醇燃料主要考虑以下几点：

1）燃料喷射时间及点火时间。由于醇的热值低，在相同的功率条件下，喷入气缸内的甲醇在数量上比传统燃料多一倍多，因此要改变喷射速率及喷射时间，否则喷射结束得过迟就会降低燃烧效率。燃料喷射及点火时间不当，火花塞可能受到过多的燃料喷注的浸湿，从

而使燃料不能着火，产生丢火现象，因此要注意改变喷射速率，寻找最佳的喷射时间、点火时间及其相互配合。

2）火花塞的位置及电极长度。火花塞的位置要慎重选择，同时要采用较长的电极，使火花塞的电极接触到较多的油雾，而又不受到过多的液体燃料的冲洗和污染。加长电极既可以使火花塞伸入燃烧室内，又因一部分凸出在壳体之外，使得受热面积加大，从而提高了低速、低负荷时的电极温度，而在高速、高负荷时，空气流动增加，凸出部分受到较好的冷却。

在国产195涡流燃烧室柴油机上，保持喷油器位置不变，在气缸盖水平方向布置火花塞，采用较长的火花塞使其电极达到 B 或 C 位置，可使该发动机燃用甲醇时能连续、稳定地运转。当火花塞电极跳火缝隙处于 A 或 D 位置时，则起动困难，着火也不稳定，如图8-6所示。

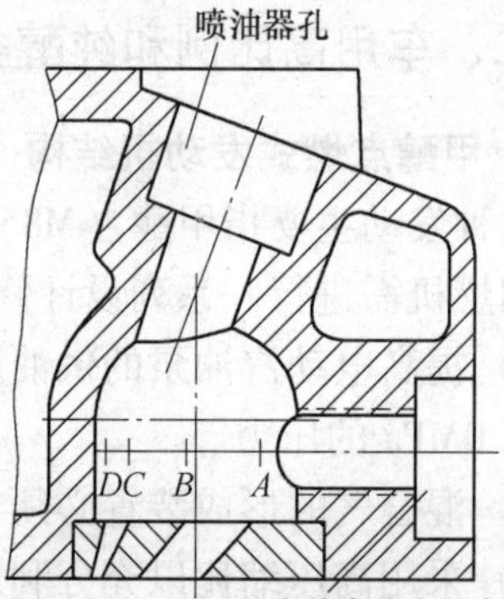

图8-6 在涡流燃烧室气缸盖上布置火花塞的位置示意图

（2）电热塞法 在传统的石油燃料发动机中，电热塞是用于改善冷起动性能的。醇类燃料的自燃温度高，着火性能差，但容易受高温炽热表面的作用而着火。在燃烧室中安装电热塞是使醇类燃料着火并实现较为稳定燃烧的有效措施。这对中等负荷及部分负荷是更为必要的。电热塞在统一燃烧室和分隔燃烧室中安装位置的比较如图8-7所示。

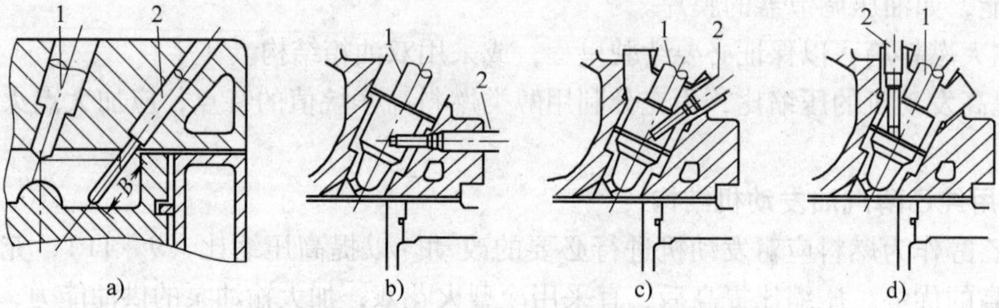

图8-7 电热塞在统一燃烧室和分隔燃烧室中安装位置的比较

a）统一燃烧室 b）分隔燃烧室（一） c）分隔燃烧室（二） d）分隔燃烧室（三）

1—喷油器 2—电热塞

（3）裂解甲醇法 将无水或含水很少的甲醇分解成 H_2 及CO称为裂解甲醇。裂解甲醇燃料发动机的基本组成如图8-8所示。其工作原理是：甲醇先在蒸发器中变成气体，然后在裂解反应器中被分解为 H_2 及CO，再经过冷却与空气混合进入发动机。蒸发器可以采用管式换热器，用90%~100%的循环冷却水或废气余热加热。裂解后气体可用水冷却。裂解反应器通常用废气加热。催化剂可用铂、铑、铜、锌、铝或铬等。

（4）表面着火法 在汽油机中，由于高温点火引起的可燃混合气的早燃是一种不希望有的异常燃烧现象。甲醇的抗爆燃性虽较高，但相比于汽油，它在较低的表面温度下更容易着火。而甲醇在柴油机中又难于着火，于是便产生了在柴油机燃烧室中用外源能量形成高温表面使甲醇着火的方案。

甲醇表面着火柴油机燃烧室部分的方案如图8-9所示。电热带所产生的热量使不锈钢套

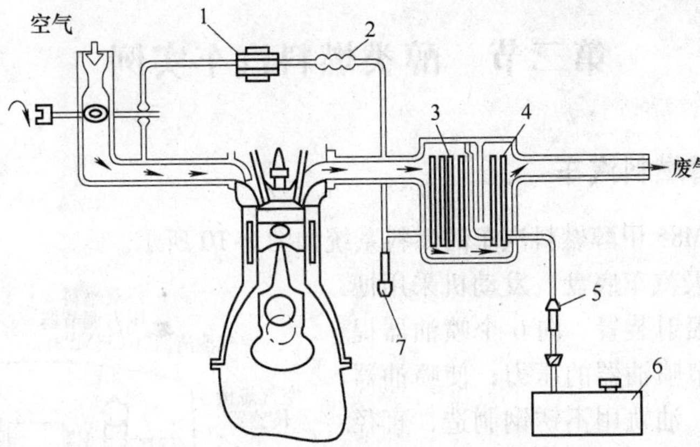

图 8-8 裂解甲醇燃料发动机的基本组成

1—压力调节器 2—裂解气冷却器 3—裂解反应器 4—蒸发器 5—燃料泵 6—燃料箱 7—安全放气阀

燃烧室内表面的温度高于甲醇的着火温度，由喷油器喷出的甲醇油雾接触到高温表面后便自行着火。发动机起动运转一段时间后，便不再消耗电能加热表面。

(5) 采用着火改善剂 在柴油机中使用加了着火改善剂的纯醇燃料，就无须对柴油机作大的变动，并且随时可以改用柴油，是一种较简便、理想的方法。其关键是要研究出优良的添加剂，如环已基硝酸盐、三乙基铵硝酸酯、异丙基硝酸酯等。

(6) 高压缩比压燃法 从理论上分析，要使醇类燃料在原柴油机的基础上不用任何助燃措施，只用压燃方式组织燃烧过程，压缩比要达到 26 以上。如此高的压缩比会使发动机的机械负荷及热负荷增加，发动机容易发生零件强度等方面的问题。这种方法适用于分负荷工况下工作的时间较多的公共汽车的醇类燃料发动机，主要的技术是高压缩比加助燃剂。

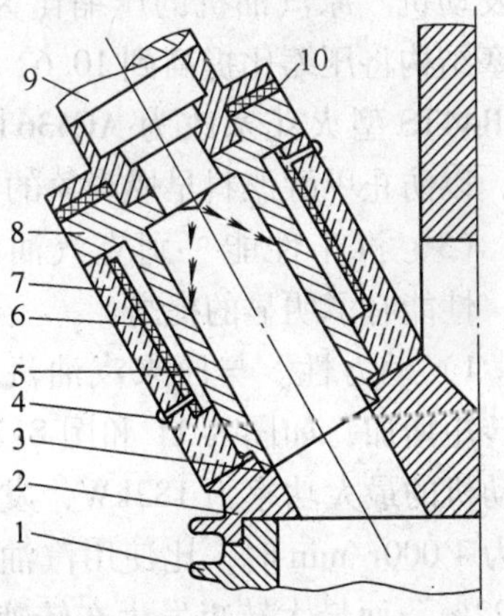

图 8-9 甲醇表面着火柴油机燃烧室部分的方案

1—气缸 2—气缸盖 3—铜密封热 4—电极 5—空气间隙 6—电热带 7—陶瓷套管 8—不锈钢套燃烧室 9—轴针式喷油器 10—绝缘材料制的垫片

4. 车用甲醇改质发动机结构

将含水甲醇分解为 H_2 及 CO_2 称为改质甲醇。甲醇/汽油混合气易分层，纯甲醇燃料冷起动困难，而且它们的热效率也不是很理想。人们试图寻求一种新的应用方式，以期达到更好的效果。甲醇改质是利用发动机排气的余热将甲醇改为 H_2 和 CO，然后输往发动机。改质甲醇的最大火焰传播速度仍然高达 215cm/s，远远大于汽油。这个特性有利于热效率的提高。

5. 醇类灵活燃料发动机

醇类灵活燃料发动机既可使用汽油，又可使用醇类与汽油以任何比例混合的燃料。醇类灵活燃料发动机工作时，由燃料传感器识别燃料成分，然后通过 ECU 给发动机提供最佳运行参数。

第三节　醇类燃料汽车实例

一、M85 甲醇燃料汽车

上海通用别克 M85 甲醇燃料汽车的燃料系统如图 8-10 所示。

（1）燃料系统及汽车底盘　发动机采用博世公司的多点燃油喷射装置。向 6 个喷油器提供足够的燃油；调节喷油器的压力；使喷油器能安装到进气管上。油轨用不锈钢制造，直径由原来汽油机用的 19mm 加大到 25.4mm。燃料箱用不锈钢制造，容积为 106L。燃料箱内有一些隔板，以减少燃料的晃动。

（2）发动机　汽车采用排量为 3.8L 的 6 缸发动机。原汽油机的压缩比为 8，通过改变活塞结构将压缩比提高到 10.6，将原来使用的 ACR44TS 型火花塞改为 AC436TS 较冷型火花塞，以防止甲醇燃料早燃现象的发生。

（3）汽车性能　别克汽油汽车改用 M85 后，性能有了明显的提高。

1）动力性。与原来汽油汽车相比，功率及转矩增加，如图 8-11 和图 8-12 所示。甲醇发动机的最大功率为 182kW，发生在发动机转速为 4 000r/min 时，比使用汽油时的功率增加了 22%，而最大转矩发生在转速为 3 000r/min 时，比汽油机增加了 11%。

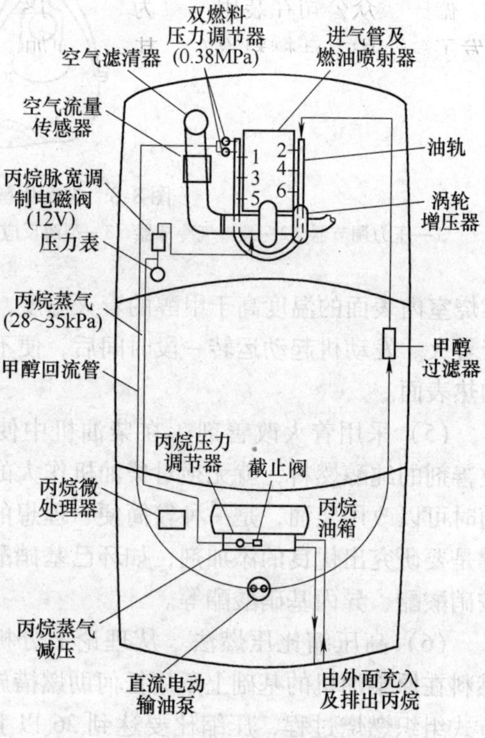

图 8-10　上海通用别克 M85 甲醇燃料汽车的燃料系统

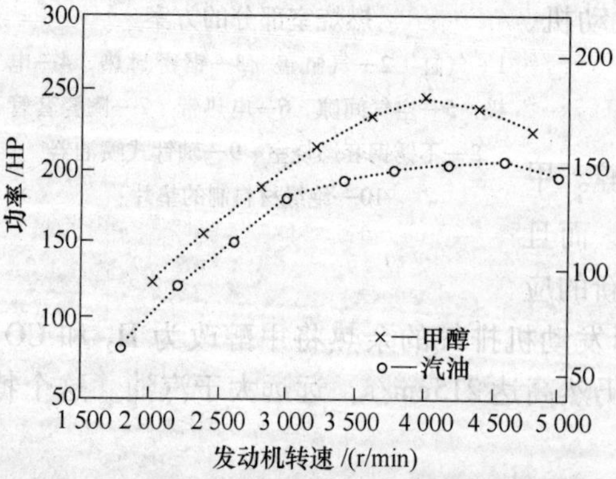

图 8-11　甲醇燃料汽车与汽油汽车的功率比较

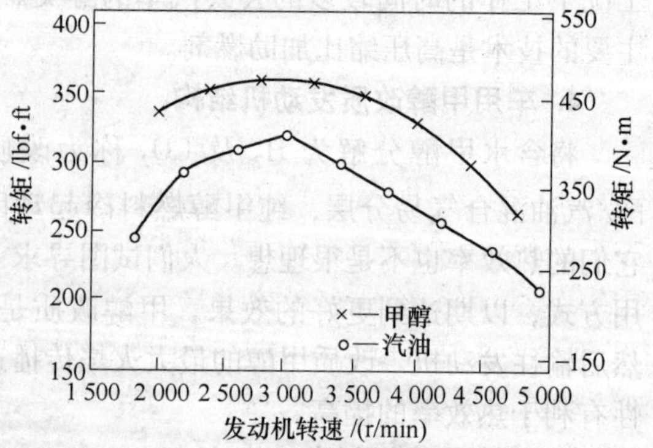

图 8-12　甲醇燃料汽车与汽油汽车的转矩比较

2）燃料经济性。按每单位热值汽车行驶的里程数计算，根据市区燃料经济性（FTP）及高速公路燃料经济性（HWFET）试验程序，甲醇燃料汽车比汽油车的行驶里程数分别增加了11%和13%，这表明FTP及HWFET都得到了改善。汽车在道路上实际使用的燃料经济性也表明，甲醇汽车比汽油汽车的行驶里程增加了21%。

3）汽车加速性及驾驶驱动性能。由四辆甲醇车及两辆汽油车进行由零加速到96.6km/h的加速性比较，甲醇汽车比汽油汽车平均快1.8s。

二、灵活燃料甲醇（FFV）汽车

德国大众公司在装用排量为2L、功率为85kW汽油机的Golf Ⅲ/Jetta Ⅲ汽车的基础上，开发了新型的灵活燃料汽车，其布置图如图8-13所示。

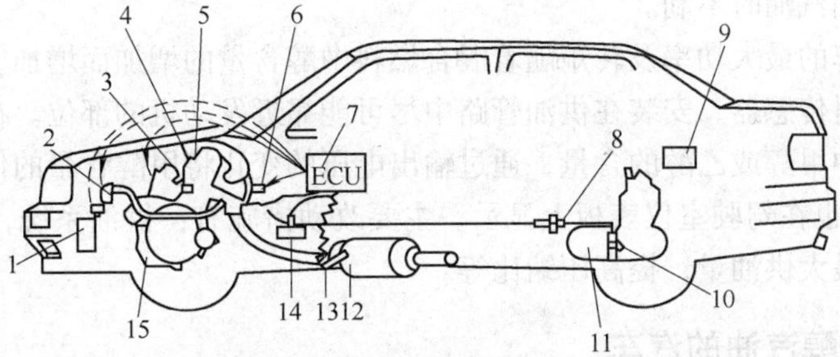

图8-13 在Jetta Ⅲ型汽车基础上开发的灵活燃料汽车布置图

1—活性炭罐过滤器 2—空气泵 3—敲缸传感器 4—火花塞 5—喷油器 6—废气再循环阀 7—电控单元（ECU） 8—燃料过滤器 9—灵活燃料 10—燃料泵及油面传感器 11—氟化高密度聚乙烯燃料箱 12—三元催化反应器 13—氧传感器 14—甲醇传感器 15—甲醇发动机用润滑油

灵活燃料汽车的核心部分是电控喷射系统及醇-汽油混合燃料传感器。大众FFV的电控喷射系统是在简洁高效的DIGIFANT系统基础上改进的，以便能适应改变燃料及醇类燃料所需的空燃比及点火时间等的控制，同时增加了醇-汽油混合燃料传感器。它是根据混合燃料中成分不同则介电常数也不一样的原理工作的。它能以一定的精度和灵敏度，根据燃料成分的变化及时地向电控系统提供连续变化的信息，使电控系统调整发动机的有关参数，保证发动机在满足汽车要求的最佳状态下工作。灵活燃料电控系统原理图如图8-14所示。

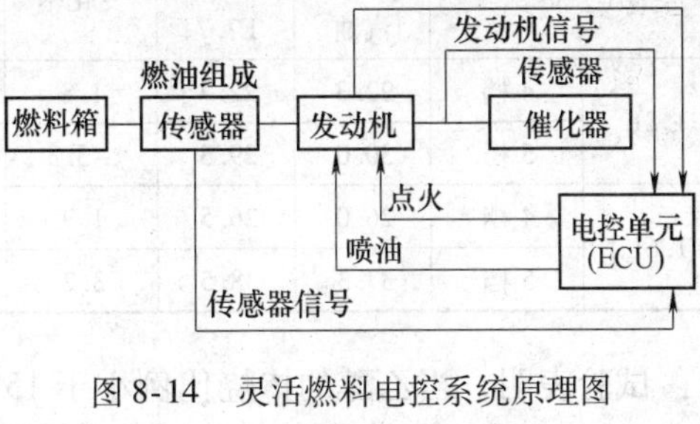

图8-14 灵活燃料电控系统原理图

甲醇的热值不到汽油热值的一半，使用甲醇的喷油量比使用汽油时约增大一倍。DIGIFANT电控系统以汽油供油量为基准，根据混合燃料成分的变化相应地增加供油量，用一个多项式函数可以准确地表示该增量。发动机点火提前角的调整，也基于同样原则进行处理。DICIFANT系统可以存储多达8组不同燃料配比的发动机特性曲线，可根据燃料成分的变化对发动机进行更细的调整。

为了满足低排放法规的要求，该汽车采用了三元催化转化器、废气再循环以及使用活性炭罐控制蒸发排放等措施，而且在发动机暖机阶段向排气口喷射额外的空气。大众汽车公司在进一步发展这种灵活燃料汽车以便达到超低排放法规要求时，准备采用蓄热器及电加热催化器，前者是将冷却水的热能储存起来以便供冷起动及暖机时使用，这样可以明显地降低非甲烷有机气体的排放（NMOG）及形成臭氧的潜在可能；后者是在三元催化转化器前加一个电加热催化器，这是为了在冷起动后暖机期间，由于排气温度低，主要催化转化器的催化剂不能起催化作用，而此阶段排放物又较高，于是通过电加热提高催化剂温度，促使其起到催化作用。

灵活燃料汽车既要使用不同醇含量的混合燃料，又要能使用汽油，因此在参数及一些相关零件特性的选择上要采取折中方案兼顾两方面的需要。在压缩比的选择上，可使用原汽油机压缩比，或者再高一些。同时，安装敲缸传感器，当发生敲缸现象时，推迟点火时间，以避免敲缸。前面提到醇燃料汽车为了避免火花塞温度过高而引起醇自燃，需采用较冷型的火花塞。对于灵活燃料汽车，则采用比原汽油机汽车火花塞稍冷一些的火花塞，而不能用过冷型，因为这对使用汽油时不利。

灵活燃料汽车的最大功率及转矩随着混合燃料中醇含量的增加而增加。灵活燃料汽车的关键部件是醇燃料传感器，安装在供油管路中尽可能靠近发动机的部位。在汽车行驶时，随时测定混合燃料中甲醇或乙醇的含量，通过输出电压的变化将甲醇含量的信息输送给电控单元（ECU），同时也在驾驶室仪表板上显示。主要改动措施有：供油系统，如需要加大喷油器直径、燃油泵最大供油量；提高压缩比等。

三、车用乙醇汽油的汽车

中国汽车技术研究中心对乙醇汽油进行了大量的试验研究，选用两种车型（分别采用1.8L电喷发动机和1.6L电喷发动机）对三种乙醇汽油进行实验，其掺烧比例分别为：7.7%（E7.7）、10%（E10）和15%（E15），并与燃用93号汽油的结果进行比较。

1. 动力性

以车速从40km/h加速到120km/h所用时间作为加速性的评价参数，E7.7、E10、E15与93号汽油的加速性对比见表8-2。

表8-2 E7.7、E10、E15与93号汽油的加速性对比

车型		加速时间/s		变化率	加速时间/s		变化率	加速时间/s		变化率
		汽油	E7.7		汽油	E10		汽油	E15	
1.8L	4档	22.3	22.7	1.8	23.2	23.1	-0.4	22.8	23.9	4.8
	5档	30.0	29.3	-3.3	31.5	31.4	-0.3	30.0	30.5	1.7
1.6L	4档	26.0	26.5	1.9	27.5	25.2	-8.4	27.1	24.7	-8.8
	5档	37.3	38.5	3.2	37.3	37.7	1.1	38.0	36.4	-4.2

试验表明，当乙醇的掺烧比例小于15%时，加速性没有明显的变化。乙醇的混合气热值等于3.66MJ/m^3，比汽油低4.2%，其动力性应比汽油低，不过15%以下的掺烧比例带来的影响最大只有0.63%；乙醇含氧高达34.8%，有利于燃烧完全，效率较高，乙醇潜热比汽油多，进气温度较低，有利于增加进气量和提高动力性；乙醇的分子变更系数也较大，有利于提高动力性。当然，由于掺烧比例小，这些有利于提高动力性的因素的影响同样很小。如果不作任何调整，乙醇汽油的动力性与基础汽油变化不大。

2. 燃料经济性

由于乙醇的混合气热值比汽油的低，因此以体积计的燃料消耗大于汽油，三种方案的平均增幅达5.3%、7.8%和9.3%，考虑到以容积计量的乙醇售价比汽油高，燃料费用会有所增加，如果充分发挥乙醇辛烷值高的优势，合理地调整点火提前角，则效果会好一些。仅仅从燃料经济性考虑，掺烧乙醇的比例也不宜太大。

3. 排放

试验表明，燃用乙醇汽油与燃用汽油相比，由于含碳比例减少以及含氧燃烧较为完全，怠速排放的CO和HC有所下降。三种方案的NO_x排放与燃用汽油相比，大体相近，有高有低。这是由于：一方面乙醇的热值低，燃烧温度低，使NO_x排放减少；另一方面，乙醇含氧有利于NO_x的生成，又使NO_x排放增多。

第四节　醇类燃料汽车维护

一、醇类燃料的正确使用

1. 车用乙醇汽油

（1）车用乙醇汽油的组成　车用乙醇汽油由车用无铅汽油、变性燃料乙醇和改善其使用性能的添加剂组成。变性燃料乙醇是以玉米、小麦、薯类、甘蔗、甜菜、纤维素等为原料，经发酵、蒸馏制得乙醇，脱水后再添加变性剂变性的燃料乙醇。变性剂是车用无铅汽油，添加到燃料乙醇中主要是为了防止人们以为是食用酒精误食。

由国家质量技术监督局负责组织制定的GB 18350—2001《变性燃料乙醇》国家强制性标准已于2001年4月15日起开始实施。该标准要求燃料乙醇与变性剂的体积混合比为100∶2～100∶5，即变性剂在变性燃料乙醇中的体积含量为1.96%～4.76%，且变性剂的质量应符合GB 17930—2006《车用汽油》的要求。

（2）车用乙醇汽油的牌号　按GB 18351—2010《车用乙醇汽油E10》规定，我国车用乙醇汽油目前有三个牌号，分别是90号、93号和97号，与车用汽油一样，其牌号是按研究法辛烷值大小来划分的，数值越大，表示车用乙醇汽油的抗爆性越好。

（3）车用乙醇汽油的正确选用　车用乙醇汽油的选用与车用汽油一样，主要是根据发动机的压缩比。发动机的压缩比越高，所需使用的乙醇汽油牌号就越高，可在汽车的使用说明书中查到发动机的压缩比和汽车生产厂家推荐的乙醇汽油牌号。车用乙醇汽油的基本选用原则是：压缩比在8.0以下的发动机，应选用90号车用乙醇汽油；压缩比在8.0～8.5之间的发动机，应选用93号车用乙醇汽油；压缩比在8.5～10.5之间的发动机，应选用97号车用乙醇汽油。

2. 车用甲醇汽油

车用甲醇汽油没有相应的国家标准，但其牌号应达到GB 17930—2006《车用汽油》的相关要求，其使用可参照车用乙醇汽油的有关规定进行。

二、使用醇类燃料的注意事项

1. 使用前需要对车辆进行相应的调整

（1）彻底清洗燃料系统和燃料箱　这是首次使用乙醇汽油前所必须做的一项工作。醇类燃料具有较强的清洗作用，在使用初期，会把原来附着在燃料箱壁上或沉积在燃料箱底部的胶质颗粒、铁锈等杂质清洗下来，混入燃料中，由油管吸入油路，造成汽油滤芯、化油器雾化喷油器、电喷车的喷油器等被杂质阻塞而熄火。同时，甲醇和乙醇具有亲水性，可以任意比例与水混合。在首次加入甲醇汽油或乙醇汽油时，积存在燃料箱底部的水就会与甲醇汽油或乙醇汽油混合，造成油品分层，出现不易点火现象，影响发动机的正常工作。

（2）更换泡沫塑料件和橡胶件　对汽油泵的泵膜要及时检查、更换；橡胶垫圈要选用材质好、耐溶胀的，或备足配件，发现有溶胀、变形时及时更换。

（3）调整点火时间　对低比例掺烧的乙醇汽油或甲醇汽油，因不提高发动机的压缩比，为充分利用醇类燃料高辛烷值的特点，应根据车型车辆的不同特点，对点火时间略作提前调整，一般调整量为2°~5°。

（4）调整怠速　根据车型车辆的不同使用特点，进行实车调整。

（5）调整可燃混合气的混合比　醇类燃料的热值比汽油和柴油低，甲醇、乙醇、汽油和柴油的低热值见表8-1。而且，醇类燃料理论混合气的热值比汽油和柴油低，甲醇空气、乙醇空气、汽油空气和柴油空气的理论混合气热值见表8-1，若不加大燃料供给量，不仅动力性下降，其他性能也会受影响。因此，应适当调浓可燃混合气的混合比，以提高车辆的动力性和燃料经济性。

2. 在使用初期应加强车辆的保养和维护

在使用乙醇汽油前对油路的清洗未必十分彻底，仍可能有残存的少量杂质进入油路。因此，在用完第一箱乙醇汽油后，要对车辆再进行一次检查和清理。

1）对油路系统再进行一次清洗，去除杂质。

2）对汽油泵进行清洗。汽油泵为齿轮泵结构，制造精密，齿轮泵对侧间隙要求极为严格。电动汽油泵的进油口滤网是油品进入供油系统的第一道关口，如果油品中杂质含量过多，汽油泵的滤网就有先被堵塞的可能，造成吸不进油，使油泵空转。油泵长时间空转，会使汽油泵齿轮侧向间隙磨损超标，从而使油泵失去泵油作用。

3）检查燃料箱盖上的空气阀。燃料箱盖上的空气阀的作用与呼吸阀的一样。当燃料箱内的油料逐渐用掉时，随着燃料箱内油面的下降，燃料箱内的压力降低，这时燃料箱盖上的空气阀打开，吸入空气，平衡燃料箱内的压力。反之，当天气较热时，燃料箱内的部分油料挥发成气态，压力升高，超压的气体又经燃料箱盖上的空气阀自动打开而排出，保持燃料箱内气压的稳定。如果燃料箱盖上的空气阀堵塞，或橡胶密封垫的材质不适应，而引起的溶胀、粘连现象，使空气阀不能自动打开而出现负压，就有可能发生不供油的现象。

排除故障的方法是：打开燃料箱盖，使空气进入消除负压；检查燃料箱盖上的空气阀，保持其畅通。

三、使用醇类燃料的常见问题

1. 混合燃料的分层问题

甲醇与汽油在常温下不能互溶，混合燃料存在分层。乙醇既有亲水性又有亲油性。乙醇有较强的吸水性，混有水分越多，分层越明显，使汽油和乙醇互溶性变差，影响燃油的品质。由于混合不均匀，导致燃料供给实际失控，发动机性能下降，运转不稳。因此，分层问题是醇类燃料发动机必须解决的首要问题。

甲醇与汽油的互溶性取决于温度、甲醇的含量和水的含量。在同一配比下，甲醇与汽油的互溶性随温度升高而改变，反之亦然。当甲醇含量较小时，随着甲醇含量的增加，甲醇与汽油的互溶性下降，分层区域扩大。当甲醇含量达到一定比例时，互溶性最差。继续增大甲醇含量，互溶性回升，分层区域减小。当混合燃料中水的含量增加时，甲醇与汽油的互溶性下降，分层区域扩大。例如当含水量从0.05%增加到0.5%时，M15发生分层的温度增高7~8℃。试验表明，在20℃、-5℃和-20℃时不分层的甲醇最大加入量分别为5%、2%和1%。北方冬季的使用环境下，可以认为甲醇与汽油是不相溶的。

乙醇与汽油可以互溶，但抗水性较差，乙醇汽油一旦遇水就会发生分层，影响使用效果。当然这种分层并不意味着截然分开，而是造成燃料箱上、中、下各部乙醇与汽油的比例不同。试验表明，乙醇汽油的分层温度随乙醇汽油中含水量的增加而增高。以E10为例，当调和汽油含水量小于3‰时，分层温度为-30℃。

因此，应当严格限制基础油的含水量。在相同含水量的情况下，分层温度随乙醇含量的增加而降低。

2. 腐蚀问题

甲醇和乙醇对汽车燃料系统的许多金属都有腐蚀性，腐蚀铜、铁、铝、铅、锌、镁及其合金。它们在生产过程中一般会含有一定量的酸性物质，加之醇有吸水性，在储存过程中难免会含有水分，这些酸性物质受到空气的氧化或细菌发酵也会产生少量的有机酸。醇类燃料在燃烧过程中会形成对金属有腐蚀作用的甲醛及硫化物等，醇类汽油对供油系统和进气系统的金属元件（如燃油箱、输油管）有腐蚀作用。

混合燃料中即使含有3%的醇也会使燃料腐蚀性大大增强，醇含量越高，腐蚀性越大。防止醇燃料腐蚀发动机金属的基本途径有两个：一是改变发动机金属材料，使用耐腐蚀的金属制造发动机；二是在燃料中加防腐蚀添加剂。相比之下，前者成本高，而且只适用于新发动机的制造；而后者则更简便，成本低，效果好。实践证明，在燃料中加入少量防腐剂就能有效防止金属被腐蚀。

3. 溶胀问题

醇燃料还对橡胶和塑料部件有腐蚀作用，发动机燃料供给系统中的许多零部件都是由橡胶、塑料等材料制成的，在醇燃料中会出现溶胀、变粘或龟裂等问题进而失效；油路供给系统中燃油压力调节器的膜片和燃油软管是橡胶制品，在醇燃料中会发生溶胀、变硬、变脆或软化等现象，纤维垫片会逐渐软化而导致漏油。

当使用混合燃料或用汽油作为改善醇燃料冷起动性能的添加剂时，对橡胶和塑料部件的腐蚀性更强。这是由于混合燃料中的醇能增强燃料在橡胶和塑料表面的润湿作用，从而有利于汽油组分向其内部渗透。

应该注意的是，不同橡胶或塑料在汽油、混合燃料和纯的甲醇或乙醇中的溶胀作用有明显的差异，因此在使用醇燃料或混合燃料时，应选择合适的橡胶或塑料材料作为燃料系统部件。当混合燃料中的甲醇比例较低（如小于10%）时，腐蚀和溶胀的作用很小，可以直接应用而不必采取相应的措施。当采用高比例醇类燃料时，应配以耐油性好的橡胶材料。据研究氟橡胶、氟硅橡胶、聚硫橡胶、改性丁腈橡胶、氯丁橡胶、氯磺化聚乙烯和均聚氯醇橡胶等耐醇、汽油和混合燃料的能力较好。塑料件（如一些发动机的滤芯用泡沫塑料制成）可以更换成陶瓷或尼龙材质。

4. 发动机磨损问题

醇类燃料发动机在使用中，气缸和活塞环的磨损加重。由于醇类燃料的汽化潜热高，易因汽化不良而以液态形式冲刷气缸壁，润滑油膜被洗掉而破坏气缸油膜，而且稀释润滑油或使润滑油乳化，导致润滑环境恶化，使活塞环和气缸壁等发动机机件的腐蚀磨损增加。另外，醇燃烧时会生成有机酸（甲酸或乙酸），能直接腐蚀金属，造成腐蚀磨损。进入润滑油中的甲酸或乙酸还能与润滑油中的抗氧防腐剂发生反应而使其失效，从而增大各摩擦部位的腐蚀和磨损。

5. 起动问题

醇类燃料低温起动和低温运行性能恶化，发动机热态停车后起动困难。甲醇和乙醇的闪点比汽油高，甲醇在5℃以下、乙醇在20℃以下在进气系统中很难形成可燃混合气，如果发动机不加装进气预热系统，燃烧全醇燃料时汽车难以起动（在高温和高海拔地区更明显）。醇类燃料的汽化潜热比汽油高两倍多，在寒冷地区会使混合燃料难以汽化，不易起动。试验表明，醇类燃料发动机在不低于-22.5℃时均能顺利起动。

6. 气阻问题

醇类燃料的沸点比汽油低，蒸气压比汽油高，在夏季使用时，容易产生醇类燃料在燃料供给系统中大量蒸发而使供油量下降，甚至供油中断的气阻现象；其解决方法是加强发动机与燃料供给系统间的隔热。此外，还可采用提高油泵的泵油能力来解决产生气阻的问题。

7. 动力性与燃料经济性问题

使用醇类汽油后，汽车的燃料经济性和发动机动力性略有所下降，可适当提高压缩比和增大点火提前角，对电喷发动机进行匹配，延长喷油时间。

8. 安全性问题

安全性包括对人体的危害程度、对环境的影响以及在生产、供应、使用过程中的安全性。

（1）醇类燃料的毒性及对人体的影响　甲醇有毒，会刺激眼结膜，也会通过呼吸道、消化道和皮肤进入人体，刺激神经，造成头晕、乏力、气短等症状。

（2）醇类燃料对生态的影响　醇类燃料在生产、供应和使用过程中难免蒸发和泄漏，污染局部地区的空气、水和土壤，影响水域和陆地的生态。

（3）醇类燃料的安全性　醇类燃料的闪点较汽油高，在生产、供应和使用过程中的着火危险性较汽油小，但其闪点仍然偏低，在生产、供应和使用过程中的着火危险性仍然较大，与汽油的生产、供应和使用一样，应着重预防火灾的发生。

（4）醇类燃料在使用过程中的排放　在使用方面，由于醇类燃料含氧量高，燃料燃烧完全，排气中的NO_x、HC、CO含量较使用汽油时低，虽然排气中的醇类燃料不完全燃烧产物甲醛、乙醛、甲醇含量较高，但通过在排气管中采用适当的催化剂即可将排气中的甲醛、乙醛、甲醇含量大大降低。醇类发动机排放的光化学反应性低于汽油机，大气中未燃甲醇、乙醇的光化学反应性也比烃类要低，产生光化学烟雾的可能性较汽油小。因此，从安全性分析，醇类燃料对人体、生态的影响较汽油要小，在使用中的排放污染也比汽油少。

综上所述，醇类燃料来源丰富，作为发动机燃料使用在动力性上与使用汽油接近，虽对发动机的使用性能有一定影响，但可采取相应的措施而予以解决。从替代的经济性来看醇类燃料不如汽油，但由植物生产的醇类燃料是再生能源，若国家出台相应的优惠政策给予支持，则醇类燃料在经济性上也是可行的。醇类燃料对人体、生态的影响较汽油要小，在使用中的排放污染也比汽油少，是一种清洁替代燃料，应大力推广使用。

第九章

太阳能汽车

第一节　概　述

太阳能是一个有利于生态、清洁的能源，太阳能汽车可以说是真正的“零排放”交通工具。但是，汽车能够从太阳能电池组中获得的功率，取决于太阳照射的比功率和太阳能电池组面积的大小。

当阳光垂直照射到太阳能电池组表面上时，照射的比功率为 $1kW/m^2$，而在一般情况下，平均比功率只有它的1/3。考虑到太阳能汽车必须沿城市公路行驶，车上太阳能电池组的面积不可能太大，一般都限制在 $6m^2$ 以下。再考虑到现代化光电转换装置的效率约为14%，即使在最为有利的气候条件下，太阳能电池组的瞬间功率也不会超过1kW。

将太阳光转换成电能是利用太阳能的一个重要途径。人们早在20世纪50年代就制成了第一个光电池。将光电池装在汽车上，用它将太阳光不断地转换成电能，再用电能起动汽车，即太阳能汽车是以太阳能作为动力源的汽车。它利用太阳能电池，将太阳能转换为电能，由电能带动电动机运转，再由电动机驱动汽车行驶。

一、太阳能电池的发电原理

太阳能电池的发电原理是基于半导体的光生伏特效应将太阳辐射能直接转换为电能。在晶体中电子的数目总是与核电荷数相一致，所以P型硅和N型硅是呈电中性的。如果将P型硅或N型硅放在阳光下照射，光的能量通过电子从化学键中释放出来，由此产生电子空穴对，但在很短的时间内（在微秒范围内）电子又被捕获，即电子和空穴“复合”。

P型材料和N型材料相接时，将在晶体中P型和N型材料之间形成界面，即P-N结。此时在界面层N型材料中的自由电子和P型材料中的空穴相对应。由于正、负电荷之间的吸引力，在界面层附近N型材料中的电子扩散到P型材料中，而空穴扩散到N型材料中与自由电子复合。这样在界面层周围形成一个无电荷区域，通过界面层周围的电荷交换形成两个带电区，即通过电子到P型材料的迁移，在N型区形成一个正的空间电荷区和在P型区形成一个负的空间电荷区。

对不同材料的太阳能电池，尽管光谱响应的范围是不同的，但光电转换的原理是一致的。如图9-1所示，在P-N结的内静电场作用下，N区的空穴向P区运动，而P区的电子向N区运动，最后造成在太阳能电池受光面（上表面）有大量负电荷（电子）积累，而在电池背光面（下表面）有大量正电荷（空穴）积累。如果在电池上、下表面引出金属电极，并用导线连接负载，在负载上就有电流通过。只要太阳光照不断，负载上就一直有电流通过。

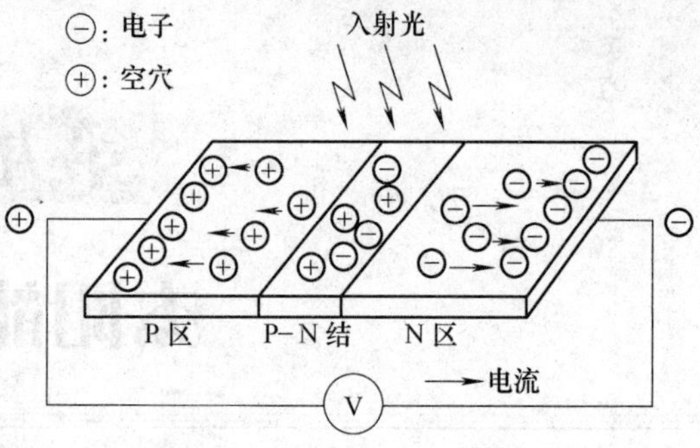

图9-1 硅太阳能电池的发电原理

二、太阳能电池的特点

单晶硅太阳能电池转换效率最高，技术也最为成熟，转换效率为15%~17%。它在大规模应用和工业生产中仍占据主导地位，但由于单晶硅成本价格高，大幅度降低其成本很困难，为了节省硅材料，发展了多晶硅薄膜和非晶硅薄膜作为单晶硅太阳能电池的替代产品。

多晶硅薄膜太阳能电池与单晶硅比较，价格低廉，而且效率高于非晶硅薄膜电池，其转换率为12%~14%。因此，多晶硅薄膜电池将在太阳能电池市场上占据主导地位。非晶硅薄膜太阳能电池成本低，重量轻，转换效率为6%~10%，便于大规模生产，有极大的潜力，但受制于其材料引发的光电效率衰退效应，稳定性不高，直接影响了其实际应用。如果能进一步解决稳定性问题及提高转换率问题，那么非晶硅太阳能电池无疑是太阳能电池的主要发展产品之一。

硫化镉、碲化镉多晶薄膜电池的效率较非晶硅薄膜太阳能电池效率高；成本较单晶硅电池低，并且也易于大规模生产，但由于镉有剧毒，会对环境造成严重的污染，因此，并不是晶体硅太阳能电池最理想的替代产品。

砷化镓化合物电池的转换效率可达28%。砷化镓化合物材料具有十分理想的光学带隙以及较高的吸收效率，抗辐照能力强，对热不敏感，适合于制造高效单体电池。但是砷化镓材料的价格不菲，因而在很大程度上限制了砷化镓电池的普及。

铜铟硒薄膜电池适合光电转换，不存在光衰退问题，转换效率和多晶硅一样，具有价格低廉、性能良好和工艺简单等优点，将成为今后发展太阳能电池的一个重要方向。但是由于铟和硒都是比较稀有的元素，资源较少，因此这类电池的发展又必然会受到限制。

三、太阳能电池的结构

图9-2所示为太阳能电池的结构和太阳能电池板。在N型半导体的表面形成P型半导体，构成P-N结，即形成太阳能电池，形成的P区仅仅有1~3μm，太阳光照射到它的表面，透过P区达到P-N结处就能够产生电动势，产生的电压约为0.5V。太阳能电池电流的大小与太阳光照射强度的大小，与太阳能电池面积的大小成正比。

太阳能电池的形状有圆形和方形，将很多个太阳能电池排列组合成太阳能电池板，就能产生所需要的高电压和大电流。太阳能电池的转换效率约为10%。太阳能电池对能量的转换效率较低，需要进一步采用新材料和新技术来提高。例如，在美国加利福尼亚阳光充足的海滩就设有太阳能充电站，能够同时为7辆电动汽车同时充电，太阳能充电站已经得到了广泛的推广。太阳能电动汽车除太阳能电池外，还需要配置电池组、电机、控制器和自动阳光

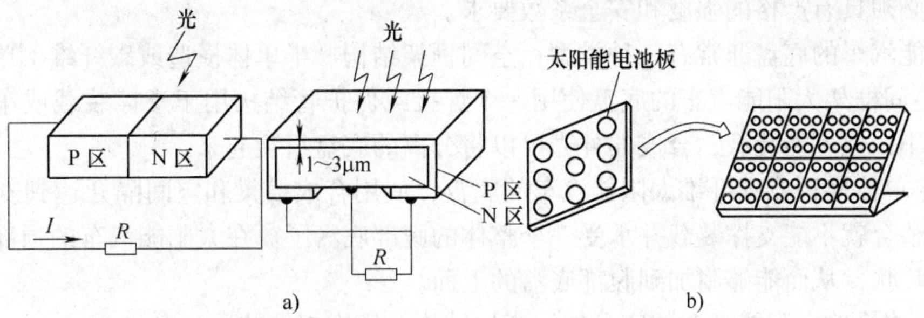

图 9-2　太阳能电池的结构和太阳能电池板

a）太阳能电池的结构　b）太阳能电池板

跟踪系统等。

太阳能电池有非晶硅、单晶硅和多晶硅 3 种，一般在太阳能电动汽车的顶棚上装置转换能力较强的单晶硅电池板组，电池板组光电转换率可达到 14.99%~15.2%，可产生 166~175V 的电压、2.3~2.5A 的电流和 360~380W 的功率。每天按 8h 的日照，太阳能电动汽车可获得 2.5~3kW·h 的电能。可供太阳能电动汽车行驶 40~60km，最高车速可达到 60~80km/h。

太阳能汽车至今为止在世界上还没有被普遍实际应用，现有的太阳能汽车只是一些显示科研成果的概念车和比赛车。然而尽管如此，这种“绿色”汽车对人类的吸引力实在是太大了，以致世界上所有的汽车生产国都在致力于太阳能汽车的研究和开发，为的就是有朝一日让太阳能汽车真正服务于人类。

第二节　太阳能汽车的结构与原理

太阳能汽车主要由车身和底盘、驾驶控制系统、电力系统、驱动器系统以及机械系统五个部分构成。

一、车身和底盘

1. 车身

太阳能汽车最具魅力的部分就是车身，光滑而又具有风情的外观是吸引人们眼球的重要部分。太阳能汽车是由若干主体部件组成的，由于没有统一的标准，每一辆太阳能汽车都各具特色。除了车辆长度强制性要求的限制外，设计太阳能汽车的主体时要让阻力达到最小值，而使太阳能与阳光的接触比达到最大值，并且质量要尽量小，但安全系数尽量达到最高。在这些方面有很多理论作为支撑，如在车子的形状和尺寸上花费大量的时间进行试跑测试，进而测出试图得到的最佳的外形效果。一个好的太阳能汽车外形能够节省几百瓦的能量，这也是制造一辆好的太阳能汽车所必需的。

2. 底盘

最初的挑战是如何制造出一个高效的太阳能汽车底盘，从而使其强度和安全性达到最佳，并且质量最小。每千克的质量都需要足够大的能量使其在路面上移动，这就意味着要力求使车辆的质量减到最小，而这个关键部位就是汽车的底盘。然而，安全是一项基本的要求，底盘必须具有严格的强度和安全系数要求。

太阳能汽车的底盘通常有三种类型：空间框架结构、半单体横造或碳纤维、单体横造。

1）空间框架太阳能汽车的底盘使用一个焊接或保护管结构用于支撑装载或车体。这种车体质量小，但不能装载，合成的外壳可以将分离的底盘组装起来。

2）半单体横造或碳纤维太阳能汽车的底盘，使用合成横梁和空间隔开达到支撑装载的能力，而整合就不能支撑装载并承受一个整体的腹部底盘了。在太阳能汽车的顶部每段经常是分割成片状，从而能够附加到腹部底盘的上面。

3）单体横造太阳能汽车的底盘使用躯体结构并用来支撑装载。

这三种类型的太阳能汽车底盘都能制造出强劲而又轻量型的太阳能汽车，许多太阳能汽车使用上述三种底盘结构的组合方法。

3. 所用材料

太阳能汽车中的复合材料得到了广泛的应用。这种复合材料由像三明治夹层一样的结构材料构成。碳纤维、凯夫拉（KEVLAR）纤维和玻璃是普通的合成建筑材料，蜂窝状和泡沫塑料是常用的合成填充材料，这些材料用环氧基树脂保护起来，组合在具有 KEVLAR 和碳纤维的材料中，能够使人们获得需要的强度材料（相当于钢的强度）且是非常轻质的材料。

二、驾驶控制系统

1. 发动机控制器

发动机控制器控制发动机的起动，而发动机起动信号来自驾驶人的加速装置。对发动机控制器的电力管理是通过程序来完成的。发动机的起动需要配备不同型号的发动机控制器，当然也能够根据发动机工作原理设计图样来买一台控制器，这里都使用多种型号的发动机控制器，并且使用的工作效率超过 90%。很多太阳能汽车使用精确数据检测系统来管理整个太阳能汽车的电力系统，其中包括太阳能光伏阵列、蓄电池组、发动机控制器和发动机。

2. 其他控制

大多数太阳能汽车是单座，这对驾驶人来说没有多少乐趣可言，但有的太阳能汽车也可搭乘一位乘客。驾驶人和乘客必须有安全装备，主要有护腕和头盔。另外，驾驶汽车时，驾驶人更为重要的职责是注意汽车的系统安全和观察仪表是否出现异常问题。在极少数太阳能汽车上，乘客会帮助处理太阳能汽车系统的问题，太阳能汽车跟普通的汽车具有相似的测量方法，而这些信息主要来源于太阳能汽车驾驶控制系统。

三、电力、驱动及机械系统

1. 电力系统

太阳能汽车的“心脏”部位是电力系统，它由蓄电池和太阳电能组成。电力系统控制器管理全部电力的供应和收集工作。

在太阳能汽车里最高级的组件部分就是电力系统，它们包括峰值电力监控仪、发动机控制器和数据采集系统。电力系统最基本的功能是控制和管理整个系统中的电力。

峰值电力监控仪的工作条件中电力来源于太阳能光伏阵列，光伏阵列把能量传递给另外的蓄电池，用于储存或直接传递给发动机控制器来推动发动机。当太阳能光伏阵列正在给蓄电池充电的时候，电池组电力监控仪会保护蓄电池组不因过充电而被损坏。电池组电力监控仪的号码数值随设计而被使用在太阳能汽车上。峰值电力监控仪是由非常轻质的材料制成的，而且一般效率能达到95%以上。

有些时候需要控制电池的电压和电流，从监控系统获得的数据通常用来指定相关的应对策略，从而解决制造太阳能汽车时出现的问题。这些数据都是由驾驶人在太阳能汽车实际运用（如无线数据通信）中所收集到的。

（1）蓄电池　蓄电池是一种最轻便的电力资源，蓄电池组就相当于普通汽车的燃油箱。一个太阳能汽车使用蓄电池组来储存电能，以便在必要时使用。太阳能汽车起动装置控制着蓄电池组，但是当太阳能汽车开动后，是通过太阳能阵列提供能量，再充到蓄电池组内的。由于各种原因，大量的蓄电池作为能量被使用是有限的。

太阳能汽车所使用的蓄电池主要有如下几种：铅酸蓄电池、镍镉蓄电池、锂电池、锂聚合物电池。镍镉蓄电池、镍氢蓄电池和锂电池比普通的铅酸蓄电池蓄电能力高很多，质量也比普通电池要小得多。但它们很少在太阳能汽车上广泛使用，主要是因为维护起来很麻烦，而且很昂贵。电池组是由几个独立的模块连接起来的，并形成系统所需的电压。可以使用的系统电压在84～108V，依靠它的电力系统，有时在太阳能汽车运动时降低系统电压。

（2）太阳电能　人们在生活中对电力的需求是有限的，但电力却是生活的必需品。太阳能汽车通过太阳能光伏组件给蓄电池充电。高效的电力经太阳能汽车阵列，通过蓄电池的储存，可获得最大的能量。把一个及多个太阳能光伏电板串联起来，即可将电能转换成化学能储存电力，按照同样的方式可将所有光伏电池板连起来。电极通常采用不同的材料，电极中含有电磁的材料，这种物质引导离子运动。当两个电极通过一个长的导线连接起来后，一个环形的电路就形成了。

太阳能汽车的电池组电压必须达到起动发动机的电压，组合起来的电池组就形成了一个“电池包”，通过额外的能量使其达到最高峰值。当太阳被云层遮盖时电池包就为太阳能汽车提供电力，电池组则通过光伏阵列补充能量。

1）太阳能光电板。一个太阳能光电板能将太阳能转换为电能。光子在日光下产生能量带动电子从一个半运动金属粒子的一层转移到另一个层面，电子的运动产生了通用的电力。目前，主要有两种类型的光电板：硅和砷化物。在这里有几个不同的等级，并且有不同的效能。环绕地球卫星的是砷化合物的，而硅则更普遍地为地球（陆地）上的基础设备所使用。

一般等级的太阳能汽车通常使用陆地级硅电池板。许多独立的硅片（接近1 000个）组合形成太阳能阵列，依靠电动发动机驱动太阳能汽车。阵列的这些硅片通常工作电压为50～200V，并能提供1 000W的电力。其能量的大小受到太阳、云层的覆盖度和温度的影响。

超级太阳能汽车可以使用通常类型的太阳能光电板，但更多的是使用太空级光电板。这种光电板很小，但是比普通的硅片电池板要贵得多，然而它们的使用效率非常高。光电池板具有很强的技术性，它们的发展和使用是随着技术的发展而进行的，而且有一部分用于太空旅行和卫星输送系统中。

2）太阳能阵列。太阳能阵列是太阳能汽车的一种资源，阵列由许多PV光电池板（通常有好几百个）组成。太阳能光电池板通过电线连接，由若干个电线串、并联在一起，连接光电池片，从而达到蓄电池规定的电压。有多种方法使得太阳能光电池组合在一起，但是一个最基本的目标就是在有限的空间内能够尽可能地装上多的太阳能光电池板。太阳能光电板很脆弱，并且很容易被损坏。这些光电池板损坏的主要表现形式为因天气和空气压缩而出现裂口。有几种方法可以压缩光电池板，目的是增加最小质量来保护太阳能光电池板。

在白天，电力是通过太阳能光电池阵列依靠天气和太阳的位置变化而得到能量，并通过太阳能阵列的转换变成动力。在阳光普照的正午，一个好的太阳能汽车太阳能阵列能产生超过 1 000W 的能量。这些能量经过太阳能阵列通过发电机被使用或者被蓄电池储存起来以备日后使用。

太阳能汽车上太阳能电池板的有效面积为 $8m^2$，太阳光照射到电池板每平方米电池上的辐射功率为 1kW。在晴天，电池产生的电压为 120V，可以对车上的电动机提供 10A 的电流。

太阳能电池将太阳能转换为电能的效率为

$$120\times10/(8\times1000)=15\% \tag{9-1}$$

如果这辆汽车的电动机将电能最终转换为机械能的效率为 75%，当汽车受到的牵引力为 150N 并在水平面上匀速行驶时，汽车的行驶速度为

$$120\times10\times15\%=900(\mathrm{W}) \tag{9-2}$$

$$900/150=6(\mathrm{m/s}) \tag{9-3}$$

在太阳能汽车上装有密密麻麻像蜂窝一样的装置，就是太阳能电池板。人造卫星上的“铁翅膀”也是一种供卫星用电的太阳能电池板。

依据所用半导体材料的不同，太阳能电池通常分为硅电池、硫化镉电池、砷化钾电池等，其中最常用的是硅太阳能电池。

硅太阳能电池有圆形、半圆形和长方形等多种。在电池上有像纸一样薄的小硅片。在硅片的一面均匀地掺进一些硼，另一面掺入一些磷，并在硅片的两面装上电极，就能将光能转换成电能了。

通常，硅太阳能电池能把 10%~15% 的太阳能转换成电能，既使用方便、经久耐用，又很干净、不污染环境，是比较理想的一种电源，只是光电转换的效率太小。近年来，美国已研制成光电转换效率达 35% 的高性能太阳能电池。澳大利亚用激光技术制成的太阳能电池，其光电转换效率达 24.2%，而且成本与柴油机发电相当。这些都为光电池在汽车上的应用开辟了广阔的前景。

2. 驱动器系统

在太阳能汽车上使用什么类型的发动机没有限制，一般额定的功率是 2~5HP（1HP = 0.75kW）。大多数太阳能汽车使用的发动机是双线制交流无刷发动机，这种交流无刷发动机由相当轻质的材料制成在额定转速下达到 98% 的使用效率，但它的价格比普通有刷型交流发动机要贵得多。由于在太阳能汽车上多齿轮传送装置使用很少，双线制发动机是常用的传力装置，在双线圈之间转换改变了发动机的速度和频率。低速线圈为太阳能汽车的起动和减速提供了高的“转力矩”，而高速线圈则为太阳能汽车运行提供了高效率和最佳的运行效果，类似于电力系统。大多数人不愿意购买现有的发动机，有些是按照客户或自己按太阳能汽车的要求制造。

太阳能汽车有三种基本驱动类型：单级引导式驱动、变频履带式驱动和轴式驱动。以前，大多数使用直接引导式驱动传送动力。发动机是通过一个链条或一个履带和一个单一的齿轮传送装置与车轮连接。如果组件定位准确并且小心安装，那么维护传力装置是很可靠且

容易实现的。当整个设计全部完成，使用效率应超过75%。很少有人使用变频履带式驱动传送动力给车轮。传动比的改变引起发动机转速的增加，在低转速下引起发动机起动速率的增大，但仍能保持太阳能汽车高速度、高效率的行驶效果。变频履带式发动机需要精确的安装和有效、精细的配置。

自1995年以来，当有些人使用轴式驱动设计太阳能汽车时，高速和舒适的驾驶受到人们的欢迎。轴式发动机去除了许多外加的传送设备，这大大提高了驾驶车辆的效率，缩减了用于驱动车轮所需要的能量。轴式驱动使用低转速的原因是齿轮传动装置的减少会轻微地降低其效率，但是仍能够达到95%的高效率运行。

3. 机械系统

机械系统在太阳能汽车概念里是很简单的，但在设计中应尽量减少摩擦力和质量，根据不同的路况来设计需要的强度。轻质金属（如铝合金和合成金属）是最常用的材料，可使质量和强度达到最优。一般针对质量和强度的比例制造高效率的组件。机械系统包括制动、转向盘和轮胎等。美国太阳能挑战赛规则设定最低标准中，机械组件必须是可见的，但是也有些太阳能汽车在设计中没有任何的标准。

典型的太阳能汽车一般有3个或4个车轮，一般3个车轮的配置是两个前轮和一个后轮（通常是驱动轮）。4个轮子的太阳能汽车一般跟普通的机动车是一样的（其中后面一个轮子是驱动轮）。另外，四轮太阳能汽车的两个后轮并排靠近中央位置（类似于普通三轮机动车的配置）。

在整个行驶中，太阳能汽车的安全是重中之重。太阳能汽车必须有高效的制动性能并符合标准，这是每一辆太阳能汽车所必须具备的，一般有两个独立的制动系统。在太阳能汽车中，圆盘制动是普遍采用的一种方式，因为很适合并且有很好的制动力。有些爱好者使用机械型制动，利用的是水力学的原理。机械制动比水力制动的制动力要小，而且轻，但是不需要提供多的制动阻力，而需要相互协调。为了达到最好的效果，制动被设计成通过制动操作杆自由移动，从而使制动垫摩擦制动表面进行制动。

第三节 太阳能汽车实例

下面以俄罗斯里姆施塔特高等技术学校研制的太阳能汽车和美国密歇根（Michigan）大学设计的Sun runner太阳能汽车为例，介绍太阳能汽车的构造。两种太阳能汽车的基本性能参数见表9-1。

表9-1 两种太阳能汽车的基本性能参数

参数	密歇根大学设计的Sun runner太阳能汽车	里姆施塔特高等技术学校研制的太阳能汽车
长×宽×高（mm×mm×mm）	6 000×2 000×1 270	4 700×1 800×1 000
轴距/mm	2 430	2 500
满载质量（不计驾驶人）/kg	229	309（电池组质量125）
电动机形式	带有三相脉冲宽度调制换流器的特制电动机	异步电动机

（续）

参数	密歇根大学设计的 Sun runner 太阳能汽车	里姆施塔特高等技术学校研制的太阳能汽车
最大功率/kW	16	12
最大功率/kW	4.47	3
太阳能电池组	单晶硅	单晶硅
面积/m^2	8.3	5.6
最大功率/kW	0.6	0.54
蓄电池	银锌蓄电池	铅酸蓄电池
蓄电池组比能量	10个20.5V电池为一组，2.8kW·h/kg	10个12V电池为一组，4.8kW·h/kg

一、太阳能汽车的典型结构

在太阳能汽车上，太阳能电池组收集太阳能，并通过光电转换器把它转换成电能。功率跟踪器监视太阳能采集格板和负荷之间的阻抗，使得在不同的天气或不同的负荷等各种工况下，汽车的驱动系统始终能工作在最佳效率状态。能量从功率跟踪器输入电动机，电动机通过直接减速驱动后轮把那些剩余的能量储存在蓄电池中。蓄电池在这里起到极其重要的作用，它可以保证太阳能汽车加速或坡道行驶以及达到负荷峰值时所需要的补充能量，可以保证太阳能汽车在不利的天气条件（如多云、深夜、雨天）下正常行驶，可以使用制动系统储存能量，还可以在停车时补充太阳能。考虑到简化传动机构、减小质量和增大传动效率的需要，一般太阳能汽车都不配备离合器、手动变速器等装置。

为了充分利用太阳能，太阳能汽车应有尽可能大的车身表面，以便安装更多的太阳能电池板来采集太阳能；而从另一方面看，为了减小行驶阻力中的主要成分——空气阻力，太阳能汽车又应有最小的迎风面积，所以太阳能汽车的车身外形应该是宽而扁平的。不得不凸出的驾驶人座舱，仅考虑驾驶人的生理需求，并不强调乘坐和驾驶时如同轿车一样的舒适性。

由于太阳能电池组提供的能量较少，因此要求达到最小的行驶阻力和最大的动力传动效率，应从空气动力学、效率、整备质量、能量采集能力等方面着手，采用最先进的材料、电池和电动机技术进行合理的布置，使太阳能汽车能够达到乘坐舒适和经济实用的要求，并根据太阳能汽车在城市道路上的行驶工况，对安全性、稳定性和制动装置提出要求。

轻量化的要求使得一些太阳能汽车的座椅被设计成吊床式，采用具有足够强度的抗拉网状织物制成。座椅安装在车架上，根据驾驶人的生理条件设计座舱盖。为了进一步减小空气阻力，还舍弃了传统的后视镜，而采用水管粗细的光学纤维束。

仪表板上有速度表、转速表、电流容量显示器、太阳能电池电流强度表、定速巡航键、转向灯键、前进/倒车转换键、风扇按钮、喇叭等。显示器由驾驶人手动控制，加速和制动是由操纵踏板控制的。所有的控制件都严格按照手伸及界面原则，经多次试验后进行合理布置。

座舱的通风口是经风洞试验后设置在车身正压力最高处的，以保证座舱的新鲜空气量符合国际标准。另外，在座舱前安装风扇，对电动机和电动机控制器进行强制通风。图9-3所示为里姆施塔特高等技术学校研制的太阳能汽车的装备平面示意图。

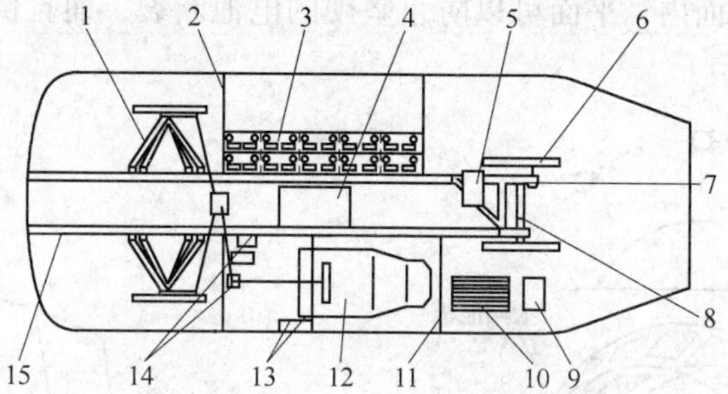

图 9-3 里姆施塔特高等技术学校研制的太阳能汽车的装备平面示意图

1—前桥与车身的横向连接支条 2、11—隔板 3—蓄电池 4—动力系统转换装置 5—异步电动机 6—从动带传力轮 7—盘式制动器 8—后桥 9—太阳能电池组转换装置 10—充电器 12—驾驶人座椅 13—微处理控制装置（ECU） 14—操纵踏板 15—车架

为了最大限度地减少太阳能汽车对能量的需求，太阳能汽车没有考虑更多改善驾驶人舒适性的措施。为了提高传动效率，还要尽可能简单地将电动机的转矩直接传递给驱动桥。许多比赛用的太阳能汽车采用三轮驱动链传动布置形式。表 9-2 列出了太阳能汽车几种布置方案的优缺点。

表 9-2 太阳能汽车几种布置方案的优缺点

项目	三轮	四轮（前、后轮距相同）	四轮（前轮距大于后轮距）
侧倾稳定性	0	+ +	+
行驶性能	–	+	+
调整方便性	–	+ +	+ +
传动损耗	+ +	–	+
驱动装置	0	–、+ *	+ +

注：* 差速器处于工作状态/锁止状态；+ + 表示很好；+ 表示较好；0 表示一般；– 表示较差。

二、太阳能汽车的关键技术

1. 太阳能采集格板

热塑料制成的太阳能采集格板如图 9-4 所示，太阳能电池就布置在格板中。目前，在太阳能汽车上使用的太阳能电池一般有非晶态电池、地面硅电池、太空级硅电池和砷化锡电池等。由于太阳能汽车对能量的采集是有限的，必须严格控制能量的损失，因此在选择太阳能电池时应该考虑的是效率最大的那种。然而，太阳能电池的效率是与它的造价成正比的，上述四种电池的效率由 10%、12%、16% 到 19% 递增，它们的价格也从 100 美元、1000 美元、100 000 美元到 1 000 000 美元（覆盖 8m² 面积的价格）递涨。因此，在太阳能电池的选择上不仅要考虑效率，也要考虑成本，这样才能使太阳能汽车具有实用性。

太阳能采集格板只有让其倾斜一定的角度，经常保持有一部分表面能与太阳光线的垂直，才能采集到更多的能量。不过这样的车身造型，其空气气动力学性能很差，而流线型的车身造型又会使得格板的布置非常复杂。设计时只能是协调这一矛盾，二者兼顾。图 9-5 所示为 Sun runner 汽车所采用的倒 U 形布置的太阳能采集格板，应该说它是最为合理的。电池被布置在5个狭长的平面内，平面可以防止坚硬的电池断裂，而且倒U形有利于全天候的采集太阳能。

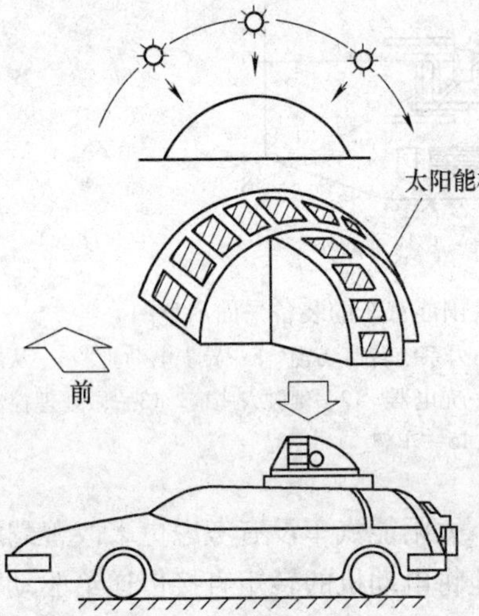

图9-4 太阳能采集格板

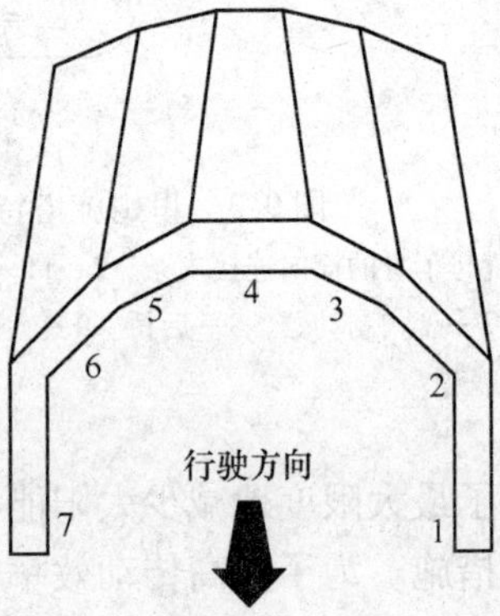

图9-5 Sun runner汽车所采用的倒U形布置的太阳能采集格板

2. 蓄电池

由俄罗斯里姆施塔特高等技术学校研制的太阳能汽车，蓄电池组采用10个串联的12V铅酸蓄电池，容量为40A·h，能量储备为4.8kW·h，质量为125kg。由于比能量大的电池即便是隔热措施好，也会释放出较多的热量，所以一般在太阳能汽车上不予采用。

3. 电动机

为了实现所需的牵引功率以及保证太阳能汽车能够在25%的坡道上行驶，要求电动机的最大功率不低于2kW。电动机的效率取决于所采用异步牵引电动机的功率和转速。当转速低于3 000r/min时，相应的功率低于2kW。在功率范围为2～6kW、转速大于3 000r/min的情况下，电动机的效率高于80%。在回收制动能量的再生工况下，异步电动机是作为发电机使用的。

4. 车身轻量化

减轻重量对于太阳能汽车动力性的提高是至关重要的，太阳能汽车车身材料的选择原则是轻量并能吸收碰撞能量。如Sun runner汽车的车架用铝合金制成，车身外覆盖件使用碳纤维玻璃钢，它的相对密度为0.93kg/m^2，表面覆盖层是光滑的精细织物；采用结实的织物用作内饰；在外覆盖件和内饰之间是厚度为9.5～12.7mm的蜂窝状夹层，其相对密度为28.9kg/m^2。

俄罗斯里姆施塔特高等技术学校研制的太阳能汽车的车身蒙皮是用碳素纤维制成的，厚度为8mm，带有驾驶人座椅和增加结构强度的横向隔板，车身质量只有30kg。

若按年平均太阳照射能量密度为1kW/m^{2}计算，太阳能汽车在一年中可累计获得540kW·h的能量。如果按每100km平均消耗4kW·h的能量计算，太阳能汽车仅依靠太阳能一年就能够行驶1 350km。所以说，太阳能汽车的动力性是可以达到实用的要求的。

参考文献

[1] 赵立军，佟钦智．电动汽车结构与原理［M］．北京：北京大学出版社，2012.
[2] 何洪文，等．电动汽车原理与构造［M］．北京：机械工业出版社，2012.
[3] 麻友良，严运兵．电动汽车概论［M］．北京：机械工业出版社，2012.
[4] 胡骅，宋慧．电动汽车［M］．3 版．北京：人民交通出版社，2012.
[5] 王文伟，毕荣华．电动汽车技术基础［M］．北京：机械工业出版社，2010.
[6] 王贵明，王金懿．电动汽车及其性能优化［M］．北京：机械工业出版社，2010.
[7] 崔胜民，韩家军．新能源汽车概论［M］．北京：北京大学出版社，2011.
[8] 崔胜民．新能源汽车技术［M］．北京：北京大学出版社，2009.
[9] 张金柱．混合动力汽车结构、原理与维修［M］．2 版．北京：化学工业出版社，2011.
[10] 牛利安，哈皮皮-史密斯．现代汽车设计概论［M］．张金柱，译．北京：化学工业出版社，2009.
[11] 赵航，史广奎．混合动力电动汽车技术［M］．北京：机械工业出版社，2012.
[12] 李晓华．新能源汽车技术发展的挑战、机遇和展望［M］．北京：机械工业出版社，2012.
[13] 吴基安，吴洋．新能源汽车知识读本［M］．北京：人民邮电出版社，2009.
[14] 李兴虎．电动汽车概论［M］．北京：北京理工大学出版社，2005.
[15] 陈清泉，孙逢春．混合电动车辆基础［M］．北京：北京理工大学出版社，2001.
[16] 陈全世．先进电动汽车技术［M］．北京：化学工业出版社，2007.
[17] 李兴虎．混合动力汽车结构与原理［M］．北京：人民交通出版社，2009.
[18] 王震坡，贾永轩．电动汽车蓝图［M］．北京：机械工业出版社，2010.